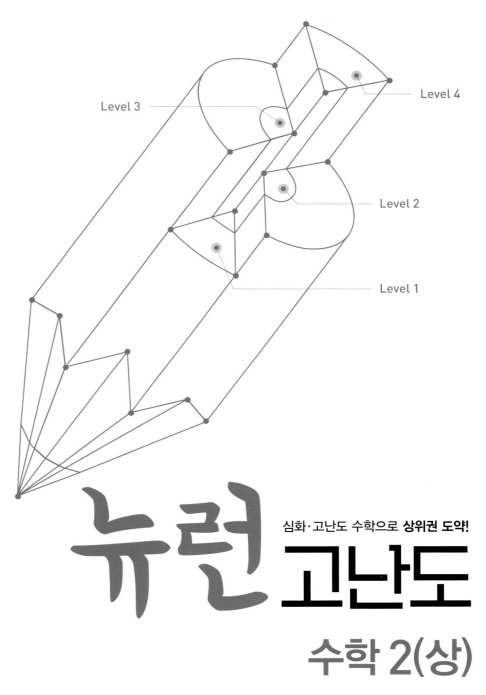

Level 3

Level 4

Level 2

Level 1

심화·고난도 수학으로 **상위권 도약!**

뉴런 고난도

수학 2(상)

교재 내용 문의	교재 내용 문의는 EBS 중학사이트 (mid.ebs.co.kr)의 교재 Q&A 서비스를 활용하시기 바랍니다.	
교재 정오표 공지	발행 이후 발견된 정오 사항을 EBS 중학사이트 정오표 코너에서 알려 드립니다. **교재학습자료 ▶ 교재 ▶ 교재 정오표**	
교재 정정 신청	공지된 정오 내용 외에 발견된 정오 사항이 있다면 EBS 중학사이트를 통해 알려 주세요. **교재학습자료 ▶ 교재 ▶ 교재 선택 ▶ 교재 Q&A**	

고등
예비
과정

개정 교육과정
새 교과서 반영

중3 겨울방학,
고교 입학 전에 꼭 봐야 하는
EBS 필수 아이템!

- 고등학교 새 학년에 배우는 **주요 개념들을 일목요연하게 정리**
- **단기간에 쉽게** 학습할 수 있도록 구성
- 학교 시험에 쉽게 적응할 수 있는 필수 유형
- 내신 대비 서술형·주관식 문항 강화

국어 / 수학 / 영어 / 사회 / 과학 / 한국사

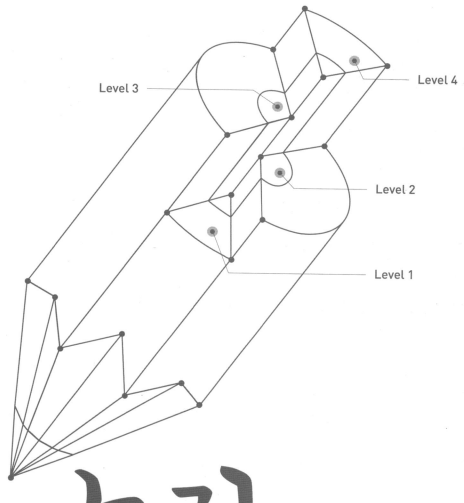

Level 3

Level 4

Level 2

Level 1

뉴런 고난도

심화·고난도 수학으로 **상위권 도약!**

수학 2(상)

Structure 구성 및 특징

고난도 대표유형·핵심개념

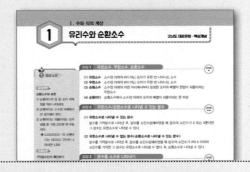

중단원별 출제 빈도가 높은 고난도 대표유형을 제시하고, 유형별 관련된 핵심개념을 구성하였습니다.
1등급 노트의 오답노트, TIP, 추가 설명 등을 통해 개념을 보다 깊이 이해할 수 있습니다.

Level 1 - Level 2 - Level 3 - Level 4

- **Level ①** 고난도 대표유형 연습
- **Level ②** 유형별 응용 문항 학습
- **Level ③** 고난도 문제 집중 심화 연습
- **Level ④** 최고난도 문제를 통해 수학 최상위 실력 완성

목표 수준에 따라 체계적으로 학습할 수 있도록 단계별 문제를 구성하였습니다. 단계별 문항 연습을 통해 실력을 높일 수 있습니다.

대단원 마무리 Level 종합

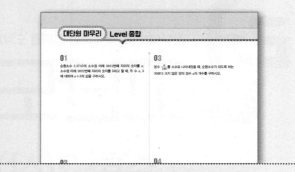

단원에서 학습한 내용을 토대로 종합적인 형태의 문제 해결 능력을 키울 수 있도록 구성하였습니다.

정답과 풀이

자세하고 친절한 풀이로 문제를 쉽게 설명하였습니다. 실수하기 쉬운 부분 짚어보기, 함정 피하기 등을 추가 구성하였고, Level 4에는 풀이 전략을 함께 제시하였습니다.

Contents 이 책의 차례

Ⅰ. 수와 식의 계산

1 유리수와 순환소수

고난도 대표유형 · 핵심개념

① 등급 노트

풀이전략

순환소수의 표현
① 순환마디의 양 끝 숫자 위에 점을 찍어 나타낸다.
② 순환마디는 소수점 아래에서 만 생각해야 한다.
③ 순환마디는 되풀이되는 숫자 배열 중 가장 간단한 한 부분 이다.
⒟ 1.23123123…의 순환마디는 231이고 간단히 나타내면 $1.\dot{2}3\dot{1}$

오답노트

기약분수인지 확인하기
기약분수로 나타내지 않은 분수의 경우, 분모가 2나 5 이외의 소인수를 가져도 유한소수일 수 있다.
⒟ $\dfrac{3}{6}=\dfrac{3}{2\times3}=\dfrac{1}{2}=0.5$

풀이전략

$10=2\times5$이므로 10의 거듭제곱으로 나타내기 위해서는 2와 5의 거듭제곱의 지수가 같아야 한다.

풀이전략

a, b, c, d가 0 또는 한 자리 자연수일 때
① $0.\dot{a}=\dfrac{a}{9}$
② $0.\dot{a}\dot{b}=\dfrac{ab}{99}$
③ $a.b\dot{c}\dot{d}=\dfrac{abcd-ab}{990}$

유형 1 **유한소수, 무한소수, 순환소수** 난이도 ★

(1) **유한소수** 소수점 아래의 0이 아닌 숫자가 유한 번 나타나는 소수
(2) **무한소수** 소수점 아래의 0이 아닌 숫자가 무한 번 나타나는 소수
(3) **순환소수** 소수점 아래의 어떤 자리에서부터 일정한 숫자의 배열이 한없이 되풀이되는 무한소수
(4) **순환마디** 순환소수에서 소수점 아래의 숫자의 배열이 되풀이되는 한 부분

유형 2 **유한소수/순환소수로 나타낼 수 있는 분수** 난이도 ★★

(1) **유한소수로 나타낼 수 있는 분수**
　분수를 기약분수로 나타낸 후, 분모를 소인수분해하였을 때 분모의 소인수가 2 또는 5뿐이면 그 분수는 유한소수로 나타낼 수 있다.

(2) **유한소수로 나타낼 수 없는 분수(순환소수로 나타낼 수 있는 분수)**
　분수를 기약분수로 나타낸 후, 분모를 소인수분해하였을 때 분모의 소인수가 2와 5 이외의 소인수를 가지면 그 분수는 유한소수로 나타낼 수 없다. 즉, 순환소수로 나타낼 수 있다.

유형 3 **분수를 소수로 나타내기** 난이도 ★

(1) **분수를 유한소수로 나타내는 방법**
　분모의 소인수 2와 5의 지수가 같아지도록 분모, 분자에 2 또는 5의 거듭제곱을 곱하여 분모를 10의 거듭제곱 꼴로 나타낸다.

(2) **분수를 소수로 바꿀 때 분모 또는 분자를 잘못 본 경우**
　① 분모를 잘못 본 경우 ➡ 분자를 올바르게 본 것
　② 분자를 잘못 본 경우 ➡ 분모를 올바르게 본 것

유형 4 **순환소수를 분수로 나타내기** 난이도 ★★

(1) **10의 거듭제곱을 이용하는 방법**
　① 순환소수를 x로 놓고, 양변에 적당한 10의 거듭제곱을 곱하여 소수점 아래의 부분이 같은 두 식을 만든다.
　② 두 식을 변끼리 빼서 x의 값을 구한다.

(2) **공식을 이용하는 방법**
　① 분모 : 순환마디를 이루는 숫자의 개수만큼 9를 쓰고, 그 뒤에 소수점 아래 순환마디에 포함되지 않은 숫자의 개수만큼 0을 쓴다.
　② 분자 : (전체의 수)−(순환하지 않는 부분의 수)이고, 이때 소수점은 무시한다.

유형 5 · 유한소수가 되도록 하는 미지수 · 난이도 ★★★

정수가 아닌 기약분수 $\dfrac{a}{b}$에 어떤 자연수 N을 곱하거나 나눈 결과가 유한소수로 나타내어지려면 $\dfrac{a \times N}{b}$ 또는 $\dfrac{a}{b \times N}$를 기약분수로 나타내었을 때 분모는 2나 5만을 소인수로 가져야 한다.

① 등급 노트

풀이전략

소수를 분수로 고쳐 기약분수로 만든 후 분모, 분자의 소인수를 확인한다.

TIP

홀수인 자연수는 2를 소인수로 갖지 않는다.

유형 6 · 순환소수가 되도록 하는 미지수 · 난이도 ★★★

정수가 아닌 유리수 $\dfrac{a}{b}$에 어떤 자연수 N을 곱하거나 나눈 결과가 순환소수로 나타내어지려면 $\dfrac{a \times N}{b}$ 또는 $\dfrac{a}{b \times N}$를 기약분수로 나타내었을 때, 분모의 소인수에 2와 5 이외의 소인수가 있으면 된다.

유형 7 · 순환소수의 소수점 아래 n번째 자리의 숫자 구하기 · 난이도 ★★

(1) 순환마디의 숫자의 개수를 구한다.
(2) n을 순환마디의 숫자의 개수로 나눈 후, 순환마디가 되풀이되는 규칙성을 이용한다.

오답노트

순환마디가 소수 첫째 자리부터 시작하지 않는 경우에는 소수점 아래 n번째 자리의 숫자를 구할 때 주의를 기울여야 한다.

유형 8 · 순환소수를 포함한 식의 계산 · 난이도 ★★★

(1) 순환소수를 포함한 사칙계산은 순환소수를 분수로 나타낸 후 계산하는 것이 편리하다.
(2) 순환소수를 분수로 나타낼 때 자주 나타나는 분모를 소인수분해하면
　① $90 = 2 \times 3^2 \times 5$　② $99 = 3^2 \times 11$　③ $999 = 3^3 \times 37$

유형 9 · 유리수와 소수의 관계 · 난이도 ★

(1) 정수가 아닌 유리수를 소수로 나타내면 유한소수 또는 순환소수이다.
(2) 유한소수와 순환소수는 모두 유리수이다.

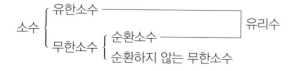

풀이전략

순환소수가 아닌 무한소수는 $\dfrac{(정수)}{(0이\ 아닌\ 정수)}$ 꼴로 나타낼 수 없기 때문에 유리수가 아니다.

01

다음 중 분수를 소수로 나타낼 때, 순환마디가 나머지 넷과 다른 것은?

① $\dfrac{1}{6}$ 　　② $\dfrac{17}{75}$ 　　③ $\dfrac{5}{18}$

④ $\dfrac{11}{30}$ 　　⑤ $\dfrac{7}{15}$

02

다음 중 크기가 두 번째로 큰 순환소수는?

① $8.\dot{1}427\dot{8}$ 　　② $8.1\dot{4}27\dot{8}$ 　　③ $8.14\dot{2}7\dot{8}$

④ $8.142\dot{7}\dot{8}$ 　　⑤ $8.1427\dot{8}$

03

두 분수 $\dfrac{2}{15}$ 와 $\dfrac{5}{6}$ 사이의 분수 중에서 분모가 30이고 유한소수로 나타낼 수 <u>없는</u> 것의 개수를 구하시오.

04

다음 두 유리수의 대소관계를 부등호를 사용하여 나타내려고 한다. 빈칸 (가)~(다)에 들어갈 알맞은 부등호를 차례대로 나열한 것은?

$0.\dot{6}\dot{5}$	(가)	$0.\dot{6}$
0.923	(나)	$0.9\dot{2}$
$0.34\dot{5}$	(다)	$0.\dot{3}4\dot{5}$

① <, <, < 　　② <, >, < 　　③ <, >, >

④ >, >, < 　　⑤ >, <, >

05

$\dfrac{1}{5}+\dfrac{1}{50}+\dfrac{1}{500}+\cdots=\dfrac{a}{b}$일 때, $a+b$의 값을 구하시오.

(단, a, b는 서로소인 자연수이다.)

06

어떤 기약분수를 순환소수로 나타내는데, 지우는 분모를 잘못 보아서 $0.4\dot{5}$로 나타내었고, 수진이는 분자를 잘못보아서 $0.8\dot{1}$로 나타내었다. 처음에 주어진 기약분수를 순환소수로 나타내시오.

07

$0.\dot{a}\div0.a$의 계산 결과를 순환소수로 나타내시오.

(단, a는 한 자리 자연수이다.)

08

순환소수 $7.2\dot{1}42\dot{3}$의 소수점 아래 첫 번째 자리부터 소수점 아래 50번째 자리까지의 숫자를 모두 합한 값은?

① 119   ② 120   ③ 121
④ 122   ⑤ 123

09

다음 그림과 같이 세 직선이 한 점에서 만날 때, x의 값을 구하시오.

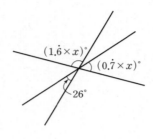

$(1.\dot{6}\times x)°$
$(0.\dot{7}\times x)°$
$26°$

10

어떤 자연수 n에 순환소수 $2.1\dot{3}$을 곱해야 하는데 잘못하여 유한소수 2.13을 곱했더니, 그 결과가 바르게 계산한 값보다 0.45만큼 작아졌다. 자연수 n의 값은?

① 75   ② 90   ③ 105
④ 120   ⑤ 135

11

순환소수 $0.8\dot{3}$에 자연수 n을 곱한 결과가 자연수일 때, 두 자리 자연수 n의 개수는?

① 13   ② 14   ③ 15
④ 16   ⑤ 17

12

다음 <보기>에서 주어진 수에 대한 설명으로 옳지 않은 것은?

┤ 보기 ├
ㄱ. $\dfrac{54}{405}$ ㄴ. 1.19

ㄷ. π ㄹ. $1.0\dot{2}\dot{5}$

ㅁ. $0.1010010001\cdots$ ㅂ. $\dfrac{51}{2^3\times3\times5\times17}$

① ㄱ을 소수로 나타내면 소수점 아래에서 되풀이되는 숫자는 1개뿐이다.
② ㄷ을 제외한 나머지는 모두 유리수이다.
③ 유한소수로 나타낼 수 있는 유리수는 2개이다.
④ 순환하지 않는 무한소수는 2개이다.
⑤ ㄹ을 분수로 고치면 $\dfrac{203}{198}$이다.

13

분수 $\dfrac{16}{27}$을 소수로 나타낼 때, 소수점 아래 1234번째 자리의 숫자를 구하시오.

14

다음 중 옳은 것은?

① 정수가 아닌 유리수는 모두 유한소수로 나타낼 수 없다.
② 모든 무한소수는 분수로 나타낼 수 있다.
③ 어떤 유한소수는 분수로 나타낼 수 없다.
④ 순환소수로 나타낼 수 있는 기약분수의 분모는 2나 5를 소인수로 갖지 않는다.
⑤ 모든 기약분수는 소수로 나타낼 수 있다.

15

유리수 x에 대하여 【x】를 x의 역수라고 하자.
예를 들어 【0.5】$=2$이다. 이때 【$0.\dot{7}\dot{2}$】$+$【$0.\dot{2}1\dot{6}$】의 값을 구하시오.

16

한 자리의 자연수인 두 수 x, y에 대하여 두 순환소수 $a=0.\dot{4}\dot{x}$, $b=0.\dot{y}\dot{1}$의 합이 $0.\dot{8}$일 때, $a-b$의 값은?

① $\dfrac{1}{33}$ ② $\dfrac{2}{33}$ ③ $\dfrac{4}{33}$

④ $\dfrac{2}{11}$ ⑤ $\dfrac{4}{11}$

01

한 자리 자연수 x에 대하여 순환소수 $0.\dot{x}$는 $\dfrac{11}{30}$보다 크고 $\dfrac{3}{4}$보다 크지 않다. 이를 만족시키는 모든 x의 값의 곱을 구하시오.

02

수직선 위에서 두 점 $\mathrm{P}\left(\dfrac{4}{9}\right)$, $\mathrm{Q}\left(\dfrac{23}{18}\right)$ 사이의 거리를 5등분한 4개의 점 중 가장 큰 수에 대응되는 점을 A라 하자. 점 A의 좌표는?

① $0.86\dot{1}$ ② $0.9\dot{4}$ ③ $1.02\dot{7}$
④ $1.\dot{1}$ ⑤ $1.2\dot{7}$

03

1보다 작은 양의 유리수 $\dfrac{x}{3^2 \times 5 \times 7}$를 기약분수로 나타내면 $\dfrac{2}{y}$이고, 이것을 소수로 나타내면 유한소수가 된다고 한다. 이때 두 자연수 x, y에 대하여 $x+y$의 값을 구하시오.

04

정수가 아닌 유리수 $\dfrac{a}{132}$는 유한소수로 나타낼 수 있고, 정수가 아닌 유리수 $\dfrac{132}{a}$는 유한소수로 나타낼 수 없다. 두 자리 자연수 a의 값을 구하시오.

05

순환소수 $4.5\dot{4}\dot{1}$에 자연수 A를 곱하면 어떤 자연수의 제곱이 된다. 이를 만족시키는 가장 작은 세 자리 자연수 A의 값을 구하시오.

06

50 이하의 자연수 m, n에 대하여 유한소수로 나타낼 수 있는 분수 $\dfrac{m}{5 \times 17 \times n}$의 가장 큰 수를 A, 가장 작은 수를 B라 하자. 이때 A와 B의 값을 각각 구하시오.

07

다음은 폭이 1 cm인 흰색 종이띠에 빨간색, 파란색을 일정한 간격으로 칠하는 과정이다.

[규칙1] 소수점 아래 숫자가 소수이면 빨간색, 소수가 아니면 파란색을 칠한다.
[규칙2] 소수점 아래 각 숫자를 나타내는 칸은 0.5 cm씩 일정하다.

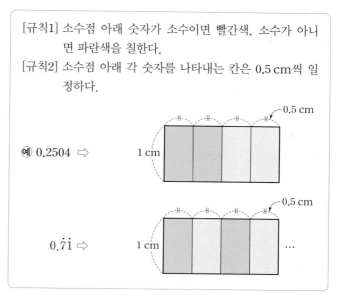

예) 0.2504 ⇨

$0.7\dot{1}$ ⇨

분수 $\dfrac{1}{21}$을 소수로 나타내어 소수점 아래 부분을 흰색 종이띠에 칠할 때, 파란색이 연속으로 칠해지는 가장 긴 구간의 길이는? (단, 종이띠는 무한히 길다.)

① 1.5 cm   ② 2 cm   ③ 2.5 cm
④ 3 cm   ⑤ 3.5 cm

08

분수 $\dfrac{n}{180}$을 소수로 나타내면 소수점 아래 첫 번째 자리부터 순환마디가 시작되는 순환소수로 나타낼 수 있다. 이를 만족시키는 가장 작은 자연수 n의 값을 구하시오.

09

분수 $\dfrac{11}{54}$을 소수로 나타내었을 때, 소수점 아래 n번째 자리의 숫자를 a_n이라 하자. $a_4+a_7+a_{13}$의 값을 구하시오.

10

다음 식의 값을 순환소수로 나타낼 때, 순환마디는?

$$\frac{32}{10}+\frac{13}{10^3}+\frac{21}{10^5}+\frac{32}{10^7}+\frac{13}{10^9}+\frac{21}{10^{11}}+\cdots$$

① 132 ② 213 ③ 321
④ 354 ⑤ 543

11

x에 대한 방정식 $5-2(x-x^2)=2(x^2-8x+2a)$의 해를 소수로 나타내면 유한소수가 된다고 한다. a가 한 자리 자연수일 때, a의 값은?

① 2 ② 3 ③ 5
④ 6 ⑤ 9

12

그림과 같이 A_1은 무게가 700 kg인 정육면체 모양의 대리석이다. 무게가 A_1의 $\dfrac{1}{10}$인 정육면체 모양의 대리석 A_2를 A_1 위에 쌓고, 무게가 A_2의 $\dfrac{1}{10}$인 정육면체 모양의 대리석 A_3을 A_2 위에 쌓았다. 이와 같이 대리석을 쌓아올리는 과정을 끊임없이 반복하여 돌탑을 만들 때, 다음 물음에 답하시오.

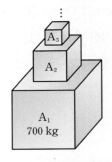

(1) 돌탑의 무게를 W kg이라 할 때, W의 값을 순환소수로 나타내시오.

(2) W의 값을 기약분수로 나타내면 $\dfrac{b}{a}$일 때, $a+b$의 값을 구하시오.

13

x에 대한 방정식 $0.2\dot{x}=\dfrac{19-2x}{18}$ 의 해는?

(단, x는 한 자리 자연수이다.)

① $x=3$ ② $x=4$ ③ $x=6$

④ $x=7$ ⑤ $x=9$

14

다음 식을 계산하여 기약분수로 나타내면 $\dfrac{a}{b}$ 이다. 이때 자연수 a, b에 대하여 $a+b$의 값을 구하시오.

$$2-\frac{11^2}{5^3}-\frac{11^2}{2^2\times 5^5}-\frac{11^2}{2^4\times 5^7}-\frac{11^2}{2^6\times 5^9}-\cdots$$

15

두 순환소수 $0.a\dot{b}$와 $0.b\dot{a}$의 합과 차는 각각 $0.a\dot{b}+0.b\dot{a}=\dfrac{7}{9}$, $0.a\dot{b}-0.b\dot{a}=\dfrac{4}{15}$이다. 이때 두 수 a, b의 값을 각각 구하시오.

(단, a, b는 한 자리 자연수이다.)

16

유리수와 소수의 관계에 대한 설명으로 옳은 것을 <보기>에서 모두 고르시오.

┤ 보기 ├

ㄱ. 순환소수는 무한소수이다.

ㄴ. 분모가 2와 5 이외의 소인수를 가지면 그 분수는 유한소수로 나타낼 수 없다.

ㄷ. 유한소수와 순환소수의 곱은 항상 순환소수이다.

ㄹ. 순환소수끼리의 합은 항상 순환소수이다.

ㅁ. 무한소수로 나타낼 수 있는 기약분수는 모두 순환소수로 나타낼 수 있다.

01

분수 $\dfrac{10}{101}$ 을 소수로 나타내었더니 소수점 아래 첫 번째 자리부터 소수점 아래 n번째 자리까지 숫자 9가 101번 나왔다. 이때 n의 값을 구하시오.

02

길이가 1m인 끈을 남김없이 사용하여 정n각형을 만들려고 한다. 두 자리 자연수 n에 대하여 정n각형의 한 변의 길이를 유한소수로 나타낼 수 없는 것은 모두 몇 개인지 구하시오. (단, 정n각형의 한 변의 길이의 단위는 m이다.)

03

어떤 달팽이가 단 하루도 거르지 않고 다음과 같이 이동한다고 한다.

> [첫째 날] 달팽이가 동쪽으로 $a_1=5$만큼, 북쪽으로 $b_1=2$만큼 이동한다.
>
> [둘째 날] 달팽이가 서쪽으로 $a_2=\dfrac{1}{10}a_1$만큼, 북쪽으로 $b_2=\dfrac{1}{10^2}b_1$만큼 이동한다.
>
> [셋째 날] 달팽이가 동쪽으로 $a_3=\dfrac{1}{10}a_2$만큼, 북쪽으로 $b_3=\dfrac{1}{10^2}b_2$만큼 이동한다.
>
> [넷째 날] 달팽이가 서쪽으로 $a_4=\dfrac{1}{10}a_3$만큼, 북쪽으로 $b_4=\dfrac{1}{10^2}b_3$만큼 이동한다.
>
> ⋮
>
> 이처럼 달팽이는 홀수번째 날은 동쪽과 북쪽으로, 짝수번째 날은 서쪽과 북쪽으로 이동한다.

달팽이가 출발한 위치로부터 동쪽으로 x만큼, 북쪽으로 y만큼 떨어진 위치에 도착하게 될 때, 다음 물음에 답하시오.

(1) x의 값을 순환소수로 나타낼 때, 소수점 아래 100번째 자리의 숫자를 구하시오.

(2) y의 값을 기약분수로 나타내시오.

04

순환소수 $0.0\dot{2}\dot{7}$에 어떤 자연수 a를 곱하여 1보다 작은 유한소수가 되도록 하려고 한다. 이때 a의 값이 될 수 있는 가장 큰 자연수를 구하시오.

05

두 점 A, B가 각각 정비례 관계 $y=-2x$, $y=\dfrac{1}{2}x$의 그래프 위의 점이고 두 점의 y좌표가 모두 $0.\dot{6}$일 때, 삼각형 OAB의 넓이를 순환소수로 나타내시오. (단, O는 원점이다.)

06

정수가 아닌 두 유리수 $\dfrac{7a}{288}$와 $\dfrac{a^2}{605}$을 소수로 나타내면 각각 유한소수가 될 때, 가능한 세 자리 자연수 a의 개수는?

① 6 ② 7 ③ 8 ④ 9 ⑤ 10

07

정수가 아닌 유리수 $\dfrac{81}{x}$을 소수로 나타내면 유한소수가 될 때, 홀수인 두 자리 자연수 x의 개수를 구하시오.

01

다음 조건을 모두 만족시키는 순환소수는 $\frac{1}{100}$보다 작은 양의 유리수이다. 이 순환소수의 순환마디를 구하시오.

> (가) 소수점 아래 세 번째 자리부터 일정한 숫자 배열이 되풀이된다.
> (나) 순환마디를 이루는 숫자는 5개이고 모두 합하면 19이다.
> (다) 순환소수의 소수점 아래 21번째 자리부터 소수점 아래 24번째 자리까지의 숫자가 차례대로 9, 5, 2, 3이다.

02

9보다 작은 서로 다른 세 자연수 a, b, c가 $\frac{b}{a} = 1.\dot{c}\dot{a}$를 만족시킬 때, $a+b+c$의 값을 구하시오.

03

자연수 n에 대하여 $19^n - 11^n$의 일의 자리 숫자를 x_n이라고 할 때, $\frac{x_1}{10} + \frac{x_2}{100} + \frac{x_3}{1000} + \frac{x_4}{10000} + \cdots$의 값을 순환소수로 나타내시오.

04

순환소수 $0.\dot{2}a\dot{4}$를 기약분수로 나타내면 $\frac{A}{333}$이다. 이를 만족시키는 모든 자연수 A의 값의 합을 구하시오.

(단, a는 한 자리 자연수이다.)

05

다음 조건을 모두 만족시키는 양수인 순환소수를 정수가 아닌 기약분수로 나타낼 때, 분모가 될 수 있는 자연수의 개수를 구하시오.

(가) 순환마디는 소수점 아래 2번째 자리부터 시작된다.
(나) 순환마디의 숫자의 개수는 1이다.

06

한 자리 자연수인 세 수 a, b, c에 대하여 세 순환소수 $0.\dot{a}\dot{0}$, $0.0\dot{b}$, $0.0\dot{c}$가 $0.\dot{a}\dot{0} : 0.0\dot{b} = 0.0\dot{c} : 0.01\dot{2}$를 만족시킬 때, $a+b+c$의 값 중에서 가장 큰 값을 구하시오. (단, $a<b<c$)

07

오른쪽 그림과 같이 수직선 위에서 집, 학교의 위치를 나타내는 수는 각각 -1, 1이다. 집과 학교 사이의 거리를 90등분한 89개의 점이 나타내는 수들 중에서 순환소수로 나타낼 수 있는 유리수를 작은 것부터 차례대로 나열하였을 때, 80번째 수를 나타낸 기약분수를 구하시오.

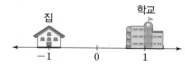

2 단항식과 다항식의 계산

고난도 대표유형 · 핵심개념

① 등급 노트

TIP

$a=a^1$로 지수 1이 생략된 것이다. a가 한 번 곱해진 것으로 생각하자!

거듭제곱의 나눗셈에서는 먼저 m과 n의 대소를 비교해야 한다.

음수의 거듭제곱

(1) $(-1)^n=\begin{cases} 1 & (n\text{이 짝수}) \\ -1 & (n\text{이 홀수}) \end{cases}$

(2) $a>0$일 때

$(-a)^n=\begin{cases} a^n & (n\text{이 짝수}) \\ -a^n & (n\text{이 홀수}) \end{cases}$

오답노트

거듭제곱 사이의 연산을 지수에서 연산하면 안된다.

① $a^m+a^n\neq a^{m+n}$
② $a^m\times a^n\neq a^{mn}$
③ $(a^m)^n\neq a^{m^n}$
④ $a^m\div a^n\neq a^{\frac{m}{n}}$

풀이전략

자연수 a, b, m, n에 대하여
① $a<b$이면 $a^n<b^n$
② $a^n<b^n$이면 $a<b$
③ $m<n$이면 $a^m<a^n$
④ $a^m<a^n$이면 $m<n$

유형 1 지수법칙

난이도 ★

(1) **거듭제곱의 곱셈** m, n이 자연수일 때 $a^m\times a^n=a^{m+n}$

(2) **거듭제곱의 거듭제곱** m, n이 자연수일 때 $(a^m)^n=a^{mn}$

(3) **거듭제곱의 나눗셈**

$a\neq 0$이고 m, n이 자연수일 때
① $m>n$이면 $a^m\div a^n=a^{m-n}$
② $m=n$이면 $a^m\div a^n=1$
③ $m<n$이면 $a^m\div a^n=\dfrac{1}{a^{n-m}}$

(4) **곱 또는 몫의 거듭제곱**

n이 자연수일 때

① $(ab)^n=a^nb^n$　　　② $\left(\dfrac{a}{b}\right)^n=\dfrac{a^n}{b^n}$ (단, $b\neq 0$)

유형 2 거듭제곱의 활용

난이도 ★★

(1) **거듭제곱의 대소비교**
① 자연수의 거듭제곱에 대하여 지수가 같을 때, 밑이 클수록 큰 수이다.
　예 $a<b$이면 $a^5<b^5$
② 자연수의 거듭제곱에 대하여 밑이 같을 때, 지수가 클수록 큰 수이다.
　예 $m<n$이면 $3^m<3^n$

(2) **거듭제곱의 합 간단히 하기**
덧셈식을 곱셈식으로 바꾸어 지수법칙을 이용한다.
$$\underbrace{a^m+a^m+a^m+\cdots+a^m}_{a\text{개}}=a\times a^m=a^{m+1}$$

(3) **문자를 사용하여 거듭제곱 나타내기**
$a^n=A$일 때
① $a^{mn}=(a^n)^m=A^m$　　　② $a^{m+n}=a^m\times a^n=a^m\times A$

(4) **자릿수 구하기**
주어진 수의 소인수 2와 5의 지수 중 작은 값을 택하여 10의 거듭제곱의 지수로 두면, 주어진 수를 $a\times 10^n$ (a, n은 자연수)꼴로 변형할 수 있다.
➡ $(a\times 10^n$의 자릿수$)=(a$의 자릿수$)+n$

다항식의 덧셈과 뺄셈   유형 3

난이도
★★

(1) 다항식의 덧셈과 뺄셈

괄호를 풀고 동류항끼리 모아서 간단히 한다. 이때 빼는 식은 각 항의 부호를 바꾸어
더한다.

(2) 괄호가 있는 식의 계산

여러 가지 괄호가 있는 식은 (소괄호) ➡ {중괄호} ➡ [대괄호]의 순서로 괄호를 풀어
계산한다.

다항식의 곱셈과 나눗셈   유형 4

난이도
★★★

(1) 단항식끼리의 곱셈

계수는 계수끼리, 문자는 문자끼리 곱하여 계산한다. 이때 같은 문자끼리의 곱셈은 지
수법칙을 이용하여 간단히 한다.

(2) 단항식과 다항식의 곱셈

분배법칙을 이용하여 단항식을 다항식의 각 항에 곱한다.
① $A(B+C)=AB+AC$
② $(A+B)C=AC+BC$

(3) 단항식과 다항식의 나눗셈

방법 1   나눗셈을 곱셈으로 고치고 나누는 식의 역수를 곱한다.

$$(A+B) \div C = (A+B) \times \frac{1}{C} = \frac{A}{C} + \frac{B}{C}$$

방법 2   분수 꼴로 나타내어 분자의 각 항을 분모로 나눈다.

$$(A+B) \div C = \frac{A+B}{C} = \frac{A}{C} + \frac{B}{C}$$

등식의 변형   유형 5

난이도
★★

(1) 식의 값

주어진 식의 문자에 수를 대입하여 계산하면 식의 값을 얻을 수 있다.

(2) 식의 대입

주어진 식의 문자에 그 문자를 나타내는 다른 식을 넣는 것을 식의 대입이라 한다.
① 문제에서 주어진 식이 복잡한 경우, 식을 간단히 한다.
② 대입하는 식을 괄호로 묶어 대입한다.

(3) 여러 개의 문자로 이루어진 등식을 한 문자에 대해 정리할 수 있다.

(한 문자)=(다른 문자를 사용한 식)

---

1 등급 노트

풀이전략

(1) 동류항 : 문자와 차수가 각각
　같은 항
(2) 모든 상수항은 동류항이다.

오답노트

다항식의 뺄셈에서 괄호를 풀
때 부호에 유의한다.
예 $-(x-y) \neq -x-y$
괄호 안의 각 항의 부호를 모두
바꾸어야 한다.

풀이전략

두 수의 곱이 1이 될 때, 한 수
를 다른 수의 역수라고 한다.
예 (a의 역수)$=\frac{1}{a}$

TIP

나눗셈이 2개 이상 있거나, 분
수식이 있는 경우에는 역수를
이용하는 것이 편리하다.

오답노트

식을 대입할 때는 반드시 괄호
를 사용한다.

01

지환이는 분수 $\dfrac{4}{27}$ 를 소수로 나타내면 소수점 아래 모든 숫자
가 8의 약수라는 사실을 알아내었다. 소수점 아래 10번째 자리
의 숫자부터 소수점 아래 100번째 자리의 숫자까지의 곱을 2의
거듭제곱으로 나타내시오.

02

$(x^a y^b)^c = x^{60} y^{72}$ 을 만족시키는 가장 큰 자연수 c에 대하여
$a+b$의 값을 구하시오. (단, a, b는 자연수이다.)

03

$A=2^{105}$, $B=3^{75}$, $C=5^{45}$일 때, A, B, C의 대소 관계를 부등
호를 사용하여 알맞게 나타낸 것은?

① $A<B<C$ ② $A<C<B$

③ $B<C<A$ ④ $C<A<B$

⑤ $C<B<A$

04

$A=2^{x-1}$일 때, 4^{3-x}을 A를 사용하여 나타낸 것은?

(단, $1<x<3$)

① $\dfrac{1}{16A^2}$ ② $\dfrac{1}{4A^2}$ ③ $\dfrac{1}{A^2}$

④ $\dfrac{4}{A^2}$ ⑤ $\dfrac{16}{A^2}$

05

$A=2^2$, $B=3^3$이라 할 때, 18^6을 A, B를 사용하여 나타내시오.

06

두 자연수 a, b가 $24^4 \times 125^3 = a \times 10^b$을 만족시킬 때, 다음 물음에 답하시오. (단, $100 < a < 1000$)

(1) a, b의 값을 각각 구하시오.

(2) (1)을 이용하여 $24^4 \times 125^3$이 몇 자리 자연수인지 구하시오.

07

$\left(\dfrac{3}{2}x + ay - \dfrac{3}{5}\right) - \left(\dfrac{1}{2}x - \dfrac{1}{3}y + 3\right)$을 간단히 하였더니 x의 계수와 y의 계수의 합이 $\dfrac{5}{3}$가 되었다. 이때 상수 a의 값을 구하시오.

08

$(5x^2 + ax - 6) - (bx^2 - 3x - 6)$를 간단히 하면 각 항의 차수와 계수가 서로 같을 때, $a+b$의 값을 구하시오.
(단, a, b는 상수이다.)

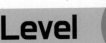
09

다음 그림과 같은 도형의 둘레의 길이는?

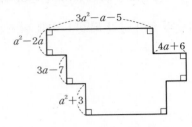

① $5a^2+4a-3$
② $5a^2+4a+3$
③ $10a^2+8a-6$
④ $10a^2+8a+6$
⑤ $10a^2-8a+22$

10

다음 식을 간단히 하였을 때, xy의 계수를 구하시오.

$$7x(-3x+y+3)-(10x^3y-18x^2y^2-4x^2y)\div 2xy$$

11

$(x^2y)^a \times 5xy^2 \div \left(-\dfrac{x^b}{2y^2}\right)^3 = cx^5y^{13}$일 때, 상수 a, b, c에 대하여 $\dfrac{c}{ab}$의 값을 구하시오.

12

어떤 단항식에 $-\dfrac{2a^2}{3b}$을 곱해야 할 것을 잘못하여 나누었더니 그 결과가 $18ab^3$이 되었다. 이때 바르게 계산한 결과는?

① $-24a^5b$
② $-12a^3b^2$
③ $-8a^5b$
④ $8a^5b$
⑤ $12a^3b^2$

13

높이가 $3y^3$ cm인 원기둥의 부피가 $108x^4y^5\pi$ cm³일 때, 이 원기둥의 밑면인 원의 지름의 길이를 구하시오.

15

어떤 식에 $\dfrac{3}{ab}$을 곱해야 하는데 잘못하여 나누었더니

$\dfrac{1}{3}a^3b^3 - a^2b^3 + 2a^2b^2$이 되었다. 이때 바르게 계산한 결과를 구하시오.

14

다음 그림과 같이 세로의 길이가 $3xy$, 넓이가 $15x^4y^3$인 직사각형 ABCD에 $\overline{BC}$를 한 변으로 하는 정사각형 CBEF를 그렸다. 정사각형 CBEF의 넓이가 ax^by^c일 때, $a+b+c$의 값을 구하시오.

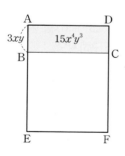

16

다음 그림과 같이 정사각형 ABCD에서 삼각형 CEF의 넓이를 a, b에 대한 식으로 나타낸 것은?

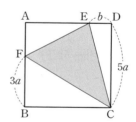

① $\dfrac{25}{2}a^2 - \dfrac{3}{2}ab$ ② $\dfrac{25}{2}a^2 - ab$

③ $\dfrac{25}{2}a^2 + ab$ ④ $\dfrac{25}{2}a^2 + \dfrac{3}{2}ab$

⑤ $20a^2 - 3ab$

Level ② 단항식과 다항식의 계산

01

$3^{2x+1}+9^{x+1}+27=999$일 때, 자연수 x의 값을 구하시오.

02

$7^{200}<n^{300}<5^{400}$을 만족시키는 자연수 n의 개수를 구하시오.

03

$(4^{15}+4^{15}+4^{15})(5^{30}+5^{30})$에 어떤 자연수 x를 곱하면 33자리 자연수가 될 때, 이를 만족시키는 x의 개수를 구하시오.

04

$(4^4+8^3+16^2)(125^2+25^3+5^5)$을 계산하면 n자리의 자연수가 된다. 이때 n의 값을 구하시오.

05

$a=2^{x-1}$, $b=3^{x+2}$일 때, 12^x을 a, b를 사용하여 나타낸 것은?

(단, $x>1$)

① $\dfrac{1}{3}ab$　　　　② a^2b　　　　③ $\dfrac{3}{4}ab$

④ $\dfrac{4}{3}ab$　　　　⑤ $\dfrac{4}{9}a^2b$

06

$\dfrac{24^{11}\times 75^{12}}{18^{10}}$은 a자리 자연수이고, 각 자리의 숫자들을 모두 더한 값은 b이다. 이때 $a+b$의 값을 구하시오.

07

$x=11^9$일 때, 다음 중 $(0.0\dot{9})^{20}$을 x를 사용하여 나타낸 것으로 옳은 것은?

① $\dfrac{1}{121x^2}$　　　② $\dfrac{1}{11x^2}$　　　③ $\dfrac{1}{x^2}$

④ $\dfrac{11}{x^2}$　　　⑤ $\dfrac{121}{x^2}$

08

분수 $\dfrac{7}{2^{10}\times 5^{15}}$을 소수로 나타낼 때, 소수점 아래 몇 번째 자리에서 처음으로 0이 아닌 숫자가 나타나는지 구하시오.

09

$125^{x-1} \times 8^{x+1}$이 14자리 자연수일 때, 자연수 x의 값을 구하시오. (단, $x>1$)

10

다음 등식이 성립하도록 하는 다항식 P를 구하시오.

$$3x-[7x-2y-\{-3y+P-(x-8y)\}]=2x+5y$$

11

$a=\dfrac{1}{5}$, $b=-3$일 때, 다음 식의 값을 구하시오.

$$2a^3b \div \left(-\dfrac{a^2}{15b}\right)^2 \times \left(-\dfrac{a}{b^2}\right)^3$$

12

대각선 방향의 세 식의 곱이 서로 같다고 할 때, $\dfrac{A}{B}$의 값을 a, b를 사용하여 나타내시오.

A		B
	$-\left(-\dfrac{b}{2a}\right)^3$	
$(-ab^2)^2$		$-\dfrac{b^2}{5a}$

13

상수 a, b, c에 대하여 단항식 $P=ax^by^c$이 다음 등식을 만족시킬 때, $a+b+c$의 값을 구하시오. (단, $a>0$)

$$\frac{P}{6x^4y}=24x^6y^{13}\div P$$

14

그림과 같이 사분원과 직각삼각형을 붙여놓은 평면도형을 직선 l을 회전축으로 하여 1회전 시켜 얻은 회전체의 부피가 $\frac{5}{3}\pi a^3+2\pi a^2$일 때, x를 a의 식으로 나타내시오.

(단, 사분원은 중심각이 직각인 부채꼴이다.)

15

각 면에 서로 다른 다항식이 적혀 있는 정육면체에 대하여 평행한 두 면에 있는 두 식의 곱이 모두 같다. 이 정육면체의 전개도가 다음과 같을 때, 두 다항식 P, Q의 합 $P+Q$를 y의 식으로 나타내시오.

P	$\frac{1}{2}x^3y$	
$-x^2-2x^2y$	$-x^3$	$3xy$
		Q

16

$(x+2y):(2x+y)=5:3$일 때, $\dfrac{14x}{y}+\dfrac{2y}{7x}$의 값을 구하시오.

01

$(-1)^{x+y}=1$을 만족시키는 두 자연수 x, y에 대하여 다음 중 $A=\{(-1)^x y-(-1)^y x\}\times(-1)^{xy}$에 대한 설명으로 항상 옳은 것을 모두 고르면? (정답 2개)

① A는 합성수이다.　　　② A는 홀수이다.　　　③ A는 짝수이다.

④ A는 y보다 작은 수이다.　　　⑤ A는 y보다 크거나 같은 수이다.

02

수현이는 정사각형 모양의 방석 도안을 만들기 위해 다음 규칙을 이용하여 정사각형의 각 꼭짓점에 작은 정사각형을 그렸다.

[규칙1] 이전 단계에서 처음으로 그린 정사각형의 모든 꼭짓점에 각각 작은 정사각형을 그린다.

[규칙2] 각 단계에서 처음으로 그리는 정사각형의 한 변의 길이는 이전 단계에서 처음으로 그린 정사각형의 한 변의 길이의 $\frac{1}{3}$이다.

[규칙3] [규칙1]과 [규칙2]를 이용하여 작은 정사각형을 반복하여 그린다.

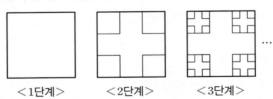

　　　　　<1단계>　　　　<2단계>　　　　<3단계>

<2단계>에서 처음으로 그린 모든 정사각형의 넓이의 합은 <7단계>에서 처음으로 그린 모든 정사각형의 넓이의 합의 몇 배인가?

① $\dfrac{2^{10}}{3^{10}}$　　　② $\dfrac{2^{10}}{3^5}$　　　③ $\dfrac{3^5}{2^{10}}$　　　④ $\dfrac{3^{10}}{2^{10}}$　　　⑤ $\dfrac{3^{10}}{2^{20}}$

03

$2(3+3^2+3^3+3^4+3^5+3^6+3^7+3^8+3^9)$을 계산하면?

① $3^{10}-3$　　　② 3^{10}　　　③ 2×3^{10}　　　④ $3^{11}-3$　　　⑤ 3^{11}

04

밑면은 반지름의 길이가 $3x^2y^2$인 원이고 높이는 $\dfrac{2x^2}{y}$인 원뿔 모양의 점토가 있다. 이 점토로 반지름의 길이가 x^2y인 구를 최대 몇 개 만들 수 있는지 구하시오.

05

오른쪽 그림과 같이 가로, 세로의 길이가 각각 a^5b, b^3이고 높이가 $2ab^2$인 직육면체 모양의 종이상자를 일정한 모양으로 빈틈없이 쌓아서 가능한 한 작은 정육면체를 만들려고 한다. 이때 필요한 종이상자의 개수를 a, b를 사용하여 나타내시오. (단, a, b는 서로소이며 모두 홀수이다.)

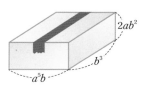

06

오른쪽 그림과 같이 직각삼각형 ABC에서 직각을 낀 두 변의 길이가 각각 $3xy^3$, $6x^2y$일 때, 직선 AB를 회전축으로 하여 1회전시킬 때 생기는 회전체의 부피를 V_1, 직선 BC를 회전축으로 하여 1회전시킬 때 생기는 회전체의 부피는 V_2이다. 이때 $\dfrac{V_2}{V_1}$를 x, y를 사용하여 나타내시오.

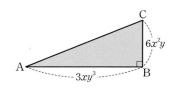

07

가로, 세로의 길이가 각각 a, b인 직사각형 ABCD를 다음 그림과 같이 5개의 사각형으로 쪼개었다. 이 중 직사각형 CILH를 제외한 나머지 네 사각형은 모두 정사각형일 때, 직사각형 CILH의 둘레의 길이를 a, b에 대한 식으로 나타내시오. (단, $a>b$)

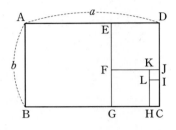

08

$\dfrac{1}{a}-\dfrac{1}{b}=3$일 때, $\dfrac{2a+ab-2b}{5b-ab-5a}$의 값을 구하시오. (단, $ab \neq 0$)

01

두 자연수 a, b에 대하여 $(-27)^{a+1} \times (-9)^{b-4} = (-3)^{b+3} \times (-81)^4$을 만족시키는 순서쌍 (a, b)의 개수를 구하시오.

(단, $b > 4$)

02

1부터 50까지의 자연수를 모두 곱한 수를 21의 거듭제곱으로 나누었더니 나누어 떨어졌다. 이를 만족시키는 21의 거듭제곱 중 지수가 가장 큰 거듭제곱을 구하시오.

03

사다리 타기 놀이는 세로선을 따라 아래로 이동하다가 가로선을 만나면 왼쪽 또는 오른쪽으로 사다리를 타고 이동하는 것을 반복하여 맨 아래 도착 지점에 도착하는 놀이이다.

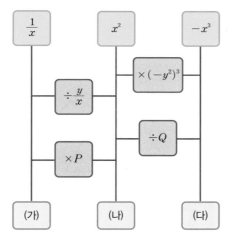

위와 같은 사다리 타기 놀이판의 맨 위의 칸에서 출발하여 사다리를 따라 이동하면서 순서대로 계산하였을 때 (나), (다)의 식이 각각 $2x^4$, $\dfrac{1}{y^3}$이었다. 이때 (가)에 들어갈 알맞은 식을 구하시오.

04

밑면의 가로, 세로의 길이가 각각 $2x^2, y$인 직육면체 모양의 나무토막 1개의 부피는 $2x^3y - 6x^2y^2$이다. 나무토막의 면은 면끼리, 모서리는 모서리끼리 맞닿도록 하여 8개의 나무토막을 쌓아 그 모습을 위에서 본 모양이 다음과 같았다.

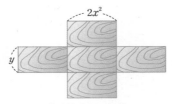

[위에서 본 모양]

이때 조건을 만족시키며 나무토막을 쌓아올릴 수 있는 입체도형 중 그 높이가 가장 높을 때의 높이는?

(단, 입체도형의 높이는 가장 아래에 있는 나무토막의 아랫면과 가장 높게 쌓아올린 나무토막의 윗면 사이의 거리이다.)

① $x - 3y$ ② $2x - 6y$ ③ $3x - 9y$ ④ $4x - 12y$ ⑤ $5x - 15y$

05

그림과 같이 반지름의 길이가 x인 원이 한 변의 길이가 x^2인 정삼각형의 둘레를 따라 한 바퀴 돌아서 제자리로 왔을 때, 다음 물음에 답하시오.

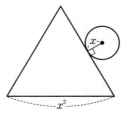

(1) 원이 지나간 부분의 넓이를 x에 대한 식으로 나타내시오.

(2) 원이 지나간 부분의 둘레의 길이를 x에 대한 식으로 나타내시오.

06

다음 그림은 높이가 xy^3인 직육면체에서 $\overline{AB}=\overline{BC}$가 되도록 밑면이 정사각형인 직육면체를 잘라 옆면에 붙여놓은 것이다. 처음 직육면체의 겉넓이보다 자른 후 새로 만든 입체도형의 겉넓이가 $8x^2y^3+2xy^4$만큼 더 커졌을 때, 모서리 AB의 길이를 x, y에 대한 식으로 나타내시오.

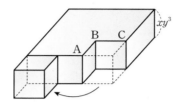

07

다음 조건을 만족시키는 6자리 자연수 N의 개수를 구하시오.

(가) N의 값은 7개의 연속된 자연수들의 합과 같다.

(나) $\dfrac{N}{21}-1$은 10^4의 배수인 자연수이다.

01

순환소수 $2.3\dot{7}3\dot{2}$의 소수점 아래 2021번째 자리의 숫자를 a, 소수점 아래 2022번째 자리의 숫자를 b라고 할 때, 두 수 a, b에 대하여 $a+b$의 값을 구하시오.

02

$2^{17} \times 3 \times 7 \times 5^{15} \times 11$이 n자리 자연수일 때, n의 값을 구하시오.

03

분수 $\dfrac{a}{180}$를 소수로 나타내었을 때, 순환소수가 되도록 하는 30보다 크지 않은 양의 정수 a의 개수를 구하시오.

04

$(8x^{2a}y^3)^4 \div (2^a xy^4)^b = 2^8 x^k y^4$일 때, 자연수 k의 값을 구하시오. (단, a, b는 상수이다.)

05

유리는 선생님이 칠판에 적어주신 식과 $-3x^2+2x+5$를 더하려고 하다가 잘못하여 뺐더니 결과가 $4x^2-7$이 되었다. 유리가 바르게 계산했을 때의 결과를 구하시오.

06

준영이가 양의 유리수 $\dfrac{p}{280}$를 기약분수로 나타내었더니 $\dfrac{7}{q}$이었고, 이를 소수로 나타내었더니 유한소수가 되었다. 이때 양의 정수 p, q에 대하여 $p-q$의 최솟값을 구하시오.

$\left(\text{단, 양의 유리수 }\dfrac{p}{280}\text{는 1보다 작다.}\right)$

07

다음 그림과 같이 색칠한 도형을 직선 l을 회전축으로 1회전시켜 얻어지는 입체의 부피를 V라고 할 때, V를 a, b를 사용한 식으로 나타내시오.

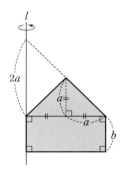

08

1보다 작은 유리수 $\dfrac{3}{n}$에서 자연수 n의 범위가 100 이하일 때, $\dfrac{3}{n}$을 소수로 나타냈을 때의 순환소수의 개수를 k라고 하자. 이때 k의 값을 구하시오.

3 일차부등식

고난도 대표유형 · 핵심개념

① 등급 노트

풀이전략

부등식의 성질을 이용하여 식의 값의 범위 구하기

(i) x의 범위를 알 때 $ax+b$의 값의 범위 구하기

① x의 값의 범위로 주어진 부등식에서 각 변에 a를 곱한다.

② ①의 부등식의 각 변에 b를 더한다.

(ii) $ax+b\,(a\neq0)$의 범위를 알 때 x의 값의 범위 구하기

① $ax+b$의 값의 범위로 주어진 부등식의 각 변에서 b를 뺀다.

② ①의 부등식의 각 변을 a로 나눈다.

풀이전략

이항

부등식의 성질을 이용하여 부등식의 한 변에 있는 항의 부호를 바꾸어 다른 변으로 옮기는 것이다. 이항할 때는 부등호의 방향이 바뀌지 않는다.

TIP

x의 계수가 문자인 일차부등식의 풀이

일차부등식 $ax>b$에서

① $a>0$이면 $x>\dfrac{b}{a}$

② $a<0$이면 $x<\dfrac{b}{a}$

임을 이용한다.

유형 1 부등식의 해와 성질

난이도 ★

(1) **부등식** 부등호 $>$, $<$, $\geq$, $\leq$를 사용하여 수 또는 식의 대소 관계를 나타낸 식

➡ 부등식의 참, 거짓에 상관없이 부등호가 있는 식은 부등식이다.

$a>b$	$a<b$	$a\geq b$	$a\leq b$
a는 b보다 크다. a는 b 초과이다.	a는 b보다 작다. a는 b 미만이다.	a는 b보다 크거나 같다. a는 b 이상이다. a는 b보다 작지 않다.	a는 b보다 작거나 같다. a는 b 이하이다. a는 b보다 크지 않다.

(2) **부등식의 해** 부등식이 참이 되게 하는 미지수의 값

(3) **부등식을 푼다** 부등식의 해를 모두 구하는 것

(4) **부등식의 성질**

① 부등식의 양변에 같은 수를 더하거나 양변에서 같은 수를 빼어도 부등호의 방향은 바뀌지 않는다.

② 부등식의 양변에 같은 양수를 곱하거나 양변을 같은 양수로 나누어도 부등호의 방향은 바뀌지 않는다.

③ 부등식의 양변에 같은 음수를 곱하거나 양변을 같은 음수로 나누면 부등호의 방향은 바뀐다.

➡ 부등호 $>$를 $\geq$로, $<$를 $\leq$로 바꾸어도 부등식의 성질은 성립한다.

유형 2 일차부등식의 풀이

난이도 ★★

(1) **일차부등식** 부등식에서 우변에 있는 모든 항을 좌변으로 이항하여 정리하였을 때,

(일차식)>0, (일차식)<0, (일차식)≥0, (일차식)≤0

중 어느 하나의 꼴로 나타나는 부등식

(2) **일차부등식의 풀이**

① 미지수 x를 포함하는 항은 좌변으로, 상수항은 우변으로 이항한다.

② 양변을 정리하여 $ax>b$, $ax<b$, $ax\geq b$, $ax\leq b\,(a\neq0)$ 중 어느 하나의 꼴로 나타낸다.

③ 양변을 x의 계수 a로 나눈다. 이때 $a<0$이면 부등호의 방향이 바뀐다.

(3) **복잡한 일차부등식의 풀이**

① 괄호가 있는 일차부등식 : 분배법칙을 이용하여 괄호를 풀고 동류항끼리 정리한 후 일차부등식을 푼다.

② 계수가 분수 또는 소수인 일차부등식 : 양변에 적당한 수를 곱하여 계수를 정수로 바꾼 후 일차부등식을 푼다.

난이도
★★★

① 등급 노트

(1) 일차부등식을 활용하여 문제를 해결하는 순서

① 문제의 뜻을 이해하고 구하려고 하는 것을 미지수 x로 놓는다.

② 문제의 뜻에 맞게 x에 대한 일차부등식을 세운다.

③ 일차부등식의 해를 구한다.

④ 구한 해가 문제의 뜻에 맞는지 확인한다

(2) 수에 대한 문제

① 연속하는 세 정수 : $x-1$, x, $x+1$ 또는 x, $x+1$, $x+2$

② 연속하는 세 홀수(짝수) : $x-2$, x, $x+2$ 또는 x, $x+2$, $x+4$

③ 세 수 a, b, c의 평균 : $\dfrac{a+b+c}{3}$

(3) 정가, 원가에 대한 문제

① 원가가 a원인 상품에 b % 이익을 붙인 가격 : $a+a\times\dfrac{b}{100}=a\left(1+\dfrac{b}{100}\right)$(원)

② 정가가 a원인 상품을 b % 할인한 가격 : $a-a\times\dfrac{b}{100}=a\left(1-\dfrac{b}{100}\right)$(원)

③ (이익)＝(판매가격)－(원가)

(4) 유리한 방법을 선택하는 문제

주어진 방법 중 각각의 가격 또는 비용을 계산하여 가격 또는 비용이 적은 쪽이 더 유리한 방법임을 이용한다. 이때 '유리하다'는 것은 가격 또는 비용이 적다는 의미이므로 ≥ 또는 ≤를 사용하지 않고 > 또는 <를 사용한다.

(5) 농도에 대한 문제

① (소금물의 농도)＝$\dfrac{(\text{소금의 양})}{(\text{소금물의 양})}\times100$(%)

② (소금의 양)＝$\dfrac{(\text{소금물의 농도})}{100}\times(\text{소금물의 양})$

③ (소금물의 양)＝(소금의 양)＋(물의 양)

④ 물을 더 넣는 경우 ⇨ 소금의 양은 변하지 않고, 소금물의 양은 증가한다.

⑤ 물을 증발시키는 경우 ⇨ 소금의 양은 변하지 않고, 소금물의 양은 감소한다.

⑥ 소금을 더 넣는 경우 ⇨ 소금의 양과 소금물의 양이 모두 증가한다.

(6) 거리, 속력, 시간에 대한 문제

① (거리)＝(속력)×(시간)

② (속력)＝$\dfrac{(\text{거리})}{(\text{시간})}$

③ (시간)＝$\dfrac{(\text{거리})}{(\text{속력})}$

TIP

구하려고 하는 것이 인원 수, 나이, 개수 등이면 구한 해는 음이 아닌 정수이어야 한다.

풀이전략

연속하는 세 5의 배수

$5x-5$, $5x$, $5x+5$

또는 $5x$, $5x+5$, $5x+10$

(단, x는 자연수)

즉, 연속하는 어떤 세 수 사이의 관계를 파악하면 세 수를 하나의 미지수의 식으로 나타낼 수 있다.

오답노트

식을 세울 때 단위를 통일하자.

① 1 kg＝1000 g

② 1 km＝1000 m,

1 m＝100 cm

③ 1시간＝60분

즉, 1분＝$\dfrac{1}{60}$시간

TIP

평면도형의 둘레와 넓이, 입체도형의 겉넓이와 부피에 관한 문제가 나올 수 있으니 꼭 여러 도형의 둘레, 넓이, 부피를 구하는 방법을 기억해야 한다.

01

부등식 $8x^2+ax>-2bx^2-3x-5$가 일차부등식이 되도록 하는 두 상수 a, b의 조건은?

① $a=-3$, $b=-4$
② $a\neq-3$, $b\neq-4$
③ $a\neq-3$, $b=-4$
④ $a=3$, $b=-4$
⑤ $a\neq3$, $b=-4$

02

다음 중 $x=3$일 때 참인 부등식은?

① $0.1x-0.3>0$
② $2x-3\geq4$
③ $\dfrac{x}{2}-\dfrac{7}{4}<0$
④ $-x>2$
⑤ $2-x<-1$

03

다음 <보기>에서 주어진 문장을 부등식으로 바르게 나타낸 것을 모두 고르시오.

┤ 보기 ├

ㄱ. 어떤 수에서 5를 뺀 것의 3배는 8보다 작지 않다.
⇨ $x-5\times3\geq8$

ㄴ. 한 자루에 300원인 연필 x자루의 금액은 5000원 초과이다. ⇨ $300x>5000$

ㄷ. 올해 x살인 형원이의 20년 후 나이는 올해 나이의 3배 이하이다. ⇨ $x+20>3x$

ㄹ. 밑넓이가 $4\,cm^2$, 높이가 $x\,cm$인 원뿔의 부피는 $30\,cm^3$보다 크다. ⇨ $4x>30$

ㅁ. 무게가 $1\,kg$인 수레에 무게가 $x\,g$인 상자 10개를 실었더니 전체 무게가 $2\,kg$을 넘지 않았다.
⇨ $1+\dfrac{x}{100}\leq2$

04

다음은 부등식 $-7x+4>18$의 풀이 과정이다.

$$-7x+4>18 \xrightarrow{\text{(가)}} -7x>14 \xrightarrow{\text{(나)}} x<-2$$

(가), (나)에서 이용된 부등식의 성질을 <보기>에서 차례대로 고른 것은?

┤ 보기 ├

ㄱ. $a<b$이면 $a+c<b+c$, $a-c<b-c$이다.

ㄴ. $a<b$, $c>0$이면 $ac<bc$, $\dfrac{a}{c}<\dfrac{b}{c}$이다.

ㄷ. $a<b$, $c<0$이면 $ac>bc$, $\dfrac{a}{c}>\dfrac{b}{c}$이다.

① ㄱ, ㄴ
② ㄴ, ㄷ
③ ㄷ, ㄱ
④ ㄱ, ㄷ
⑤ ㄴ, ㄱ

05

$-5 \leq x < 10$이고 $X = -0.2x + 3$일 때, X의 값의 범위는?

① $-4 < X < 1$ ② $1 \leq X < 4$

③ $-4 < X \leq 1$ ④ $1 < X < 4$

⑤ $1 < X \leq 4$

06

x가 짝수인 한 자리 자연수일 때, 부등식 $-2(x+3) < x-12$ 의 해의 개수를 구하시오.

07

x가 음의 정수일 때, 일차부등식 $1.1x + \dfrac{8}{5} > -0.2\left(\dfrac{1}{4} - 4x\right)$ 의 해의 개수는?

① 3 ② 4 ③ 5

④ 6 ⑤ 7

08

x가 자연수일 때, 다음 부등식 중에서 해가 없는 것은?

① $3 - x > 2x - 1$ ② $3x + 2 \leq 10$

③ $x + 10 \geq 1 - 10x$ ④ $2x + 5 < 5x$

⑤ $-4x - 3 > x - 8$

09

부등식 $\dfrac{2x+k}{9} - \dfrac{x-4k}{3} \leq 1$의 해를 수직선 위에 나타내면 다음 그림과 같다. 이때 상수 k의 값을 구하시오.

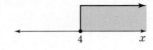

10

부등식 $\dfrac{3x+7a}{2} \leq \dfrac{5x-a}{4}$의 해 중 가장 큰 수가 3일 때, 상수 a의 값을 구하시오.

11

연속하는 세 홀수를 작은 수부터 순서대로 x, y, z라 할 때, $x+2y+3z<58$을 만족시키는 세 수 x, y, z에 대하여 $x+y+z$의 최댓값은?

① 15   ② 21   ③ 27
④ 33   ⑤ 39

12

한 사격 선수가 예선 경기에서 4발을 쏘아서 차례로 8.3점, 7.5점, 9.7점, 8.4점을 받았다. 예선 경기에서 쏜 5발의 평균 점수가 8.2점 초과이어야 결선에 진출할 수 있을 때, 이 선수가 결선에 진출하기 위해 다섯 번째 총알을 쏘아서 받아야 하는 점수의 범위는?

① 6.9점 초과   ② 7점 초과   ③ 7.1점 초과
④ 7.2점 초과   ⑤ 7.3점 초과

13

현재 유나의 통장에는 30000원, 서진이의 통장에는 50000원이 있다. 다음 달부터 유나는 매월 5000원씩, 서진이는 매월 3500원씩 저축한다고 하면 유나의 예금액이 서진이의 예금액보다 많아지는 것은 몇 개월 후부터인지 구하시오.

14

원가가 3000원인 직소퍼즐에 정가의 10 %를 할인하여 팔아서 원가의 20 % 이상의 이익을 얻으려고 한다. 이때 정가는 얼마 이상으로 정해야 하는지 구하시오.

15

어느 보드게임 카페에서 음료를 시키지 않으면 시간 당 2000원의 요금을 받고, 3500원짜리 음료를 시키면 시간 당 1200원의 요금을 받는다고 한다. 음료를 시키고 보드게임 카페를 이용할 때, 음료를 시키지 않은 경우보다 더 저렴하려면 최소 몇 시간 이상 이용해야 하는가?

① 3시간   ② 4시간   ③ 5시간
④ 6시간   ⑤ 7시간

16

오토바이와 자동차가 같은 지점에서 동시에 출발하여 서로 반대 방향으로 직선 도로를 따라 달리고 있다. 오토바이는 시속 45 km로 달리고 자동차는 시속 75 km로 달릴 때, 오토바이와 자동차가 50 km 이상 멀어지려면 최소 몇 분 이상 달려야 하는가? (단, 오토바이와 자동차의 길이는 무시한다.)

① 20분   ② 25분   ③ 30분
④ 35분   ⑤ 40분

01

$a<b<c$, $ab>bc$, $a+c>0$일 때, 다음 <보기>에서 작은 것부터 차례대로 나열한 것은?

┌ 보기 ┐
ㄱ $-b$　　　ㄴ $-c$　　　ㄷ $2c$
ㄹ $-b+c$　　ㅁ $c-a$

① ㄴ－ㄱ－ㄹ－ㄷ－ㅁ
② ㄴ－ㄱ－ㄹ－ㅁ－ㄷ
③ ㄴ－ㄱ－ㅁ－ㄹ－ㄷ
④ ㄴ－ㄹ－ㄱ－ㅁ－ㄷ
⑤ ㄴ－ㄹ－ㅁ－ㄷ－ㄱ

02

$3<x\leq9$일 때, $3x-9$의 값이 양의 정수가 되도록 하는 x의 값은 모두 몇 개인가?

① 16개　　　② 17개　　　③ 18개
④ 19개　　　⑤ 20개

03

$a<-3$일 때, x에 대한 일차부등식 $2ax+3a<-6x-9$를 만족시키는 가장 작은 정수 x의 값을 구하시오.

04

$0.1x+3.5$의 값을 반올림하여 일의 자리까지 나타낸 수가 11일 때, x의 값의 범위는 $m\leq x<n$이다. $m+n$의 값을 구하시오.

05

부등식 $-\dfrac{1-x}{6}+\dfrac{3}{4}\leq\dfrac{2}{3}$의 해를 $x\leq a$라 하고 부등식 $0.02x+0.12>0.1x-0.44$의 해를 $x<b$라 할 때, $b-4a$의 값을 구하시오.

06

다음은 부등식 빙고게임에 대한 설명이다.

- 3×3크기의 빙고판의 9개의 칸에 서로 다른 정수를 적는다.
- 한 명씩 돌아가면서 주머니에 든 부등식 쪽지를 한 장 뽑는다.
- 뽑은 쪽지에 적힌 부등식의 해가 될 수 있는 수가 적힌 칸을 모두 칠한다.

[그림1]과 같이 주머니에 부등식 쪽지가 들어 있고, 진규는 [그림2]와 같이 빙고판을 완성하였다. 첫 번째로 뽑힌 쪽지가 (가)일 때, 진규가 칠한 빙고판으로 바른 것을 고르면?

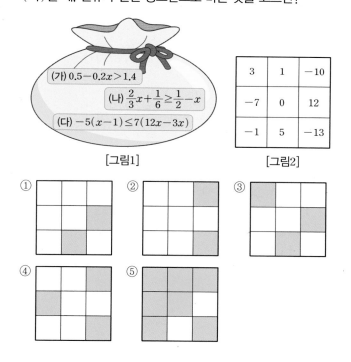

(가) $0.5-0.2x>1.4$

(나) $\dfrac{2}{3}x+\dfrac{1}{6}\geq\dfrac{1}{2}-x$

(다) $-5(x-1)\leq 7(12x-3x)$

3	1	-10
-7	0	12
-1	5	-13

[그림1]　　　　[그림2]

①　②　③

④　⑤

07

$a<-1$일 때, x에 대한 일차부등식 $-3ax>3x+9$의 해는?

① $x<-\dfrac{3}{a+1}$　　② $x>-\dfrac{3}{a+1}$　　③ $x\leq-\dfrac{3}{a+1}$

④ $x<\dfrac{3}{a+1}$　　⑤ $x>\dfrac{3}{a+1}$

08

$k<5$일 때, x에 대한 일차부등식 $10+5x>kx+2k$를 만족시키는 가장 작은 정수 x를 구하시오.

09

$3b < a < b$를 만족시키는 두 상수 a, b에 대하여 일차부등식 $2a(x-4) > b(x-5) + a(7-x)$가 참이 되게 하는 모든 자연수 x의 값의 합을 구하시오.

11

연속하는 두 개의 3의 배수에 대하여 작은 수의 3배에서 10을 뺀 값은 큰 수의 2배보다 클 때, 두 수의 곱의 최솟값은?

① 54   ② 108   ③ 270
④ 378   ⑤ 504

10

x에 대한 일차부등식 $a - x \le 2x - 3$을 만족시키는 한 자리 자연수 x가 4개일 때, 상수 a의 값의 범위를 구하시오.

12

연속하는 다섯 개의 5의 배수의 합이 99보다 크다고 한다. 이 다섯 개의 수를 크기순으로 나열하였을 때, 가운데에 있는 수로 가능한 값 중 가장 작은 값을 구하시오.

13

생선가게를 운영하는 현석이 아버지는 매일 새벽 항구로 나가 생선을 싸게 구매해서 가게 손님에게 원가의 20 %의 이익을 붙여 판매했다고 한다. 그러나 바로 옆 가게에 또 다른 생선가게가 새로 생기면서 손님의 발걸음이 뜸해지자 현석이 아버지는 처음 판매가격보다 할인하여 팔기로 했다. 이익을 원가의 11 % 이상이 되도록 팔 때, 현석이 아버지는 처음 판매가격에서 최대 몇 %까지 할인하여 팔 수 있는가?

① 6.5 %   ② 7 %   ③ 7.5 %
④ 8 %   ⑤ 8.5 %

14

한 모서리 길이가 2 cm인 정육면체 모양의 나무토막을 다음 그림과 같이 일렬로 이어 붙여 직육면체 모양을 만들려고 한다. 직육면체 모양의 나무토막의 겉넓이가 100 cm² 이상이 되도록 할 때, 정육면체 모양의 나무토막은 최소 몇 개가 필요한지 구하시오.

15

농도가 5 %인 소금물 1 kg을 창가에 두어 햇볕을 쬐게 하였다. 이때 증발해서 없어진 물의 양만큼 소금을 더 넣어 농도가 처음의 5배 이상인 소금물을 만들려고 한다. 더 넣어야 하는 소금의 양은 최소 몇 g인가?

① 200 g   ② 250 g   ③ 300 g
④ 350 g   ⑤ 400 g

16

농도가 각각 2 %, 14 %인 소금물을 섞어 농도가 10 % 이상 12 % 이하인 소금물 300 g을 만들려고 한다. 이때 농도가 2 %인 소금물을 a g 이상 b g 이하 넣는다고 할 때, $a+b$의 값을 구하시오.

01

$abc<0$, $a>b>c$일 때, 다음 중 항상 참인 것은?

① $ac>bc$ ② $-abc^2<0$ ③ $3bc>0$

④ $\dfrac{a}{3c}<0$ ⑤ $-3a+2>-3b+2$

02

$x=-2$가 일차부등식 $3a-x<\dfrac{2x-a}{3}$를 만족시키지 않을 때, 상수 a의 값의 범위는?

① $a\geq-1$ ② $a<-1$ ③ $a>2$

④ $-1<a<2$ ⑤ $a>-\dfrac{20}{3}$

03

세 수 a, b, c가 오른쪽 그림과 같이 수직선 위에 대응할 때, <보기>에서 옳은 것을 모두 고르시오. (단, $|a|=|c|$이다.)

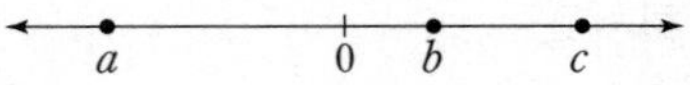

━┨ 보기 ┠━

ㄱ. $a+b<a+c$ ㄴ. $ab\geq c$ ㄷ. $\dfrac{b-a}{c}>1$

ㄹ. $\dfrac{2-b}{a}>\dfrac{2-c}{a}$ ㅁ. $a^2+b<ac+b$ ㅂ. $\dfrac{b}{b-c}>\dfrac{c}{b-c}$

04

일차부등식 $\dfrac{ax+a}{2}+1<0.2(ax-a)$의 해가 $x<-4$일 때, 상수 a의 값을 구하시오.

05

부등식 $0.3x+a>ax-0.8$의 해와 부등식 $\dfrac{3x-1}{4}<\dfrac{2(x+1)}{5}$의 해가 서로 같을 때, 상수 a의 값을 구하시오.

06

한국어학당에는 40명의 외국인 유학생이 있다. 이 학생들을 대상으로 두 번에 걸쳐 한국어 시험을 치렀더니, 첫 번째 시험에 비해 두 번째 시험에서 4점이 낮아진 학생이 7명, 9점이 오른 학생이 12명이고 나머지 학생은 두 시험의 점수가 같았다. 전체 유학생의 두 번째 한국어 시험의 평균 점수가 80점 초과일 때, 첫 번째 한국어 시험의 평균 점수의 범위를 구하시오.

07

현수막 5개를 제작하는 데 드는 비용은 2만원이고, 5개를 초과하는 수량에 대해서는 한 개당 2500원의 제작비용이 들어간다고 한다. 현수막을 한 개당 3000원 이하의 비용으로 제작하기 위해서는 몇 개 이상의 현수막을 제작해야 하는지 구하시오.

08

A주차장의 주차요금은 30분까지는 2500원이고 30분 이후부터는 1분마다 200원씩 주차요금이 추가된다고 한다. 또한 B주차장의 주차요금은 1시간까지는 10000원이고 1시간이 넘으면 1분마다 50원씩 요금이 추가된다. 얼마나 오랫동안 주차를 해야 B주차장에 주차를 하는 것이 유리해지는지 구하시오.

09

정아는 집 앞에서 오후 4시에 학원버스를 타야 한다. 하지만 어머니의 심부름으로 시장에 먼저 들렀다가 다시 집으로 돌아와 학원버스를 타게 되었다. 정아네 집에서 시장까지는 1.5 km이고 집에서 시장으로 출발한 시간은 오후 3시 15분이었다. 시장에서 장을 본 시간이 15분이고 시장에 갈 때보다 집으로 돌아올 때 2배 빠른 속력으로 왔더니 학원버스를 놓치지 않았다. 이때 정아가 학원버스를 놓치지 않기 위해서 시장에서 집까지 시속 몇 km 이상의 속력으로 돌아와야 하는지 구하시오.

01

부등식 $|0.\dot{2}x+3|<5$를 만족시키는 x의 값에 대하여 $\dfrac{x-3}{2}$의 값이 정수가 되도록 하는 x의 값 중 가장 큰 정수를 a, 가장 작은 정수를 b라 할 때, $a-b$의 값을 구하시오.

02

x에 대한 일차부등식 $3ax-15a\leq10b-2bx$의 해가 $x\geq5$일 때, 일차부등식 $9-5(a+b)x<4ax+bx$의 해는?

① $x<-\dfrac{3}{3a+2b}$ ② $x<\dfrac{3}{3a+2b}$ ③ $x>\dfrac{2}{3a+2b}$

④ $x<\dfrac{9}{3a+2b}$ ⑤ $x>\dfrac{9}{3a+2b}$

03

x에 대한 일차부등식 $(a+b)x>2a-b(1+2x)$의 해가 $x<1$일 때, 부등식 $a(6-x)\leq b(3-x)$를 만족시키는 x의 값의 범위를 구하시오.

04

x에 대한 일차부등식 $\dfrac{a-2x}{5}>0.7(x-2)$를 만족시키는 x의 값 중에서 소수인 자연수가 4개일 때, a의 값 중 가장 큰 정수를 p, 가장 작은 정수를 q라 한다. 이때 $p-q$의 값을 구하시오.

05

부등식 $2x-7k\leq kx-14$는 $-7<x\leq1$일 때 거짓이 된다. 이때 상수 k의 값이 될 수 <u>없는</u> 것은? (단, $k\neq2$)

① -7 ② -2 ③ 0 ④ 1 ⑤ 4

06

어느 꽃가게에서 불우이웃돕기 모금행사를 개최하였다.

> • 모금에 참여하는 모든 분께 1인 1회에 한하여 동전 던지기 기회를 드립니다.
> • 동전을 던져 앞면이 나오면 꽃 2송이를 1000원에 드립니다.
> • 동전을 던져 뒷면이 나오면 꽃 1송이를 2000원에 드립니다.
> • 모금액은 어려운 이웃에게 전액 전달됩니다.

동전을 x번 던졌더니 준비한 300송이의 꽃이 모두 팔렸다. 이때 모금액이 20만 원 이상 되려면 최소 몇 명 이상이 모금에 참여해야 하는지 구하시오. (단, 던진 동전은 앞면 또는 뒷면만 나온다.)

07

연탄의 이름은 연탄에 뚫려 있는 구멍의 개수로 붙여진다. 즉, 연탄에 구멍이 22개가 뚫려 있으면 22공탄, 25개가 뚫려 있으면 25공탄으로 부른다. 다음 그림의 25공탄은 밑면의 반지름의 길이가 15 cm이고 높이가 10 cm인 원기둥 모양의 연탄이며, 각 연탄의 구멍은 밑면의 지름의 길이가 0.4 cm인 원기둥 모양으로 뚫려 있다. 명지는 동생과 함께 연탄재로 연탄구멍을 막으며 연탄의 겉넓이의 변화를 관찰하려고 한다. 이때 구멍이 막힌 연탄의 겉넓이가 처음 연탄의 겉넓이의 90 % 미만이 되려면 적어도 몇 개 이상의 연탄구멍을 막아야 하는지 구하시오.

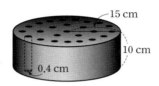

08

길이가 각각 x cm, $(2x-1)$ cm, $(x+7)$ cm인 세 선분으로 삼각형을 만들려고 한다. 이때 삼각형이 만들어지기 위한 x의 값의 범위를 구하시오.

09

수영, 사이클, 마라톤의 3가지 종목을 연이어 겨루는 트라이애슬론 경기에 참가한 지호는 이번 경기에서 개인 통산 신기록을 목표로 한다. 수영 종목을 시작으로 X 지점에서 Y 지점까지 1.5 km를 이동하고, 사이클 종목으로 바꿔 Y 지점에서 Z 지점까지 40 km를 이동한 뒤에 마지막 종목인 마라톤으로 10 km를 이동해서 결승점인 W 지점을 통과해야 한다. 이 경기에서 지호의 수영 속력은 분속 60 m, 사이클 속력은 분속 800 m이고 지호의 개인 통산 최고기록은 1시간 55분이다. 지호가 마라톤 종목에서 시속 x km로 뛴다고 할 때, 지호가 자신의 최고기록을 경신하려면 얼마나 빨리 뛰어야 하는지 x의 값의 범위를 구하시오.

4 연립일차방정식

고난도 대표유형 · 핵심개념

① 등급 노트

풀이전략

방정식 : 미지수의 값에 따라 참 또는 거짓이 되는 등식

오답노트

문제에서 주어진 해의 조건을 잘 확인하자!

풀이전략

$x=m$, $y=n$이 x, y에 대한

연립방정식 $\begin{cases} ax+by+c=0 \\ d'x+b'y+c'=0 \end{cases}$

의 해인 경우, $x=m$, $y=n$은 두 일차방정식을 동시에 참이 되게 하는 x, y의 값이므로 각 일차방정식에 대입하면

$am+bn+c=0$,

$d'm+b'n+c'=0$이 성립한다.

풀이전략

연립일차방정식의 풀이전략

① 대입법은 어느 일차방정식 하나가 x 또는 y에 대하여 정리하기 편할 때 주로 이용한다. (특히 x 또는 y의 계수가 1 또는 -1일 때)

② 소거하려는 미지수의 계수의 절댓값이 같도록 적당한 수를 곱했을 때, 계수의 부호가 같으면 변끼리 빼고, 부호가 다르면 변끼리 더한다.

유형 1 미지수가 2개인 일차방정식   난이도 ★

(1) 미지수가 2개인 일차방정식

미지수가 x, y의 2개이고 그 차수가 모두 1인 방정식으로
$ax+by+c=0$ (a, b, c는 상수, $a\neq0$, $b\neq0$) 꼴이다.

(2) 미지수가 2개인 일차방정식의 해

x, y에 대한 일차방정식을 참이 되게 하는 x, y의 값 또는 그 순서쌍 (x, y)

(3) 일차방정식을 푼다 일차방정식의 해를 모두 구하는 것

① 미지수가 1개인 일차방정식의 해는 1개이지만, 미지수가 2개인 일차방정식의 해는 여러 개일 수 있다.

② 자연수 범위에서 해를 구할 때, 계수의 절댓값이 큰 미지수에 1, 2, 3, …을 차례로 대입하면 보다 효율적으로 일차방정식을 풀 수 있다.

유형 2 미지수가 2개인 연립일차방정식   난이도 ★★

(1) 미지수가 2개인 연립일차방정식

미지수가 2개인 두 일차방정식을 한 쌍으로 묶어 놓은 것

(2) 연립방정식의 해

연립방정식의 두 일차방정식을 동시에 만족시키는 x, y의 값 또는 그 순서쌍 (x, y)

(3) 연립방정식을 푼다

연립방정식의 해를 구하는 것

유형 3 연립일차방정식의 풀이   난이도 ★★

(1) 대입법 한 일차방정식을 다른 일차방정식에 대입하여 연립일차방정식을 푸는 방법

① 두 일차방정식 중 한 일차방정식을 $x=(y$의 식) 또는 $y=(x$의 식) 꼴로 변형한다.

② ①을 다른 일차방정식에 대입하여 미지수가 1개인 일차방정식의 해를 구한다.

③ ②에서 구한 해를 ①의 식에 대입하여 남은 미지수의 값을 구한다.

(2) 가감법 두 일차방정식을 변끼리 더하거나 빼서 연립일차방정식을 푸는 방법

① 두 일차방정식에 적당한 수를 곱하여 소거하려는 미지수의 절댓값이 같도록 한다.

② ①의 두 식을 변끼리 더하거나 빼서 하나의 미지수를 소거하여 미지수가 1개인 일차방정식의 해를 구한다.

③ ②에서 구한 해를 ①의 식에 대입하여 남은 미지수의 값을 구한다.

여러 가지 연립일차방정식의 풀이   유형 4

(1) 괄호가 있는 연립일차방정식

분배법칙을 이용하여 괄호를 풀고 동류항끼리 정리한 후 연립일차방정식을 푼다.

(2) 계수가 분수인 연립일차방정식

양변에 분모의 최소공배수를 곱하여 계수를 정수로 바꾼 후 연립일차방정식을 푼다.

(3) 계수가 소수인 연립일차방정식

양변에 10의 거듭제곱을 곱하여 계수를 정수로 바꾼 후 연립일차방정식을 푼다.

(4) $A=B=C$ 꼴의 연립일차방정식

$A=B=C$ 꼴의 연립일차방정식은 다음 중 간단한 것을 택하여 푼다.

$$\begin{cases} A=B \\ A=C \end{cases} \text{ 또는 } \begin{cases} A=B \\ B=C \end{cases} \text{ 또는 } \begin{cases} A=C \\ B=C \end{cases}$$

특히 C가 상수인 경우 $\begin{cases} A=C \\ B=C \end{cases}$ 를 택하여 푸는 것이 가장 간단하다.

(5) 비례식을 포함한 연립일차방정식의 풀이

비례식 $A:B=C:D$에서 (내항끼리의 곱)=(외항끼리의 곱), 즉 $BC=AD$임을 이용하여 비례식을 일차방정식으로 바꾸어 푼다.

등급 노트

TIP

계수가 분수 또는 소수인 연립 일차방정식을 풀 때, 계수를 정 수로 바꾸지 않아도 해를 구할 수 있지만, 정수로 바꿔서 풀어 야 계산이 편리하고 실수도 줄 일 수 있다.

해가 특수한 연립일차방정식   유형 5

(1) 해가 무수히 많은 연립일차방정식

두 방정식을 변형하여 x의 계수, y의 계수, 상수항을 각각 같게 만들 수 있을 때 주어진 연립방정식은 해가 무수히 많다.

(2) 해가 없는 연립일차방정식

두 방정식을 변형하여 x의 계수, y의 계수를 각각 같게 만들면, 상수항이 다를 때 주어 진 연립방정식은 해가 없다.

풀이전략

x, y에 대한 연립방정식

$\begin{cases} ax+by+c=0 \\ a'x+b'y+c'=0 \end{cases}$ 에 대하여

[해가 무수히 많을 조건]

$$\dfrac{a}{a'}=\dfrac{b}{b'}=\dfrac{c}{c'}$$

또는

$a:a'=b:b'=c:c'$

[해가 없을 조건]

$$\dfrac{a}{a'}=\dfrac{b}{b'}\neq\dfrac{c}{c'}$$

또는

$a:a'=b:b'\neq c:c'$

01

$(k+2)x+8y+5=4x+2ky+1$이 미지수가 2개인 일차방정식일 때, 상수 k의 값이 될 수 없는 것을 모두 고르면?

(정답 2개)

① 2   ② 3   ③ 4
④ 5   ⑤ 6

02

넓이가 $3x$ cm²인 사다리꼴은 윗변, 아랫변의 길이가 각각 5 cm, y cm이고 높이가 4 cm이다. 이를 미지수가 2개인 일차방정식으로 나타낸 것은?

① $3x-y=5$ ② $3x-2y=10$
③ $3x+2y=10$ ④ $3x-4y=20$
⑤ $3x+4y=20$

03

다음 <보기>에서 미지수가 2개인 일차방정식 $x-5y=-13$에 대한 설명으로 옳은 것을 모두 고른 것은?

┤ 보기 ├

ㄱ. $x=3$, $y=-2$를 해로 갖는다.
ㄴ. x, y가 한 자리 자연수일 때, 해는 2개이다.
ㄷ. x, y가 양이 아닌 정수일 때, 해는 3개이다.

① ㄱ   ② ㄴ   ③ ㄷ
④ ㄱ, ㄷ   ⑤ ㄴ, ㄷ

04

다음은 연립방정식 $\begin{cases} 3x-y-4=0 & \cdots\cdots ㉠ \\ 11x-3y=20 & \cdots\cdots ㉡ \end{cases}$ 을 푸는 과정이다.

㉠에서 y를 x의 식으로 나타내면
$y=$ (가) $\cdots\cdots ㉢$
이를 ㉡에 대입하여 간단히 하면 $x=\alpha$이고
㉢에 대입하면 $y=\beta$이다.
따라서 주어진 연립방정식의 해는
$x=\alpha$, $y=\beta$

상수 α, β에 대하여 (가)에 들어갈 알맞은 식에 $x=\dfrac{\beta}{\alpha}$를 대입한 식의 값을 구하시오.

05

일차방정식 $5x-y=15$의 해 중에서 x의 값이 y의 값의 $\dfrac{3}{5}$배인 해를 구하시오.

06

연립일차방정식 $\begin{cases} 4x-5(y-x)=6 \\ 3(x+3y)+y=9 \end{cases}$를 만족시키는 x, y에 대하여 $x+5y$의 값을 구하시오.

07

연립일차방정식 $\begin{cases} (5x-2):2=(x+3y):3 \\ 0.11x-0.06y=0.1 \end{cases}$의 해가 $x=a$, $y=b$일 때, 좌표평면 위에서 점 $\mathrm{P}(a, b)$의 위치로 알맞은 것은?

① x축   ② 제1사분면   ③ 제2사분면
④ 제3사분면   ⑤ 제4사분면

08

연립일차방정식 $\dfrac{a}{3}x+\dfrac{b}{2}y=-0.4(bx-ay)=x+y-5$의 해가 $x=3$, $y=6$일 때, $a+3b$의 값을 구하시오.
(단, a, b는 상수이다.)

09

연립일차방정식 $\dfrac{2x-y+8}{2}=-0.5x+0.2y+1=4$의 해는?

① $x=-30,\ y=-60$ ② $x=-30,\ y=60$

③ $x=30,\ y=-60$ ④ $x=-10,\ y=-20$

⑤ $x=-10,\ y=20$

10

연립일차방정식 $\begin{cases} 13x-2y=10 \\ -3x=18-ay \end{cases}$ 를 만족시키는 y의 값이 x의 값의 4배일 때, 상수 a의 값을 구하시오.

11

연립방정식 $\begin{cases} x+2y=12 \\ -7y+4x=6a \end{cases}$ 의 해가 일차방정식 $x-5y=-2$를 만족시킬 때, 상수 a의 값을 구하시오.

12

연립일차방정식 $\begin{cases} -2x+ay=14 \\ 3x-y=-7 \end{cases}$ 에서 상수 a를 $\dfrac{2}{3}a$로 잘못 보고 풀었더니 해가 $x=-3,\ y=b$이었다. 바르게 푼 연립방정식의 해를 구하시오.

13

연립일차방정식 $\begin{cases} 3x+2y=12 \\ x+(a+3)y=b \end{cases}$ 의 해가 무수히 많을 때, 상수 a, b의 값은?

① $a=-\dfrac{7}{3}$, $b=-4$ ② $a\neq-\dfrac{7}{3}$, $b=-4$

③ $a\neq-\dfrac{7}{3}$, $b\neq4$ ④ $a=-\dfrac{7}{3}$, $b=4$

⑤ $a=\dfrac{8}{3}$, $b=4$

14

연립방정식 $\begin{cases} \dfrac{4}{y}-\dfrac{3}{x}=2 \\ \dfrac{1}{x}+\dfrac{2}{y}=6 \end{cases}$ 을 만족시키는 x, y에 대하여 $x+y$의 값을 구하시오.

15

연립방정식 $\begin{cases} x+y=5 \\ y+z=2 \\ z+x=-1 \end{cases}$ 을 만족시키는 x, y, z에 대하여 $x+y-z$의 값을 구하시오.

16

연립방정식 $\begin{cases} 3x+ay=4 \\ b+2=5y-x \end{cases}$ 의 해가 무수히 많을 때, 두 상수 a, b에 대하여 ab의 값을 구하시오.

01

x, y의 관계를 식으로 나타내었을 때, 다음 <보기>에서 미지수가 2개인 일차방정식인 것의 개수는?

┌ 보기 ┐

ㄱ. 농구선수가 2점 슛 x개, 3점 슛 y개를 모두 성공하여 20점을 득점하였다.

ㄴ. 밑변의 길이와 높이가 각각 x m, y m인 삼각형 모양의 정원의 넓이는 25 m²이다.

ㄷ. 초콜릿 y개를 친구 x명에게 5개씩 나누어 주었더니 3개가 남았다.

ㄹ. 형이 가진 반죽 x g의 $\frac{1}{3}$을 동생에게 주고 동생이 가진 반죽 y g의 $\frac{1}{5}$을 형에게 주었더니 형이 가진 반죽은 총 10 g이 되었다.

ㅁ. 라디오에서 1분 동안 x초짜리 음악이 연달아 y개 흘러나왔다.

① 1   ② 2   ③ 3
④ 4   ⑤ 5

02

곡식 1 kg을 담을 수 있는 포대와 200 g을 담을 수 있는 봉지를 사용하여 멥쌀 3.2 kg를 담으려고 한다. 포대 x개와 봉지 y개를 사용하는 방법을 x, y의 순서쌍 (x, y)로 모두 나타내시오. (단, 포대와 봉지는 충분히 많고, 각 포대에는 1 kg을, 각 봉지에는 200 g을 딱 맞게 담는다.)

03

연립일차방정식 $\begin{cases} -2(x-y)+3x=5-k \\ y+2(2x-y)=17 \end{cases}$ 의 해가 일차방정식 $6x-y=3$을 만족시킬 때, 상수 k의 값을 구하시오.

04

연립방정식 $\begin{cases} \dfrac{3}{2}x-ky=2 \\ \dfrac{k}{5}x-0.9y=\dfrac{1}{2} \end{cases}$ 을 만족시키는 x, y에 대하여 $x=y$일 때, 상수 k의 값을 구하시오.

05

연립방정식 $\begin{cases} 0.\dot{3}x+1.\dot{3}y=0.\dot{6} \\ (3-y):(x+2y-1)=2:5 \end{cases}$ 의 해가

$x=\alpha$, $y=\beta$일 때, $\beta-\alpha$의 값을 구하시오.

06

연립일차방정식 $\begin{cases} x+5y=a+2 \\ -2x+y=3a-1 \end{cases}$ 을 만족시키는 x, y의 값

의 합이 2일 때, 상수 a에 대하여 $3a+5$의 값을 구하시오.

07

연립일차방정식 $\begin{cases} (a+3)x-by=-7 \\ x+cy=-10 \end{cases}$ 을 푸는데 연수는 바르

게 풀어서 $x=2$, $y=-3$를 얻었고, 재연이는 c를 잘못 보고 풀

어서 $x=1$, $y=-1$을 얻었다. 이때 세 상수 a, b, c에 대하여

$c-b-a$의 값을 구하시오.

08

두 연립방정식 $\begin{cases} 3x+5y=1 \\ y=8-ax \end{cases}$ 와 $\begin{cases} 5x+y=9 \\ 2x-6y=b \end{cases}$ 의 해가 서로 같

을 때, 두 상수 a, b에 대하여 ab의 값을 구하시오.

01

$xy \leq 0$인 두 정수 x, y에 대하여 $7x-3y=66$일 때, 두 수 x, y의 순서쌍 (x, y)를 모두 구하시오.

02

0이 아닌 두 수 x, y가 연립방정식 $\begin{cases} 5xy=4x+3y \\ \dfrac{4}{x}+\dfrac{3}{y}=9 \end{cases}$ 를 만족시킬 때, $x-y$의 값을 구하시오.

03

연립방정식 $\begin{cases} 3^x+3y=21 \\ 3^{x+1}-2y=19 \end{cases}$ 를 만족시키는 두 자연수 x, y의 값을 각각 구하시오.

04

연립일차방정식 $\begin{cases} 7x-4y=3c \\ 2y-3x=c \end{cases}$ 의 해가 $x=a,\ y=b$이고, 세 자연수 $a,\ b,\ c$의 최소공배수가 280이다.

이때 $\dfrac{a+b+c}{14}$의 값을 구하시오. (단, c는 상수이다.)

05

$x,\ y$의 순서쌍 $(x,\ y)$에 대하여 연립방정식 $\begin{cases} 2ax+7y=b \\ x-2y=1 \end{cases}$ 의 해는 $(m,\ n)$이고, 연립방정식 $\begin{cases} -2x+3y=-5 \\ bx-ay=3 \end{cases}$ 의 해는 $(n,\ m)$일 때, $b-3a$의 값을 구하시오. (단, $a,\ b$는 상수이다.)

06

두 정수 $a,\ b$에 대하여 연립방정식 $\begin{cases} 9x+2ay=1 \\ -ay=2bx+6 \end{cases}$ 을 만족시키는 $x,\ y$의 값이 각각 양의 정수, 음의 정수이다. 이때 $xy+ab>0$을 만족시키는 순서쌍 $(a,\ b)$의 개수를 구하시오.

01

연립방정식 $2|x|+k|y|-3=|x|-3|y|+8=7$의 해가 모두 정수일 때, 상수 k의 값으로 가능한 모든 값의 개수를 구하시오. (단, $k>-6$)

02

연립방정식 $\begin{cases} 5x-ay=3a \\ 3x+4y=-10 \end{cases}$ 을 만족시키는 x, y에 대하여 x의 절댓값이 y의 절댓값의 2배일 때, 가능한 상수 a의 값을 모두 구하시오.

03

세 미지수 x, y, z의 순서쌍 (x, y, z)에 대하여 연립방정식 $\begin{cases} 5(xy+yz+zx)=13xyz \\ x\left(\dfrac{1}{y}+\dfrac{1}{z}\right)-y\left(\dfrac{1}{z}+\dfrac{1}{x}\right)+z\left(\dfrac{1}{x}+\dfrac{1}{y}\right)=\dfrac{10}{3} \end{cases}$ 의 해가 (a, b, c) 일 때, $a-b+c$의 값을 구하시오. (단, $xyz\neq0$)

04

연립방정식 $\begin{cases} ax+0.\dot{3}y=0.5 \\ 3(ay+2)-x(b+1)=3(x-2ay-1)+b(y-x) \end{cases}$ 의 해가 무수히 많을 때, 연립방정식

$a(2x+y+1)=\dfrac{3x-y+b}{9}=ky+1$의 해는 없다. 이때 상수 k의 값을 구하시오.

05

두 상수 a, b에 대하여 $\dfrac{a+b}{a-5b}=-2$가 성립한다. 이때 x, y에 대한 연립방정식 $\begin{cases} \left(\dfrac{3a-b}{2}+1\right)x+2(a+b+1)y=5b \\ 5(b+2)x-\left(\dfrac{a}{3}-3b+4\right)y=2a \end{cases}$ 의 해가

없을 때, 두 수 a, b의 곱 ab의 값을 구하시오. (단, $a\neq 5b$)

06

두 수 a, b에 대하여 $a\triangle b=\begin{cases} ab-a+b-1\,(a\geq b) \\ ab+a-b+1\,(a<b) \end{cases}$ 라 할 때, x, y에 대한 연립방정식 $\begin{cases} (x\triangle 2)-y=5 \\ 2x+\{(-5)\triangle y\}=10 \end{cases}$ 을 만족시키는

두 수 x, y의 순서쌍 (x, y)의 개수를 구하시오.

5 연립방정식의 활용

고난도 대표유형·핵심개념

① 등급 노트

풀이전략

연립일차방정식의 활용문제 풀이 순서

① 미지수 정하기 : 문제의 뜻을 이해하고 구하려는 값을 미지수 x, y로 놓기

② 연립방정식 세우기 : x, y를 사용하여 문제의 뜻에 맞게 연립방정식 세우기

③ 연립방정식 풀기 : 연립방정식을 풀어 x, y의 값을 구하기

④ 확인하기 : 구한 x, y의 값이 문제의 뜻에 맞는지 확인하기

풀이전략

연립방정식의 풀이전략

① 분수 ➡ 분모의 최소공배수 곱하기

② 소수 ➡ 10의 거듭제곱 곱하기

풀이전략

(이익)＝(판매 가격)－(원가)

(거스름돈)＝(낸 돈)
　　　　 －(물건 가격)

유형 1　수의 문제

난이도 ★

(1) 연속하는 자연수에 대한 문제

① 연속하는 세 자연수 : $x-1$, x, $x+1$ 또는 x, $x+1$, $x+2$

② 연속하는 세 홀수(짝수) : $x-2$, x, $x+2$ 또는 x, $x+2$, $x+4$

(2) 자리의 숫자에 관한 문제

① 십의 자리 숫자가 a, 일의 자리 숫자가 b ➡ $10a+b$

② a를 b로 나누면 몫이 q이고 나머지가 r이다. ➡ $a=bq+r$ (단, $0 \le r < b$)

③ 두 수 x, y의 평균 ➡ $\dfrac{x+y}{2}$

유형 2　다리의 수, 개수와 가격 문제

난이도 ★★

(1) 다리가 x개인 동물이 a마리, y개인 동물이 b마리 있을 때

$$\begin{cases} a+b=(\text{전체 동물의 수}) \\ ax+by=(\text{전체 동물의 다리의 수}) \end{cases}$$

(2) 상품 A, B의 개수를 각각 x, y라 하고, 가격을 각각 a, b라 하면

$$\begin{cases} x+y=(\text{전체 상품의 개수}) \\ ax+by=(\text{전체 상품의 가격}) \end{cases}$$

유형 3　정가와 할인, 증가와 감소 문제

난이도 ★★★★

(1) 원가, 정가에 대한 문제

① 원가가 x원인 물건에 a %의 이익을 붙인 정가

➡ (원가)＋(이익)＝$x+\dfrac{a}{100}x=\left(1+\dfrac{a}{100}\right)x$(원)

② 정가가 x원인 물건을 a % 할인한 판매 가격

➡ (정가)－(할인 금액)＝$x-\dfrac{a}{100}x=\left(1-\dfrac{a}{100}\right)x$(원)

(2) 증가, 감소 문제

① x가 a % 증가 또는 감소한 양 ➡ $x \times \dfrac{a}{100}$

② x가 a % 증가한 후의 양 ➡ $x+x \times \dfrac{a}{100}=x\left(1+\dfrac{a}{100}\right)$

③ x가 a % 감소한 후의 양 ➡ $x-x \times \dfrac{a}{100}=x\left(1-\dfrac{a}{100}\right)$

일에 대한 문제   유형 4

일에 대한 문제

① 전체 일의 양을 1로 놓는다.

② A, B 두 사람이 단위시간 (1시간, 1일, 1분, 1년)동안 일한 양을 각각 x, y로 놓는다.

③ A, B 두 사람이 10일 동안 일을 해서 완성 ➡ $10x+10y=1$

거리, 속력, 시간 문제   유형 5

(1) (거리)＝(속력)×(시간), (속력)＝$\dfrac{(거리)}{(시간)}$, (시간)＝$\dfrac{(거리)}{(속력)}$

(2) **A, B 두 사람이 시간 차를 두고 같은 방향으로 출발해서 만나는 경우**

➡ (A의 이동거리)＝(B의 이동거리)

(3) **서로 다른 지점에서 A, B가 마주 보고 걸을 때, 만나는 경우**

➡ (A의 이동거리)＋(B의 이동거리)＝(전체 거리)

호수 둘레를 도는 경우, 강물 문제   유형 6

(1) **A, B가 호수의 둘레를 반대 방향 또는 같은 방향으로 돌다가 처음 만나는 경우**

① 반대 방향으로 도는 경우

➡ (A의 이동거리)＋(B의 이동거리)＝(호수 둘레의 길이)

② 같은 방향으로 도는 경우

➡ (A의 이동거리)－(B의 이동거리)＝(호수 둘레의 길이)

(2) **강물의 문제**

① 강을 거슬러 올라갈 때

(움직이는 배의 속력)＝(정지한 물에서의 배의 속력)－(강물의 속력)

② 강을 따라 내려올 때

(움직이는 배의 속력)＝(정지한 물에서의 배의 속력)＋(강물의 속력)

혼합물의 농도 문제   유형 7

(1) **소금물의 문제**

① (소금물의 농도)＝$\dfrac{(소금의 양)}{(소금물의 양)}\times 100(\%)$

② (소금의 양)＝$\dfrac{(소금물의 농도)}{100}\times(소금물의 양)$

(2) **합금, 식품의 문제**

① (합금에 섞여 있는 금속의 양)＝$\dfrac{(금속의 비율)}{100}\times(합금의 양)$

② (식품에 들어 있는 영양소의 양)＝$\dfrac{(영양소의 비율)}{100}\times(식품의 양)$

---

1 등급 노트

예시

어떤 일을 마치는 데 x일이 걸린다.

➡ 1일 동안 하는 일의 양은 $\dfrac{1}{x}$ 이다.

TIP

각각의 단위가 다른 경우, 방정식을 세우기 전에 단위를 통일한다.

1 km＝1000 m

1시간＝60분

즉, 1분＝$\dfrac{1}{60}$시간

풀이전략

(1) 물을 더 넣거나 물을 증발시켜도 소금의 양은 변하지 않는다.

(2) 농도가 다른 두 소금물을 섞을 때 전체 소금의 양은 변하지 않는다.

➡ 소금의 양이 변하지 않음을 이용하여 연립방정식을 세운다.

01

두 자리 자연수가 있다. 이 수의 각 자리의 숫자의 합은 11이고, 십의 자리의 숫자와 일의 자리의 숫자를 바꾼 수는 처음 수의 2배보다 7만큼 크다고 한다. 이때 처음 수를 구하시오.

02

어떤 두 정수가 있다. 큰 수를 작은 수로 나누면 몫이 4이고 나머지가 1이고, 큰 수에 5를 더하면 작은 수에 6배를 한 것과 같다. 두 수 중 큰 수는?

① 11   ② 12   ③ 13
④ 14   ⑤ 15

03

현재 어머니의 나이는 딸의 나이보다 24살이 많고, 20년 후에 어머니의 나이는 딸 나이의 2배보다 11살이 적다고 한다. 현재 어머니의 나이는?

① 31살   ② 34살   ③ 39살
④ 40살   ⑤ 42살

04

민섭이와 정렬이는 가위바위보 게임을 하여 이긴 사람은 2계단씩 올라가고 진 사람은 1계단씩 내려가기로 하였다. 가위바위보를 몇 차례 한 후 민섭이는 처음 위치보다 13계단을, 정렬이는 1계단을 올라가 있었다. 이때 민섭이가 이긴 횟수는?

(단, 비기는 경우는 없다.)

① 5   ② 6   ③ 7
④ 8   ⑤ 9

05

수학 시험을 보는데 1학기 중간고사에서 B의 수학 점수는 A의 수학 점수의 2배보다 35점이 낮았고, 1학기 기말고사에서 A의 수학 점수는 B의 수학 점수보다 10점이 낮았다고 한다. 두 학생의 1학기 수학 시험 점수의 평균이 A는 70점, B는 85점일 때, A의 1학기 기말고사 수학 점수는?

① 55점   ② 65점   ③ 75점
④ 85점   ⑤ 95점

06

불우이웃돕기 성금을 내는데 몇 명의 학생은 1000원, 나머지 학생들은 2000원씩 성금을 냈다. 모두 걷어보니 40000원이었고, 이것은 성금을 낸 학생이 1인당 1600원씩 낸 꼴이다. 1000원을 낸 학생 수는?

① 10   ② 15   ③ 17
④ 19   ⑤ 20

07

원가가 3000원인 물건과 5000원인 물건을 합하여 70000원을 주고 구입하여 원가 3000원인 물건에는 10 %의 이익을 붙이고, 원가 5000원인 물건에는 20 %의 이익을 붙여서 남김없이 모두 팔았더니 11000원의 이익이 생겼다. 원가 3000원인 물건의 개수는?

① 5   ② 7   ③ 8
④ 10   ⑤ 12

08

인터넷 쇼핑몰에서 A, B상품의 지난주 판매 총액은 90만 원이었다. 이번 주에는 지난주에 비해 A상품의 판매가 5 % 증가하고 B상품의 판매가 2 % 감소하여 판매 총액이 17000원 증가하였다. 이번 주의 A상품의 판매액은?

① 520000원   ② 525000원   ③ 530000원
④ 535000원   ⑤ 540000원

09

어느 중학교의 작년 학생 수는 450명이다. 올해 학생 수는 작년에 비해 남학생은 6 % 증가하고, 여학생은 2 % 증가하여 전체적으로 17명이 증가하였다. 다음 물음에 답하시오.

(1) 작년의 남학생, 여학생 수를 각각 x, y라 할 때, x, y에 대한 연립방정식을 세우시오.

(2) 올해의 남학생 수와 여학생 수를 각각 구하시오.

10

A, B 두 사람이 어떤 일을 하는데 A가 4일 동안 하고 B가 10일 동안 하면 그 일을 끝낼 수 있고, A, B가 동시에 하면 6일만에 끝낼 수 있다. A, B가 혼자서 일을 하면 각각 며칠이 걸리는가?

① A : 9일, B : 15일　　② A : 9일, B : 18일
③ A : 12일, B : 12일　　④ A : 12일, B : 15일
⑤ A : 15일, B : 18일

11

선아는 전체 거리가 10 km인 산길로 등산을 하는데, 올라갈 때는 시속 3 km로, 내려올 때는 시속 5 km로 걸었더니 모두 2시간 20분이 걸렸다. 이때 올라갈 때의 거리는?

① 2.5 km　　② 3 km　　③ 3.5 km
④ 4 km　　⑤ 4.5 km

12

12 km 떨어진 두 지점에서 형과 동생이 동시에 마주 보고 출발하여 달리다가 도중에 만났다. 형은 시속 7 km, 동생은 시속 5 km로 달렸을 때, 두 사람이 만날 때까지 형이 달린 거리를 구하시오.

정답과 풀이 ▶ 38쪽

13

일정한 속력으로 달리는 기차가 길이 900 m인 터널을 완전히 지나는 데 42초 걸리고, 길이 500 m인 다리를 완전히 건너는 데 26초 걸린다고 한다. 이때 기차의 길이와 속력을 차례대로 구하면?

① 110 m, 초속 10 m   ② 130 m, 초속 15 m
③ 150 m, 초속 25 m   ④ 170 m, 초속 15 m
⑤ 190 m, 초속 25 m

14

10 %의 설탕물과 15 %의 설탕물을 섞어서 12 %의 설탕물 500 g을 만들었다. 이때 필요한 10 %의 설탕물의 양을 구하시오.

15

합금 A는 구리를 25 %, 주석을 10 % 포함하고, 합금 B는 구리를 10 %, 주석을 20 % 포함하고 있다. A, B 두 종류의 합금을 녹여서 구리를 400 g, 주석을 500 g 포함한 새로운 합금으로 만들려면 합금 A는 몇 g이 필요한가?

① 750 g   ② 800 g   ③ 850 g
④ 900 g   ⑤ 950 g

16

가로의 길이가 세로의 길이보다 6 cm 더 긴 직사각형이 있다. 이 직사각형의 둘레의 길이가 52 cm일 때, 직사각형의 넓이는?

① 138 cm^2 ② 140 cm^2 ③ 152 cm^2
④ 154 cm^2 ⑤ 160 cm^2

01

명희가 가지고 있던 돈의 $\frac{3}{4}$과 진희가 가지고 있던 돈의 $\frac{2}{3}$를 합하여 18000원짜리 생일 케익을 샀다. 명희와 진희의 남은 돈을 비교했더니 명희가 1000원이 더 많았다고 할 때, 명희가 처음에 가지고 있던 돈은 얼마인지 구하시오.

02

서로 다른 두 자연수 A, B가 있다. A를 B로 나누면 몫이 5이고 나머지는 2이다. 또 B와 33을 곱한 수를 A로 나누면 몫이 6이고 나머지는 12이다. A와 B의 차는?

① 34   ② 37   ③ 42

④ 45   ⑤ 48

03

두 자연수가 있다. 큰 수의 2할과 작은 수의 3할의 합은 19이고, 그 비율을 바꾸어 합하면 바꾸기 전의 합보다 2가 더 커진다. 이때 큰 수와 작은 수의 합은?

① 60   ② 70   ③ 80

④ 90   ⑤ 100

04

어느 학교의 전체 학생은 350명이다. 이 학교에서 남학생의 $\frac{1}{10}$과 여학생의 $\frac{1}{5}$이 방과후 수업으로 코딩교육을 신청했다. 코딩교육을 신청한 학생 수가 전체 학생 수의 $\frac{1}{7}$일 때, 이 학교의 여학생 수는?

① 90   ② 110   ③ 130

④ 150   ⑤ 170

05

청소년 연맹 학생들이 야영을 하기로 하였다. 야영에 참가한 학생들에게 텐트를 배정하는데, 한 텐트에 8명씩 배정하면 학생 20명이 남는다. 그래서 몇 개의 텐트에는 9명씩 배정하기로 하였는데, 8명씩 배정된 텐트의 수와 9명씩 배정된 텐트의 수의 비가 3 : 1이 되었다. 이때 참가한 학생 수와 텐트의 수를 바르게 구한 것은?

① 학생 수 : 660, 텐트 수 : 70
② 학생 수 : 660, 텐트 수 : 80
③ 학생 수 : 680, 텐트 수 : 70
④ 학생 수 : 680, 텐트 수 : 80
⑤ 학생 수 : 700, 텐트 수 : 90

06

어느 교육청 수학 경시대회에 A학교는 25명, B학교는 35명, C학교는 20명이 응시하였는데, 각 학교의 평균 점수는 B학교가 A학교보다 4점 높고, C학교는 B학교보다 5점 높으면서 A학교 평균 점수의 2배보다 7점이 낮다고 한다. 이때 응시자 전체의 평균 점수를 구하시오.

07

어느 스포츠 센터에서 수영장 한 달 이용료를 10 % 할인하고 헬스장 한 달 이용료를 30 % 할인하여 월 회원을 모집한다고 한다. 할인하기 전 수영장과 헬스장 월 회원 이용료의 합은 150000원이고, 할인한 후 수영장과 헬스장 월 회원 이용료의 합은 할인하기 전보다 29000원이 적을 때, 할인된 후 수영장의 월 회원 이용료는?

① 60000원   ② 64000원   ③ 70000원
④ 72000원   ⑤ 80000원

08

A, B 두 제품을 합하여 1월에 1000개를 공장에서 생산하였다. 2월에는 1월에 비하여 두 제품을 모두 30 %씩 증가시켜서 생산하였더니 A제품이 팔리지 않아 3월에는 2월에 비하여 A제품은 10 % 감소시키고, B제품은 20 % 증가시켜서 2월 생산량보다 26개를 더 생산하였다. 3월에 생산한 A, B제품의 개수를 각각 구하시오.

09

물이 가득 차 있는 어떤 수영장에서 수영장의 물을 빼는데 A, B 두 개의 펌프 양수기를 모두 사용하면 10시간이 걸린다고 한다. 또 이 수영장에 A펌프만으로 2시간 30분 동안 물을 빼다가 B펌프만으로 15시간 동안 물을 빼면 수영장의 물이 다 빠진다고 한다. A펌프만으로 이 수영장의 물을 다 빼는 데는 몇 시간이 걸리는가?

① 25시간 ② 27시간 ③ 30시간
④ 35시간 ⑤ 37시간

10

둘레의 길이가 1.8 km인 운동장을 준형이와 민선이가 같은 지점에서 동시에 출발하여 반대 방향으로 돌면 30분 후에 처음으로 만나고, 같은 방향으로 돌면 1시간 30분 후에 처음으로 만난다고 한다. 같은 속력으로 준형이가 집에서 출발하여 4 km 떨어진 민선이네 집에 가려면 몇 시간이 걸리는지 구하시오.
(단, 준형이와 민선이의 속력은 일정하고, 준형이는 민선이보다 빠르다.)

11

길이가 30 km인 강을 속력이 일정한 배를 타고 왕복할 때, 거슬러 올라가는 데는 3시간, 내려오는 데는 1시간 40분이 걸린다고 한다. 이때 강물의 속력을 구하시오.
(단, 강물의 속력은 일정하다.)

12

농도가 다른 두 소금물 A, B를 각각 300 g씩 섞으면 15 %의 소금물이 되고, 소금물 A를 400 g, 소금물 B를 200 g 섞으면 12 %의 소금물이 된다. 이때 소금물 A와 B의 농도를 각각 구하시오.

13

비커에 10 %의 소금물 500 g이 있다. 이 소금물의 일부를 덜어낸 후 14 %의 소금물과 섞었더니 11 %의 소금물 300 g이 되었다. 다음 물음에 답하시오.

(1) 덜어낸 10 %의 소금물의 양과 섞은 14 %의 소금물의 양을 각각 구하시오.

(2) 덜어낸 10 %의 소금물에 들어 있는 소금의 양을 구하시오.

14

다음 표는 두 식품 A, B에 들어 있는 탄수화물과 단백질의 양을 백분율로 나타낸 것이다. 두 식품에서 탄수화물 30 g과 단백질 43 g을 섭취하려면 두 식품 A, B를 각각 몇 g씩 섭취해야 하는가?

식품	탄수화물(%)	단백질(%)
A	3	4
B	2	3

① A : 200 g, B : 500 g ② A : 300 g, B : 600 g
③ A : 300 g, B : 700 g ④ A : 400 g, B : 800 g
⑤ A : 400 g, B : 900 g

15

둘레의 길이가 80 cm인 직사각형이 있다. 이 직사각형의 가로의 길이를 $\frac{1}{2}$배로 줄이고, 세로의 길이를 10 cm 늘였더니 둘레의 길이가 74 cm가 되었다. 처음 직사각형의 넓이를 구하시오.

16

오른쪽 그림과 같이 크기가 같은 직사각형 모양의 타일 10장을 붙여서 둘레의 길이가 102 cm인 직사각형 모양의 타일 ABCD를 만들었다. 처음 타일 한 장의 넓이를 구하시오.

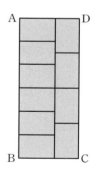

01

어느 회사의 신입직원 채용시험에서 입사 지원자의 수는 210명이다. 남녀 성별 분포를 살펴보면 지원자의 남녀의 비는 4 : 3, 합격자의 남녀의 비는 5 : 3, 불합격자의 남녀의 비는 2 : 3이다. 다음 물음에 답하시오.

(1) 남자 지원자 수와 여자 지원자 수를 각각 구하시오.

(2) 불합격자 수를 구하시오.

02

어느 문방구에서 샤프와 볼펜의 한 개당 원가는 다음 표와 같다.

	샤프	볼펜
원가	4000원	5000원
정가	원가의 5할 이익	원가의 4할 이익
할인가	정가의 30 % 할인	정가의 20 % 할인

이 매장에서 샤프는 원가의 5할을 이익으로, 볼펜은 4할을 이익으로 하여 정가로 정하고 모두 판매하면 매출액은 58000원이다. 그런데 장사가 잘 되지 않아서 샤프의 정가를 30 %, 볼펜의 정가를 20 % 할인하여 모두 판매하였더니 3400원의 이익이 생겼다. 이날 판매한 샤프와 볼펜 두 상품의 개수의 합을 구하시오.

03

어떤 분수를 기약분수로 고치면 $\frac{5}{8}$가 되고, 이 분수의 분자의 3배에서 20을 빼고 분모에서 8를 뺀 분수를 기약분수로 고치면 $\frac{7}{4}$이 된다. 처음 분수를 구하시오.

04

자전거 부속품을 만드는 두 종류의 기계 A, B가 있다. A기계 4대와 B기계 1대를 동시에 사용하면 5분 동안 부속품을 200개를 만들 수 있고, A기계 3대와 B기계 2대를 동시에 사용하면 4분 동안 200개를 만들 수 있다. A기계 2대와 B기계 2대를 동시에 사용할 때, 부속품 220개를 만드는 데 걸리는 시간을 구하시오.

05

서로 다른 두 호스 A, B가 있다. 320 L의 물통에 A호스로 8분 동안 물을 받은 후 B호스로 10분 동안 물을 받으면 물통을 가득 채울 수 있다. 이 물통에 처음 5분 동안 A, B 두 호스를 동시에 사용하여 물을 받다가 A호스만 사용하여 7분간 더 받았더니 물통의 40 L가 덜 채워졌다. B호스만을 사용하여 빈 320 L의 물통을 가득 채울 때 걸리는 시간을 구하시오.

06

6 %의 설탕물과 10 %의 설탕물을 섞은 후 물을 더 넣어서 7 %의 설탕물 400 g을 만들었다. 6 %의 설탕물과 더 넣은 물의 양의 비가 5 : 1일 때, 더 넣은 물의 양을 구하시오.

07

평소에 규현이가 500 m를 걷는 동안에 정미는 200 m를 걷는다. 이와 같은 속도로 규현이와 정미가 2800 m 떨어진 곳에서 마주 보고 걸었더니 16분 만에 만났다. 이후에 규현이와 정미가 둘레가 1500 m인 호숫가를 한 지점에서 동시에 출발하여 같은 방향으로 걷는다면, 다시 처음으로 만나는 것은 몇 분 후인지 구하시오.

08

등산로 입구에서 정상을 지나 출구로 가는데 태홍이는 오전 8시에 등산로 입구에서 출발하여 시속 4 km의 속도로 정상까지 걸어가고, 정상에서 30분 동안 휴식을 취한 후에 시속 3 km의 속도로 출구까지 걸었다. 현선이는 오전 9시 30분에 등산로 입구를 출발하여 시속 4.5 km의 속도로 정상을 지나 출구를 향해 걸었더니 태홍이와 현선이가 동시에 출구에 도착하였다. 등산로 입구에서 정상까지의 거리가 정상에서 출구까지의 거리의 $\frac{4}{3}$배일 때, 등산로 전체 거리를 구하시오.

01

다음 조건을 만족하는 세 자리 자연수 중에서 가장 큰 수를 구하시오.

> (가) 세 자리의 숫자는 각각 다르며, 그 합은 15이다.
> (나) 각 자리 숫자 중 가장 큰 수와 가장 작은 수의 차는 7이다.
> (다) 각 자리 숫자의 순서를 거꾸로 한 수는 원래의 수보다 198이 크다.

02

50명의 학생들이 동아리 면접시험을 보았는데, 그중 20 %가 불합격이라고 한다. 가장 낮은 합격 점수는 50명 전체의 평균 점수보다 2점이 높고, 합격자의 평균 점수보다 5점이 낮으며 불합격자의 평균 점수의 2배일 때, 가장 낮은 합격 점수를 구하시오.

03

어느 편의점에서 쥬스를 구입 원가에 3할의 이익을 붙여 팔다가 잘 팔리지 않아서 200개 남았을 때부터는 판매했던 가격의 1할을 할인하여 모두 팔았더니 62000원의 이익을 얻었다. 만약 3할의 이익을 붙여 모두 판매하였을 때 75000원의 이익이 남았다면, 쥬스 한 팩의 판매 가격과 판매한 쥬스의 개수를 각각 구하시오.

04

A는 구리와 아연을 포함한 합금으로 구리는 전체 양의 $\frac{1}{3}$보다 60 g이 많고, 아연은 전체 양의 $\frac{3}{5}$보다 50 g이 적다. 또한 B는 구리와 아연을 3 : 2의 비율로 포함한 합금일 때, 이 두 종류의 합금 A, B를 녹여서 구리와 아연을 7 : 4의 비율로 포함한 합금 550 g을 만들 수 있다. 이때 필요한 합금 A, B의 양을 각각 구하시오.

05

오산과 평택에 있는 두 공장에서 지난달에는 A제품과 B제품을 각각 같은 양만큼 생산하였다. 이번 달 오산 공장에서 만든 제품의 개수를 조사하였더니 지난달에 비하여 A제품은 15 % 감소하고, B제품은 40 % 증가하여 A, B 두 제품의 개수의 합이 35개 증가하였다고 한다. 평택 공장에서는 지난달에 비하여 A제품은 10 % 증가하고, B제품은 50개가 줄어서 두 제품의 개수의 합의 4 %가 감소하였다. 이번 달에 생산한 오산과 평택 공장에서 만든 A제품의 개수의 합을 구하시오.

06

20250 m 떨어진 학교와 집 사이를 도중에 정차하지 않고 일정한 속력으로 운행하는 버스가 있다. 민진이가 오전 9시에 집에서 출발하여 학교를 향하여 일정한 속력으로 걸어가다가, 15분 후에 학교에서 오전 9시에 출발한 버스와 만났다. 그리고 나서 9분 후에 집에서 9시 21분에 출발한 버스가 민진이를 지나쳤다. 집에서 오전 9시에 출발한 민진이가 학교에서 오전 9시 18분에 출발한 버스와 만나는 시각을 구하시오.

07

어떤 강에서 보트를 타고 하류로 40 km를 내려가는 데 4시간, 다시 상류로 48 km를 올라오는 데 8시간이 걸린다고 한다. 보트를 타고 이 강을 구경하기 위하여 왕복하는 데 1시간 20분이 걸리는 투어 코스를 짜려고 한다면, 출발 지점에서 보트를 타고 하류로 몇 km를 내려갔다가 돌아오면 되는지 구하시오. (단, 흐르는 강물의 속력과 보트의 속력은 각각 일정하다.)

08

비커 A, B에 서로 다른 농도의 소금물이 각각 1000 g, 800 g이 들어 있다. B의 소금물의 $\frac{1}{4}$을 A에 넣고 섞으면 A는 7 %의 소금물이 되고, 처음 A의 소금물에서 400 g을 덜어서 B에 넣고 잘 섞은 후 다시 B에서 400 g을 덜어서 A에 넣고 섞으면 A는 7.6 %의 소금물이 된다. 처음 비커 A, B에 들어 있던 소금물의 농도를 각각 구하시오.

01

$a<0$일 때, x에 대한 일차부등식 $-2(ax+5)\geq ax+2$를 풀면?

① $x\geq -\dfrac{4}{a}$ ② $x\leq -\dfrac{4}{a}$ ③ $x\geq -\dfrac{3}{a}$

④ $x\leq -\dfrac{3}{a}$ ⑤ $x\leq \dfrac{4}{a}$

02

한 농부가 오른쪽 그림과 같은 텃밭 주변에 직사각형 모양의 울타리를 치려고 한다. 이때 텃밭에 심은 오이와 당근을 구별하기 위해 가로와 평행하게 텃밭 사이를 가로지르는 울타리도 함께 치려고 한다. 농부가 가지고 있는 재료로 최대 150 m 까지 울타리를 칠 수 있을 때, 이 울타리의 세로의 최대 길이를 구하시오.
(단, 전체 텃밭의 세로의 길이는 가로의 길이보다 15 m 더 길다.)

03

일차부등식 $1-8ax>5x+12$의 해가 $x>1$일 때, 상수 a의 값은?

① -2 ② -1 ③ 0

④ 1 ⑤ 2

04

A가 3일, B가 5일 동안 하여 완성할 수 있는 일을 A가 일주일, B가 하루 동안 하여 완성하였다. B가 이 일을 혼자 한다면 며칠이 걸리는지 구하시오.

05

은채는 연립방정식 $\begin{cases} ax+by=-5 \\ -2x+3y=2c \end{cases}$ 를 푸는 과정에서 c를 잘못 보아 $x=-1$, $y=2$를 해로 얻었다. 은채가 연립방정식을 다시 바르게 풀고 나서 구한 해가 $x=5$, $y=-1$일 때, 세 상수 a, b, c에 대하여 $a+b-2c$의 값을 구하시오.

06

$-7 \leq a \leq -5$일 때, $\dfrac{9}{a+4}$의 값 중 가장 큰 정수와 가장 작은 정수의 곱을 구하시오.

07

연립일차방정식 $\begin{cases} -2ax+3y=7 \\ x+6y=a \end{cases}$ 가 $x=1$, $y=b$를 만족시킬 때, 상수 a, b에 대하여 $a+b$의 값을 구하시오.

08

부원이 70명인 시사토론 동아리에서 올해 새로운 동아리 부장을 선출하려고 한다. 동아리 부장 선거의 후보자는 갑, 을, 병, 정 총 4명으로 확정되었다. 동아리 부원들은 기권표가 없도록 모두 투표를 완료하였고 현재까지 개표 결과는 갑이 14표, 을이 3표, 병이 12표, 정이 4표이다. 가장 많이 표를 얻는 후보자가 부장으로 선출되기로 했다면, 병이 부장으로 선출되기 위해 지금부터 적어도 몇 표 이상을 더 얻어야 하는지 구하시오.

Ⅲ. 함수

6 일차함수와 그 그래프

고난도 대표유형 · 핵심개념

1 등급 노트

TIP ▶

x값 하나에 y값이 하나로 정해지면 y는 x의 함수이다.

풀이전략 ▶

함수 $y=f(x)$에서 $f(a)$는
① $x=a$일 때의 함숫값
② $x=a$일 때 y값
③ $f(x)$에 x 대신 a를 대입하여 얻은 값

TIP ▶

평행이동을 해도 그래프의 모양에는 변화가 없다.

풀이전략 ▶

일차함수 $y=ax+b$의 그래프를 y축의 방향으로 k만큼 평행이동한 직선의 식
➡ $y=ax+b+k$

➕ 플러스 개념 ▶

함수의 그래프가
① x축과 만나는 점의 좌표
  ➡ (x절편, 0)
② y축과 만나는 점의 좌표
  ➡ (0, y절편)

TIP ▶

$$y\text{절편}\downarrow$$
$$y=ax+b$$
$$\uparrow\text{기울기}$$

유형 1 함수, 함숫값   난이도 ★

(1) 함수
  ① 두 변수 x, y에 대하여 x값이 변함에 따라 y값이 하나씩 정해지는 대응 관계가 성립할 때, y를 x의 함수라 한다.
  ② y가 x의 함수일 때, 이것을 기호로 $y=f(x)$라 한다.

(2) 함숫값 함수 $y=f(x)$에서 x값에 따라 하나씩 정해지는 y값, 즉 $f(x)$를 x에서의 함숫값이라 한다.

(3) 함수의 그래프 함수 $y=f(x)$에서 x값과 그 값에 따라 정해지는 y값의 순서쌍 (x, y)를 좌표로 하는 점을 좌표평면 위에 나타내는 것

유형 2 일차함수   난이도 ★

(1) 일차함수 $y=f(x)$에서 y가 x에 대한 일차식, 즉 $y=ax+b$ ($a\neq0$, a, b는 상수)의 꼴로 나타내어지는 함수

(2) 평행이동 한 도형을 일정한 방향으로 일정한 거리만큼 옮기는 것

(3) $y=ax+b$ ($a\neq0$, a, b는 상수)의 그래프
  일차함수 $y=ax$의 그래프를 y축의 방향으로 b만큼 평행이동한 직선

 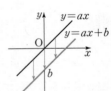

유형 3 일차함수 그래프의 x절편과 y절편, 기울기   난이도 ★★

(1) 일차함수 그래프의 x절편과 y절편
  ① x절편 : 그래프가 x축과 만나는 점의 x좌표
    즉, $y=0$일 때 x값
  ② y절편 : 그래프가 y축과 만나는 점의 y좌표
    즉, $x=0$일 때 y값

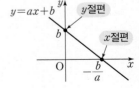

(2) 일차함수 $y=ax+b$에서 x절편은 $-\dfrac{b}{a}$, y절편은 b이다.

(3) 일차함수 그래프의 기울기
  일차함수 $y=ax+b$에서
  ① (기울기)$=\dfrac{(y\text{값의 증가량})}{(x\text{값의 증가량})}=a$ (일정)
  ② (기울기)$=x$값의 증가량에 대한 y값의 증가량의 비율

일차함수의 그래프의 모양 유형 4

(1) 일차함수 $y=ax+b$에서

① a의 부호

(ⅰ) $a>0$이면 오른쪽 위로 향하는 직선

(ⅱ) $a<0$이면 오른쪽 아래로 향하는 직선

② b의 부호

(ⅰ) $b>0$이면 y축과 양의 부분에서 만나는 직선

(ⅱ) $b<0$이면 y축과 음의 부분에서 만나는 직선

(2) 평행과 일치

① 기울기가 같고 y절편이 다른 두 일차함수는 평행하다.

② 기울기가 같고 y절편도 같은 두 일차함수는 일치한다.

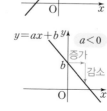

일차함수의 식 구하기 유형 5

(1) 기울기와 y절편이 주어졌을 때

기울기가 a이고 y절편이 b인 일차함수의 식 ➡ $y=ax+b$

(2) 기울기와 지나는 한 점이 주어졌을 때

기울기가 a이고 지나는 한 점이 $(x_1,\ y_1)$이면

① 구하는 식을 $y=ax+b$라 한다.

② $x=x_1,\ y=y_1$을 $y=ax+b$에 대입하여 b의 값을 구한다.

(3) 서로 다른 두 점 $(x_1,\ y_1),\ (x_2,\ y_2)$가 주어졌을 때

① 방법 1

(ⅰ) $a=\dfrac{y_2-y_1}{x_2-x_1}=\dfrac{y_1-y_2}{x_1-x_2}$

(ⅱ) 구하는 식을 $y=ax+b$라 한다.

(ⅲ) 두 점 중 한 점을 대입하여 b의 값을 구한다.

② 방법 2

(ⅰ) 구하는 식을 $y=ax+b$라 한다.

(ⅱ) 두 점 모두 $y=ax+b$에 대입한다.

(ⅲ) 두 방정식을 연립하여 $a,\ b$의 값을 각각 구한다.

(4) x절편과 y절편이 주어졌을 때

x절편이 m이고, y절편이 n인 일차함수의 식은 두 점 $(m,\ 0),\ (0,\ n)$을 지나는 일차함수이므로 서로 다른 두 점의 좌표를 알 때의 일차함수의 식을 구하는 방법으로 구한다.

---

❶ 등급 노트

TIP

$y=ax+b$의 그래프

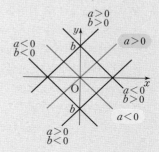

TIP

두 일차함수

$y=ax+b$와 $y=cx+d$에서

① 평행 조건 : $a=c,\ b\neq d$

② 일치 조건 : $a=c,\ b=d$

풀이전략

기울기가 a이고 한 점 $(x_1,\ y_1)$을 지나는 일차함수의 식

➡ $y-y_1=a(x-x_1)$을 이용하여 구할 수 있다.

풀이전략

① 서로 다른 두 점 $(x_1,\ y_1)$, $(x_2,\ y_2)$를 지나는 일차함수의 식

➡ $y-y_1$

$=\dfrac{y_2-y_1}{x_2-x_1}(x-x_1)$

을 이용하여 구할 수 있다.

② x절편 m, y절편이 n인 일차함수의 식

➡ $\dfrac{x}{m}+\dfrac{y}{n}=1$을 이용하여 구할 수 있다.

(단, $m\neq 0,\ n\neq 0$)

01

다음 <보기>에서 y가 x의 함수인 것을 모두 고르시오.

┌ 보기 ┐
ㄱ. 자연수 x보다 큰 자연수 y
ㄴ. 자연수 x의 약수의 개수는 y개
ㄷ. 한 개에 x원인 과자 5개의 가격 y원
ㄹ. 한 변의 길이가 x cm인 정삼각형의 둘레의 길이는 y cm
ㅁ. 자연수 x의 배수 y

02

함수 $f(x)=ax+3$에서 $f(2)=-1$일 때, 상수 a의 값은?

① -2 ② -1 ③ 1
④ 2   ⑤ 3

03

함수 $f(x)=-\dfrac{1}{3}x+2$에서 함숫값이 -2, -1, 0, 1일 때, x의 값이 <u>아닌</u> 것은?

① 12   ② 9   ③ 6
④ 3   ⑤ 0

04

다음 <보기>에서 y가 x에 대한 일차함수가 <u>아닌</u> 것을 모두 고르시오.

┌ 보기 ┐
ㄱ. $y=-\dfrac{1}{x}+2$ ㄴ. $y=2x-3$
ㄷ. $y=2-\dfrac{x}{3}$ ㄹ. $y=2-x$
ㅁ. $y=x^2+1$ ㅂ. $y=\dfrac{2}{x}$

05

일차함수 $y=-3x$의 그래프를 y축의 방향으로 2만큼 평행이동한 그래프가 점 $(2, p)$를 지날 때, p의 값을 구하시오.

06

일차함수 $y=f(x)$에서 x의 값의 증가량에 대한 y의 값의 증가량의 비율이 3이고 $f(-2)=-8$일 때, $f(k)=7$을 만족시키는 상수 k의 값은?

① -2 ② -1 ③ 1

④ 2   ⑤ 3

07

일차함수 $y=-2x+4$의 그래프의 y절편과 일차함수 $y=\frac{1}{2}x+m$의 그래프의 x절편이 서로 같을 때, 상수 m의 값을 구하시오.

08

다음 <보기>에서 일차함수 $y=\frac{3}{2}x-9$의 그래프에 대한 설명으로 옳은 것을 모두 고르면?

┤ 보기 ├

ㄱ. x절편은 -6이고, y절편은 -9이다.

ㄴ. x의 값이 4만큼 증가하면 y의 값은 8만큼 증가한다.

ㄷ. 제2사분면을 지나지 않는다.

ㄹ. 일차함수 $y=-\frac{3}{2}x$의 그래프와 평행한 직선이다.

ㅁ. y축의 방향으로 4만큼 평행이동하면 $y=\frac{3}{2}x-5$의 그래프와 일치한다.

① ㄱ, ㄴ   ② ㄴ, ㄷ   ③ ㄴ, ㄹ

④ ㄷ, ㅁ   ⑤ ㄹ, ㅁ

09

일차함수 $y=-\dfrac{1}{3}x+2$의 그래프와 y축에서 만나고, 일차함수 $y=x-4$의 그래프와 x축에서 만나는 직선을 그래프로 하는 일차함수의 식을 구하시오.

10

다음 <보기>의 직선을 그래프로 하는 일차함수의 식이 옳은 것을 모두 고르면?

┌─ 보기 ┐

ㄱ. 기울기가 -2이고, y절편이 4인 직선
  ➡ $y=-2x+4$

ㄴ. 점 $(-1, 4)$를 지나고, 기울기가 2인 직선
  ➡ $y=2x+7$

ㄷ. 두 점 $(-1, 3)$, $(2, -1)$을 지나는 직선
  ➡ $y=-\dfrac{4}{3}x+\dfrac{2}{3}$

ㄹ. x절편이 3이고 점 $(-1, 4)$를 지나는 직선
  ➡ $y=-x+3$

└──────────────────────────┘

① ㄱ, ㄴ ② ㄱ, ㄷ ③ ㄱ, ㄹ
④ ㄴ, ㄷ ⑤ ㄷ, ㄹ

11

일차함수 $y=-ax-b$의 그래프가 오른쪽 그림과 같을 때, 다음 중 옳은 것은?

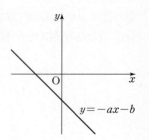

① $a>0$, $b>0$
② $a>0$, $b<0$
③ $a>0$, $b=0$
④ $a<0$, $b>0$
⑤ $a<0$, $b<0$

12

$mn<0$, $m>n$일 때, 일차함수 $y=-mx+n$의 그래프가 지나지 <u>않는</u> 사분면을 구하시오.

13

오른쪽 그림과 같은 직선을 그래프로 하는 일차함수의 식이 $y=ax+b$일 때, $a-b$의 값을 구하시오. (단, a, b는 상수이다.)

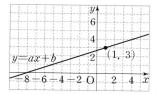

15

오른쪽 그림과 같이 두 직선 $y=\dfrac{2}{3}x+2$, $y=-x+b$가 y축과 만나는 점을 A, 각각의 직선이 x축과 만나는 점을 B, C라 할 때, 삼각형 ABC의 넓이는?

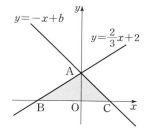

① 1 ② $\dfrac{5}{2}$

③ 3 ④ 5

⑤ 7

14

오른쪽 그림과 같이 일차함수 $y=ax+5$의 그래프와 x축의 교점을 A, y축의 교점을 B라 하자. 삼각형 OAB의 넓이가 20일 때, 상수 a의 값을 구하시오.

(단, O는 원점이다.)

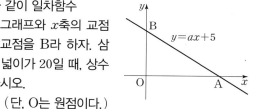

16

다음 <보기>의 일차함수 중에서 그 그래프가 서로 평행한 것끼리 짝 지으시오.

┌ 보기 ┐

ㄱ. $y=-\dfrac{5}{2}x+1$ ㄴ. $y=\dfrac{1}{2}-4x$

ㄷ. $y=-4x-3$ ㄹ. $y=6x+1$

ㅁ. $y=-\dfrac{1}{2}(5x-2)$ ㅂ. $y=-6x-4$

01

다음 <보기>를 y를 x에 대한 식으로 나타내고, y가 x에 대한 일차함수인 것을 모두 고르시오.

<보기>	식
예 100쪽짜리 책에서 x쪽을 읽고 남은 쪽수 y쪽	예 $y=100-x$
ㄱ. 가로의 길이가 x cm이고, 넓이가 24 cm²인 직사각형의 세로의 길이 y cm	
ㄴ. 반지름의 길이와 높이가 모두 x cm인 원기둥의 겉넓이 y cm²	
ㄷ. 한 자루에 900원인 볼펜 2자루와 한 권에 1500원인 공책 x권을 구입한 총금액 y원	
ㄹ. 300 L의 물이 들어 있는 물통에서 1분에 3 L씩 일정하게 물이 빠져나갈 때, x분 후에 남아 있는 물의 양 y L	
ㅁ. 정x각형에서 한 외각의 크기 y°	

02

함수 $f(x)=ax+2$에 대하여 x의 값이 -1, 0, 1, 2일 때의 함숫값들의 합이 -2가 되게 하는 상수 a의 값은?

① -5 ② -3 ③ -1

④ 1 ⑤ 3

03

$0 \leq x \leq 3$을 만족하는 x의 값에 대하여 $y=3x+m$의 함숫값이 $-3 \leq y \leq 9$에 포함되도록 하는 상수 m의 값의 범위는?

① $m \geq -1$ ② $m \geq -3$ ③ $-3 \leq m \leq 0$

④ $-1 < m < 3$ ⑤ $m \leq 3$

04

서로 평행한 두 일차함수 $y=2x+4$와 $y=ax+b$의 그래프가 x축과 만나는 점을 각각 A, B라 할 때, $\overline{AB}=4$이다. 이때 b의 값을 모두 구하시오. (단, a, b는 상수이다.)

05

일차함수 $y=ax-4$의 그래프는 점 $(2, 4)$를 지나고, 이 그래프를 y축의 방향으로 b만큼 평행이동한 그래프는 점 $(1, -2)$를 지난다. 이때 ab의 값을 구하시오. (단, a는 상수이다.)

06

두 점 $(a, -1)$, $(4a, 2)$를 지나는 직선을 그래프로 하는 일차함수의 식이 $y=-x-3b$일 때, a, b의 값을 각각 구하시오.
(단, $a \neq 0$, b는 상수이다.)

07

일차함수 $y=2x+k$의 그래프를 y축의 방향으로 -3만큼 평행이동한 그래프의 x절편을 m, y절편을 n이라고 할 때, $m+n=2$이다. 이때 상수 k의 값은?

① -7 ② -5 ③ 3

④ 5 ⑤ 7

08

일차함수 $y=mx+n$의 그래프는 일차함수 $y=-x+3$의 그래프와 평행하고, 일차함수 $y=2x-4$의 그래프와 x축에서 만난다. 이때 상수 m, n에 대하여 $m+n$의 값은?

① -2 ② -1 ③ 1

④ 2 ⑤ 3

09

일차함수 $y = -ax + b$의 그래프가 오른쪽 그림과 같을 때, 일차함수 $y = ax - b$의 그래프가 지나는 사분면을 모두 구하시오.

(단, a, b는 상수이다.)

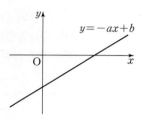

11

세 점 $(-2, -6)$, $(3, 4)$, $(6, p)$가 한 직선 위에 있을 때, p의 값은?

① 8   ② 9   ③ 10

④ 11   ⑤ 12

10

일차함수 $y = ax - 3$의 그래프가 x축, y축과 만나는 점을 각각 A, B라 할 때, $\overline{OA} = 3\overline{OB}$를 만족시킨다. 이때 양수 a의 값을 구하시오.

(단, O는 원점이다.)

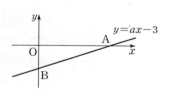

12

두 일차함수 $y = \dfrac{1}{3}x + 1$, $y = x + 3$의 그래프와 y축으로 둘러싸인 삼각형의 넓이를 구하시오.

13

일차함수 $y=ax-b$의 그래프가 오른쪽 그림과 같을 때, 다음 일차함수 중에서 그 그래프가 제1사분면을 지나지 <u>않는</u> 것은? (단, a, b는 상수이다.)

① $y=-ax-b$ ② $y=-bx+a$

③ $y=abx-b$ ④ $y=\dfrac{b}{a}x-a$

⑤ $y=\dfrac{a}{b}x-ab$

14

다음 그림에서 두 일차함수 $y=ax+b$와 $y=\dfrac{1}{3}x+2$의 그래프는 x축 위의 점 A에서 만난다. △ABC의 넓이가 9일 때, 상수 a, b의 값을 각각 구하시오. (단, $b>2$)

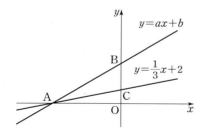

15

일차함수 $y=ax+b$의 그래프를 명진이는 기울기를 잘못 보고 그려서 두 점 $(-1, 3)$, $(2, -3)$을 지나게 그렸고, 화영이는 y절편을 잘못 보고 그려서 두 점 $(5, -1)$, $(3, 5)$를 지나게 그렸다. 처음 일차함수 $y=ax+b$의 그래프가 점 $(2, m)$을 지난다고 할 때, m의 값은?

① -5 ② -4 ③ 0

④ 2 ⑤ 5

16

일차함수 $y=-3x+6$의 그래프와 x축, y축으로 둘러싸인 도형을 y축을 축으로 하여 1회전 시켰을 때 생기는 입체도형의 부피는?

① 2π ② 4π ③ 6π

④ 8π ⑤ 10π

01

일차함수 $y=\dfrac{b}{a}x-\dfrac{c}{b}$의 그래프가 오른쪽 그림과 같을 때, $y=\dfrac{c}{b}x-\dfrac{a}{c}$의 그래프가 지나지 <u>않는</u> 사분면을 구하시오. (단, a, b, c는 상수이다.)

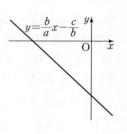

02

일차함수 $f(x)=\left(\dfrac{1}{3}p-1\right)x+p$에서 $f(3)=9$일 때, $2f(2)-f(-1)=f(q)$를 만족시키는 q의 값은? (단, p는 상수이다.)

① -5 ② -1 ③ 1 ④ 2 ⑤ 5

03

두 점 $A(-3, -1)$, $B(-2, 4)$를 양 끝 점으로 하는 선분과 함수 $y=ax+1$의 그래프가 만나도록 하는 상수 a의 값의 범위는?

① $-\dfrac{3}{2}\le a\le\dfrac{2}{3}$ ② $-\dfrac{3}{2}\le a\le-1$ ③ $-\dfrac{1}{2}\le a\le\dfrac{5}{3}$

④ $-\dfrac{1}{2}\le a\le\dfrac{2}{3}$ ⑤ $\dfrac{3}{2}\le a\le\dfrac{7}{3}$

04

오른쪽 그림에서 $\triangle ABD$의 넓이와 $\triangle ADC$의 넓이의 비가 $1:2$일 때, 직선 AD를 그래프로 하는 일차함수의 식을 구하시오.

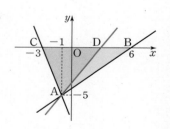

05

좌표평면에서 세 점 $(0, 6)$, $(p, 8)$, $(q, 0)$을 지나는 일차함수 $y=ax+b$의 그래프와 x축, y축으로 둘러싸인 도형의 넓이가 9이다. 일차함수 $y=ax+b$의 그래프의 기울기가 음수일 때, $p+q$의 값을 구하시오. (단, a, b는 상수이다.)

06

오른쪽 그림과 같이 일차함수 $y=ax+2$의 그래프가 점 $C(0, 5)$를 한 변으로 하는 정사각형 AOCB의 변 OC, 변 AB와 만나는 점을 각각 D, E라 하자. 사각형 AODE와 사각형 EDCB의 넓이의 비가 $3 : 2$일 때, 상수 a의 값을 구하시오. (단, O는 원점이다.)

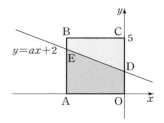

07

오른쪽 그림과 같이 좌표평면 위에 네 점 $A(2, 6)$, $B(2, 1)$, $C(5, 1)$, $D(5, 6)$을 꼭짓점으로 하는 직사각형 ABCD가 있다. 일차함수 $y=\dfrac{2}{3}x+p$의 그래프가 이 직사각형과 만나도록 하는 상수 p의 값의 범위를 구하시오.

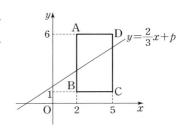

08

오른쪽 그림과 같이 y절편이 -1인 두 직선 l, m의 x좌표가 같은 두 점을 각각 A, B라 하고, $\overline{AB}$의 연장선과 x축이 만나는 점을 C라고 하자. $\overline{AB}=2\overline{OC}$일 때, 두 직선 l, m의 기울기의 차를 구하시오. (단, O는 원점이다.)

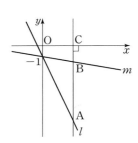

01

두 함수 $f\left(\frac{1}{3}x\right)=x-4$, $h(x-1)=-\frac{1}{2}x$에 대하여 $f(-1)+h(3)$의 값을 구하시오.

02

일차함수 $y=\left(-\frac{1}{4}m+1\right)x+3m-3$의 그래프가 제4사분면을 지나지 않도록 하는 상수 m의 값의 범위를 구하시오.

(단, $m\neq4$)

03

다음 조건을 만족하는 두 일차함수 $y=-3x-6$, $y=ax+b$ ($a\neq0$, a, b는 상수)의 그래프에 대하여 물음에 답하시오.

(단, O는 원점이다.)

> (가) 두 일차함수의 그래프는 y축 위의 점 P에서 만난다.
> (나) 두 일차함수의 그래프가 x축과 만나는 점을 각각 A, B라 할 때, $\overline{AO}:\overline{BO}=1:3$이다.

⑴ 가능한 일차함수 $y=ax+b$를 모두 구하시오.

⑵ 가능한 삼각형 APB의 넓이를 모두 구하시오.

04

일차함수 $f(x)=ax+b$에서 $\frac{f(7)-f(3)}{2}=-6$, $f(1)=-5$일 때, $a-b$의 값을 구하시오. (단, a, b는 상수이다.)

05

오른쪽 그림과 같이 좌표평면 위에 두 직사각형이 있다. 이 두 직사각형의 넓이를 동시에 이등분 하는 직선을 그래프로 하는 일차함수의 식을 구하시오.

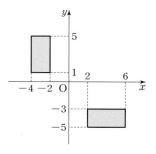

06

세 점 $A\left(2, m+\dfrac{1}{3}\right)$, $B\left(-m-\dfrac{1}{2}, \dfrac{1}{6}\right)$, $C(4, m+1)$이 같은 직선 위에 있을 때, m의 값을 구하시오.

07

오른쪽 그림과 같이 두 일차함수 $y=\dfrac{1}{2}x$, $y=-2x-14$의 그래프 위에 점 A, B를 각각 잡고 $\overline{AB}$를 한 변으로 하는 정사각형 ABCD를 그렸다. $\overline{CD}$는 y축 위에 있을 때, 정사각형 ABCD의 넓이를 구하시오.

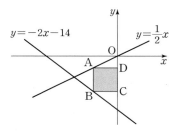

08

일차함수 $y=-3x-2a+1$에서 x의 값의 범위가 $-4 \leq x \leq 3$일 때, 함숫값에 2가 포함되도록 하는 상수 a의 값의 범위를 구하시오.

7 일차함수의 활용

고난도 대표유형·핵심개념

① 등급 노트

풀이전략

직선 A의 방정식

➡ $y-y_1=\dfrac{y_2-y_1}{x_2-x_1}(x-x_1)$

을 이용하면

$y-0=\dfrac{120-0}{20-10}(x-10)$

즉, $y=12x-120$

TIP

① p시간마다 양초의 길이가 q cm씩 짧아진다.

➡ 1시간마다 양초의 길이가 $\dfrac{q}{p}$ cm씩 짧아진다.

② m g인 물체를 달 때마다 용수철의 길이가 n cm씩 늘어난다.

➡ 1 g마다 용수철의 길이가 $\dfrac{n}{m}$ cm씩 늘어난다.

유형 1   직선의 방정식의 활용 문제

난이도 ★

두 일차함수의 그래프가 주어지면

① 그래프가 지나는 두 점을 이용하여 각 직선의 방정식을 구한다.

② 두 직선의 방정식을 연립하여 교점의 좌표를 구한다.

   ⦿ A와 B가 만나는 시간 구하기

   ① 직선 A가 지나는 두 점 $(10, 0)$, $(20, 120)$을 이용하여 직선의 방정식 구하기

   ② 직선 B가 지나는 두 점 $(0, 0)$, $(30, 120)$을 이용하여 직선의 방정식 구하기

   ③ 두 직선의 방정식을 연립하여 교점의 x좌표 구하기

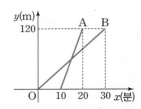

유형 2   온도, 길이 문제

난이도 ★★★

(1) 온도

  ① x분 후의 온도를 y ℃라고 한다.

  ② 1분 동안 온도가 n ℃ 올라간다면 x분 지나면 온도는 nx ℃ 올라간다.

  ③ 처음 온도가 m ℃일 때, x분 후의 온도 y ℃를 식으로 나타내면

    ➡ (온도)＝(증가한 온도)＋(처음 온도)

    ➡ $y=nx+m$

(2) 길이

  ① x시간 후의 길이를 y m라고 한다.

  ② 1시간 동안의 길이가 a m 증가한다면 x시간 후의 길이는 ax m가 증가한다.

  ③ 처음 길이가 b m일 때, x시간 후의 길이 y m를 식으로 나타내면

    ➡ (길이)＝(증가한 길이)＋(처음 길이)

    ➡ $y=ax+b$

(3) 용수철의 길이

  ① 물체의 무게가 x g일 때, 용수철의 길이를 y m라고 한다.

  ② 무게가 1 g인 물체를 달 때, 용수철의 길이가 a m 증가한다면 x g인 물체를 달 때 용수철의 길이는 ax m가 증가한다.

  ③ 처음 길이가 b m일 때, x g을 달 때의 용수철의 길이 y m를 식으로 나타내면

    ➡ (길이)＝(증가한 길이)＋(처음 길이)

    ➡ $y=ax+b$

거리, 속력, 시간 문제 | 유형 3

속력이 일정할 때, 시간을 x분, 거리를 y m라 하면

(거리)=(시간)×(속력)임을 이용하여 y를 x의 식으로 나타낸다.

(1) 1분 동안 이동한 거리가 a m일 때, x분 후의 거리 y m는

   ➡ $y=ax$

(2) b m 떨어진 지점을 향해 분속 a m로 x분 동안 걸어간 후 남은 거리 y m는

   ➡ $y=b-ax$

수면의 높이, 물의 양, 개수 문제 | 유형 4

(1) 수면의 높이

  ① 물이 x분 동안 빠진 후의 수면의 높이를 y m라고 한다.

  ② 1분 동안 수면의 높이가 b m씩 줄어든다면 x분 동안 수면의 높이는 bx m만큼 줄어든다.

  ③ 처음 수면의 높이가 a m일 때, x분 후의 수면의 높이 y m를 식으로 나타내면

    ➡ (수면의 높이)=(처음 수면의 높이)−(줄어든 높이)

    ➡ $y=a-bx$

(2) 물의 양

  ① 물이 x분 동안 늘어난 후의 물의 전체 양을 y L라고 한다.

  ② 1분 동안 물의 양이 q L만큼 늘어난다면 x분 동안 물의 양은 qx L만큼 늘어난다.

  ③ 처음 물의 양이 p L일 때, x분 후의 물의 양 y L를 식으로 나타내면

    ➡ (물의 양)=(처음 물의 양)+(늘어난 물의 양)

    ➡ $y=p+qx$

(3) 단계별로 늘어나는 개수의 변화

  [1단계] 성냥개비의 개수가 p개

  [1단계씩 늘어날 때마다] 성냥개비가 q개씩 늘어난다.

    ⋮

  [n단계] 성냥개비의 수를 y라 하면 ➡ $y=p+q(n-1)$

(4) 기본요금

  ① 기본요금이 a원

  ② 추가 요금이 1분당 b원이다.

  ③ x분 후의 추가 요금은 bx원이다.

  ④ x분 후의 요금을 y원이라 하면

    (요금)=(기본요금)+(추가 요금) ➡ $y=a+bx$

에시

시간(분)	1	4	7	10
거리(m)	4	8	12	16

$+3$ ↗ $+4$

1분 동안 이동한 거리는 $\dfrac{4}{3}$ m

이므로 속력은 분속 $\dfrac{4}{3}$ m

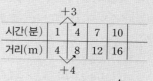

TIP

① a분 동안 수면의 높이가 b cm 늘어난다면

  ➡ 수면의 높이는 1분에 $\dfrac{b}{a}$ cm씩 늘어난다.

② a분 동안 물의 양이 b L 늘어난다면

  ➡ 물의 양은 1분에 $\dfrac{b}{a}$ L씩 늘어난다.

③ m분 동안 추가요금이 k원 늘어난다면

  ➡ 추가요금은 1분에 $\dfrac{k}{m}$ 원씩 늘어난다.

01

지면으로부터 15 km까지는 높이에 따라 기온이 다음 표와 같이 일정하게 변한다. 지면으로부터의 높이가 x m인 지점의 기온을 y ℃라 할 때, 다음 물음에 답하시오.

x(m)	0	100	200	300	⋯
y(℃)	25	24.4	23.8	23.2	⋯

(1) 지면으로부터의 높이가 1000 m인 곳의 기온을 구하시오.

(2) 기온이 16 ℃인 지점의 지면으로부터의 높이를 구하시오.

02

진공 상태에서 과학 실험을 하기 위하여 공기가 150 L 들어 있는 폐쇄된 공간에서 공기를 매분 12 L씩 일정하게 빠지게 하였다. 공기가 없는 진공 상태가 되는 것은 공기를 빼기 시작한 지 몇 분 후인가?

① 3분   ② 4.5분   ③ 6분
④ 9분   ⑤ 12.5분

03

1 L에 16 km를 달리는 어떤 자동차가 연료 탱크에 연료를 가득 채운 후 일정한 속력으로 주행하였더니 1008 km를 주행한 후에 연료가 완전히 소모되었다. 이 자동차의 연료 탱크에 연료를 가득 채운 후 x km 주행하였을 때 남은 연료의 양을 y L라고 할 때, y를 x에 대한 식으로 나타내면?

① $y=-\dfrac{1}{16}x+60$ ② $y=-\dfrac{1}{18}x+60$

③ $y=-\dfrac{1}{16}x+63$ ④ $y=-\dfrac{1}{18}x+63$

⑤ $y=-16x+1008$

04

집에서 8 km 떨어진 학교까지 가는데 민선이는 걸어서 가고, 동생은 민선이가 출발한 지 10분 후에 자전거를 타고 갔다. 아래 그래프는 민선이가 출발한 지 x분 후에 동생이 간 거리 y km를 나타낸 것이다. y를 x에 대한 식으로 나타내고, 동생이 집에서 5 km 떨어진 곳을 지날 때까지 걸린 시간을 구하면?

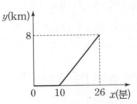

① $y=\dfrac{1}{5}x-10$, 20분   ② $y=\dfrac{1}{5}x-5$, 10분

③ $y=\dfrac{1}{2}x-10$, 20분   ④ $y=\dfrac{1}{2}x-5$, 10분

⑤ $y=\dfrac{1}{2}x-5$, 20분

05

20 L의 물이 들어 있는 60 L짜리 물통에 일정한 속력으로 물을 넣어 물통을 가득 채우려고 한다. 2분 동안 8 L의 물을 채울 때, 물을 넣기 시작한 지 x분 후 물의 양을 y L라 하자. 물통을 가득 채우는 데 걸리는 시간을 구하시오.

06

공기 중에서 소리의 속력은 기온이 0 ℃일 때 초속 331 m이고, 기온이 10 ℃ 올라갈 때마다 초속 6 m씩 일정하게 증가한다고 한다. 기온이 x ℃인 곳에서의 소리의 속력을 초속 y m라 하면 소리의 속력이 초속 340 m일 때의 기온은?

① 10 ℃   ② 12 ℃   ③ 15 ℃
④ 18 ℃   ⑤ 20 ℃

07

다음 그림과 같은 직각삼각형 ABC에서 점 P는 점 B를 출발하여 점 C까지 초속 2 cm로 일정하게 움직이고 있다. 점 P가 점 B를 출발한 지 x초 후의 삼각형 ABP의 넓이를 y cm²라 할 때, 넓이가 80 cm²가 되는 것은 점 P가 점 B를 출발한 지 몇 초 후인가?

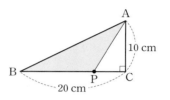

① 4초   ② 5초   ③ 6초
④ 7초   ⑤ 8초

08

다음 그림과 같은 직사각형 ABCD에서 점 P는 점 A를 출발하여 점 B까지 초속 $\frac{3}{2}$ cm로 움직이고 있다. 사각형 APCD의 넓이가 96 cm²가 되는 것은 점 P가 점 A를 출발한 지 몇 초 후인가?

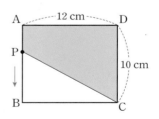

① 2초   ② 3초   ③ 4초
④ 5초   ⑤ 6초

09

저울의 처음 높이가 15 cm이고 올려 놓은 물체의 무게에 따라 일정하게 높이가 줄어드는 저울이 있다. 이 저울에 무게가 600 g인 물체를 올려놓았더니 저울의 높이가 14.4 cm가 되었다고 한다. 물체의 무게를 x g, 저울의 높이를 y cm라고 할 때, x와 y 사이의 관계를 식으로 나타내시오.

10

규진이와 지현이가 달리기 시합을 하는데 초속 5 m로 달리는 규진이는 초속 6 m로 달리는 지현보다 40 m 앞에서 출발한다고 한다. 두 사람이 동시에 출발하여 x초 후의 두 사람 사이의 거리를 y m라 할 때, 지현이가 규진이를 따라잡을 때까지 걸리는 시간은?

① 20초　　　② 30초　　　③ 40초
④ 50초　　　⑤ 60초

11

다음 그림은 압력이 일정할 때, 기체의 온도가 증가함에 따른 부피의 변화를 나타낸 그래프이다. 기체의 부피가 70 mL가 되는 때의 온도는?

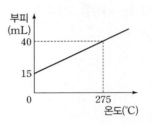

① 590 ℃　　　② 595 ℃　　　③ 600 ℃
④ 605 ℃　　　⑤ 610 ℃

12

다음 그림과 같이 성냥개비를 사용하여 정삼각형을 일렬로 이어 붙이려고 한다. 정삼각형 x개를 만들기 위해 필요한 성냥개비의 개수를 y라고 할 때, 다음 물음에 답하시오.

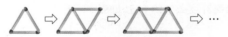

(1) 다음 표를 완성하시오.

x	1	2	3	4	⋯
y	3				⋯

(2) x와 y 사이의 관계를 식으로 나타내시오.

(3) 정삼각형 20개를 만들 때 필요한 성냥개비의 개수를 구하시오.

13

처음 길이가 24 cm인 양초에 불을 붙이면 1분에 6 mm씩 줄어든다고 한다. 불을 붙인 지 x분 후의 양초의 길이를 y cm라 할 때, 이 양초의 길이가 처음 길이의 $\frac{1}{4}$이 되는 것은 몇 분 후인가?

① 15분   ② 20분   ③ 25분
④ 30분   ⑤ 35분

14

양팔 저울의 양쪽에 A, B 두 개의 접시가 있다. A에는 2 kg의 물건이, B에는 14 kg의 추가 올려져 있을 때, A에는 매분마다 2 kg씩 물건을 올리고, B에는 매분마다 1 kg씩 추를 빼내기 시작했다. x분 후의 두 접시 위의 무게를 y kg이라고 할 때, 양팔 저울이 수평을 이루는 것은 몇 분 후인가?

① 4분   ② 5분   ③ 6분
④ 7분   ⑤ 8분

15

물이 각각 32 L, 44 L가 들어 있는 A, B 두 물통이 있다. A, B 두 물통의 마개를 열면 각각 2분마다 4 L, 6 L의 비율로 물이 흘러 나온다고 한다. 동시에 마개를 연 지 x분 후에 물통에 남아 있는 물의 양을 y L라 할 때, 두 물통 A, B에 남아 있는 물의 양이 같아지는 것은 몇 분 후이며, 그때 물의 양은?

① 12분, 8 L   ② 12분, 10 L
③ 14분, 8 L   ④ 14분, 10 L
⑤ 16분, 8 L

16

다음 그림은 일정한 속력으로 이동한 희원이와 명원이의 시간에 따른 이동 거리를 나타낸 그래프의 일부이다. 명원이가 걷기 시작할 때, 희원이는 같은 시간에 6 km 앞에서 출발하였다. 명원이가 출발한 후 x시간 후의 거리를 y km라 할 때, 이 두 사람이 만나는 데까지 걸리는 시간을 구하시오.

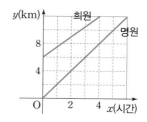

01

어느 백화점에는 올라갈 때는 초속 3 m, 내려올 때는 초속 5 m로 움직이는 엘리베이터 두 대가 운행하고 있다. 엘리베이터가 동시에 출발하여 한 대는 100 m의 높이에서 내려오고, 다른 한 대는 1층에서 올라가고 있을 때, 두 엘리베이터가 같은 위치를 지나는 것은 출발한 지 몇 초 후인지 구하시오.

02

다음 그림은 어느 한 지점에서 지표면으로부터의 높이에 따라 일정하게 변하는 대기의 온도를 나타낸 것이다. 이 지점에서 지면으로부터의 높이가 6 km일 때의 대기의 온도는?

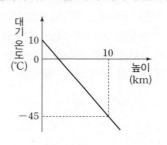

① −20 ℃   ② −21 ℃   ③ −22 ℃
④ −23 ℃   ⑤ −24 ℃

03

다음 그림과 같은 직사각형 ABCD에서 점 P는 점 B를 출발하여 점 C까지 변 BC를 따라 1초에 3 cm씩 움직인다. 사각형 APCD의 넓이가 216 cm²가 되는 것은 점 P가 점 B를 출발한 지 몇 초 후인지 구하시오.

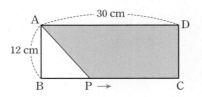

04

다음 그림에서 점 P는 점 B를 출발하여 변 BC를 따라 점 C까지 2초에 3 cm씩 움직이고 있다. 점 P가 점 B를 출발한 지 몇 초 후에 삼각형 ABP와 삼각형 DPC의 넓이의 합이 98 cm²가 되는가?

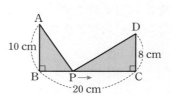

① 4 초 후   ② 6초 후   ③ 8초 후
④ 10초 후   ⑤ 12초 후

05

솔지가 자전거를 타고 집에서 8 km 떨어진 학교를 향해 출발 하였는데, A지점에서 자전거가 고장 나서 그 후부터는 걸어서 갔다. 다음 그림은 솔지가 집을 출발한 지 x분 후의 이동 거리 y km를 나타낸 것이다. 다음 물음에 답하시오.

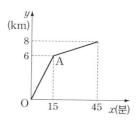

(1) 자전거로 이동할 때의 속력과 걸어서 이동할 때의 속력을 각각 구하시오.

(2) 도착한 시각은 자전거를 타고 학교에 도착했을 때의 시각 보다 몇 분 늦게 도착했는지 구하시오.

06

오른쪽 그림은 어떤 양초에 불을 붙인 후 시간이 지남에 따라 남은 양초의 길 이를 나타낸 그래프이다. x분 후의 남은 양초의 길이를 y cm라 할 때, 다음 설명 중 옳지 <u>않은</u> 것은?

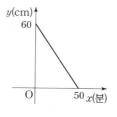

① 양초의 처음 길이는 60 cm이다.

② $y = -\dfrac{6}{5}x + 60$으로 나타낼 수 있다.

③ x의 값이 증가할 때, y의 값은 감소한다.

④ 매분 타 없어지는 양초의 길이는 0.6 cm이다.

⑤ 불을 붙인 후 45분 후 양초의 길이는 6 cm이다.

07

선민이가 영양제 수액을 맞는데 주사를 5 mL씩 x분 동안 맞은 후 3 mL씩 y분 동안 더 맞아야 한다. 이때 x와 y 사이의 관계는 오른쪽 그림과 같다. 다음 중 옳 지 <u>않은</u> 것은?

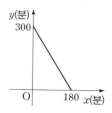

① 영양제 수액의 총 양은 900 mL이다.

② x와 y 사이의 관계를 식으로 나타내면 $5x + 3y - 900 = 0$ 이다.

③ 수액을 다 맞는 데 4시간이 걸렸다고 할 때, x, y의 값은 모두 120이다.

④ 5 mL씩 2시간을 맞는다면 3 mL씩 1시간 40분을 더 맞으 면 다 맞는다.

⑤ 3 mL씩 3시간을 맞는다면 수액을 다 맞는 데 걸린 총 시 간은 4시간 12분이다.

08

어떤 공장에서 1시부터 제품 A를 만들기 시작하였고 2시부터 는 제품 B를 만들기 시작하였다. 2시부터 x시간 후의 두 제품 A, B의 총 생산량을 y개라 할 때, 다음 그림은 x와 y 사이의 관계를 그래프로 나타낸 것이다. 두 제품 A, B의 총 생산량이 같아지는 것은 몇 시인지 구하시오.

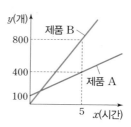

01

어떤 자동차의 연료 계기판을 확인해보니 눈금이 전체 양의 $\frac{1}{5}$을 가리키고 있어서 주유소에 들러 33 L의 기름을 넣었더니 눈금이 전체 양의 $\frac{3}{4}$을 가리켰다. 이 자동차는 1 L의 기름으로 14 km를 주행할 수 있고, x km를 주행하고 남은 기름의 양을 y L라고 할 때, 다음 물음에 답하시오.

(1) x와 y 사이의 관계식을 구하시오.

(2) 이 자동차로 서울에서 154 km 떨어진 대전까지 왕복했을 때 남은 기름의 양을 구하시오.

02

오른쪽 그림은 형은 걸어서, 동생은 자전거를 타고 각각 집에서 8 km 떨어진 역에 갈 때까지의 시간과 집으로부터의 거리를 나타낸 것이다. 동생이 형보다 20분 후에 출발하였을 때, 다음 물음에 답하시오.

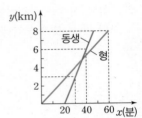

(1) 형이 출발하고 동생이 형을 따라잡을 때까지 걸린 시간과 집으로부터의 거리를 각각 구하시오.

(2) 동생이 형보다 몇 분 먼저 역에 도착하였는지 구하시오.

03

오른쪽 그림과 같은 직사각형 ABCD에서 점 P는 점 A를 출발하여 $\overline{\text{AD}}$ 위를 점 D까지 1초에 2 cm씩 움직이고, 점 Q는 점 B를 출발하여 $\overline{\text{BC}}$ 위를 점 C까지 2초에 1 cm씩 움직인다고 한다. 두 점 P, Q가 각각 점 A, B에서 동시에 출발하여 x초가 지났을 때의 사각형 PBQD의 넓이를 y cm²라고 할 때, 다음 물음에 답하시오.

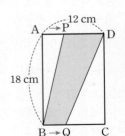

(1) x와 y 사이의 관계식을 구하시오.

(2) 사각형 PBQD의 넓이가 54 cm²일 때, $\overline{\text{QC}}$의 길이를 구하시오.

04

다음은 물속에서 소리의 속력과 물체가 받는 압력에 대한 설명이다.

> (가) 물속에서 소리의 속력은 초속 1600 m이다.
> (나) 물의 압력은 수심이 10 m 깊어질 때마다 1기압씩 높아지므로 물속의 물체가 받는 압력은 그 물체가 있는 지점에서의 수압에 대기압 1기압을 더한 값과 같다.

해수면에서 바닷속을 향하여 수직으로 소리를 보낸 지 5초 후, 소리가 도착한 지점에 잠수정이 있다. 이 잠수정이 받는 압력을 구하시오. (단, 잠수정이 해수면에 있을 때 받는 압력은 대기압 1기압이다.)

05

상선이와 현석이는 함께 마라톤 연습을 하였다. 상선이가 먼저 출발하고 20분 뒤에 현석이가 출발하였더니 도착 지점에 동시에 도착하였다. 현석이가 출발한 후 x분이 지났을 때 상선이가 현석이보다 앞선 거리를 y m라 하면 $y=5000-25x$가 성립한다. 마라톤 연습을 한 전체 거리를 구하시오. (단, 두 사람의 속력은 일정하다.)

06

물탱크를 비우려고 물탱크에 구멍을 뚫어 1분에 2 L씩 물이 일정하게 나오게 하였다. 먼저 1시간 동안 물탱크의 구멍으로 물을 빼낸 후 남아 있는 물탱크의 양을 보았더니 460 L였다. 물탱크의 물을 다 비운 시각이 오후 5시일 때, 물을 빼기 시작한 시각은 몇 시였는지 구하시오.

07

준석이는 매월 데이터가 6 GB (=6000 MB)만큼 무료로 제공되는 휴대 전화 요금제를 사용하고 있다. 이 요금제에서 추가 요금을 냈을 때 제공되는 데이터의 양은 아래 그래프와 같다. x원을 추가로 내면 y MB의 데이터가 제공될 때, 다음 물음에 답하시오.

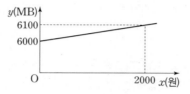

(1) x와 y 사이의 관계를 식으로 나타내시오.

(2) 한 달 동안 7500 MB의 데이터를 사용하기 위하여 추가로 얼마를 더 내야 하는지 구하시오.

08

다음 그림과 같이 크기가 같은 정육각형을 이어서 그려나갈 때, 정육각형 x개를 그리면 선분의 총 개수는 y개가 된다고 한다. 이때 x와 y 사이의 관계를 식으로 나타내고, 정육각형 30개를 그리는 데 필요한 선분의 개수를 구하시오.

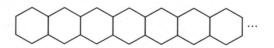

01

다음 그림은 준영이와 예은이가 x시간 동안 움직인 거리 y km를 나타낸 것이다. 같은 코스를 준영이와 예은이가 동시에 출발했을 때, 두 사람 사이의 거리가 2 km가 되는 순간부터 준영이는 속력을 시속 1 km만큼 올린다면 준영이가 예은이를 추월하게 되는 것은 두 사람이 출발한 지 몇 시간 후인지 구하시오.

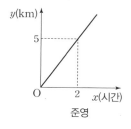

준영

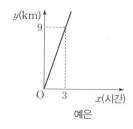

예은

02

오른쪽 그림과 같이 한 변의 길이가 30 cm인 정사각형 ABCD의 점 B에서 출발하여 점 P가 매초 3 cm의 속도로 두 점 C, D를 각각 통과하여 점 A까지 움직인다. 점 P가 점 B를 출발하여 x초 후에 $\overline{BC}$, $\overline{CD}$, $\overline{DA}$ 위에 있을 때, 각각 △ABP, △BCP, △CDP의 넓이를 y cm²라고 한다. 다음 중 삼각형의 넓이가 135 cm²가 되는 것은 점 P가 점 B를 출발한 지 몇 초 후인지 모두 구하시오.

(단, $0 < x \leq 30$)

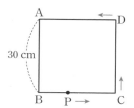

03

길을 가는데 규정이가 먼저 출발하여 오후 1시에 1 km 떨어진 지점까지 걸어갔고, 영민이는 1시 20분에 출발하여 같은 길을 자전거로 따라갔다. 두 사람이 오후 1시부터 간 거리를 나타낸 그래프가 오른쪽 그림과 같을 때, 두 사람이 만나는 시각을 구하시오.

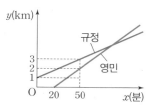

Level ④ 일차함수의 활용

04

A 수도에서는 4분에 3 L씩, B 수도에서는 5분에 4 L씩 물이 흘러나온다. 131 L의 용량인 물탱크에 10 L의 물이 들어 있고, A, B 두 개의 수도로 동시에 물탱크를 채우다가 41 L가 차면 A 수도만을 사용하여 물탱크를 채운다고 한다. 물탱크에 물이 가득 찰 때까지 걸린 시간을 구하시오.

05

다음 그림과 같이 높이가 16 cm인 원기둥 모양의 물통에 부피가 다른 원기둥 모양의 두 저울추 A, B가 들어 있다. 이 물통에 일정한 속도로 물을 부을 때, 물을 붓기 시작한 지 x분 후의 물의 높이 y cm의 변화를 그래프로 나타낸 것이다. 이 물통 안에 두 저울추가 없다고 가정할 때, 이 물통에 부을 수 있는 물의 부피는 두 저울추의 부피의 합의 몇 배인지 구하시오.

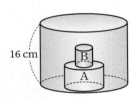
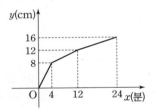

06

일반 주택의 취사 난방용으로 사용되는 도시가스 사용 요금은 다음과 같이 계산한다.

(ⅰ) 사용량이 12 m³ 이하인 경우
  (요금)=(기본요금)+(취사 단가)×(사용량)(m³)
(ⅱ) 사용량이 12 m³ 초과인 경우
  (요금)=(기본요금)+(취사 단가)×12(m³)+(난방 단가)×{(사용량)−12}

어느 지역의 기본요금은 1000원이고, 취사 단가는 750원, 난방 단가는 746원이라고 할 때, 요금이 30000원을 넘기는 최소 도시가스의 사용량을 소수점 아래 첫째 자리에서 반올림하여 구하시오.

정답과 풀이 ▶ 61쪽

07

다음 그림의 직사각형 ABCD에서 두 점 P, Q는 모두 점 A에서 출발하여 각각 매초 0.5 cm, 2 cm의 속력으로 점 D를 향해 움직이고 있다. 두 점 P, Q가 점 A를 출발한 후 사다리꼴 PBCQ가 등변사다리꼴이 되었을 때, 이 사다리꼴의 넓이를 구하시오.

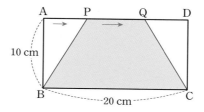

08

$[a, b, c, d]$가 a, b, c, d 중 가장 작은 수를 나타낼 때, 함수 $f(x)=[-x+4, -3x+8, 2x+7, x+5]$에 대하여 부등식 $f(x) \leq p$를 만족하는 상수 p의 값 중에서 가장 작은 수를 구하시오.

Ⅲ. 함수

8 일차함수와 일차방정식의 관계 · 고난도 대표유형·핵심개념

① 등급 노트

＋ 플러스 개념

$ax+by+c=0\,(a\neq0,\ b\neq0)$

⬇ 일차
함수   ⬆ 일차
방정식

$y=-\dfrac{a}{b}x-\dfrac{c}{b}\,(a\neq0,\ b\neq0)$

TIP

① $x=0$의 그래프 : y축
② $y=0$의 그래프 : x축

풀이전략

두 점 $(a,\ b)$, $(c,\ d)$를 지나는
직선의 방정식
① x축에 수직이면 $a=c$
　➡ $x=a$
② y축에 수직이면 $b=d$
　➡ $y=b$

＋ 플러스 개념

일차방정식 $ax+by+c=0$의
그래프

$y=-\dfrac{a}{b}x-\dfrac{c}{b}$

유형 1 일차함수와 일차방정식의 관계 난이도 ★

(1) 미지수가 2개인 일차방정식의 그래프

미지수가 2개인 일차방정식 $ax+by+c=0\,(a\neq0$ 또는 $b\neq0)$의 해 $(x,\ y)$를 좌표로 하는
점을 좌표평면 위에 나타낸 것으로 일차방정식 $ax+by+c=0$을 직선의 방정식이라 한다.

(2) 일차방정식과 일차함수의 관계

일차방정식 $ax+by+c=0\,(a\neq0,\ b\neq0)$의 그래프는 일차함수 $y=-\dfrac{a}{b}x-\dfrac{c}{b}$의 그래프와
같은 직선이다.

유형 2 방정식 $x=p$, $y=q$의 그래프 난이도 ★★

(1) 직선의 방정식 $x=p$의 그래프

① 점 $(p,\ 0)$을 지나고 y축에 평행한 직선이다.
② x축에 수직인 직선이다.

(2) 직선의 방정식 $y=q$의 그래프

① 점 $(0,\ q)$를 지나고 x축에 평행한 직선이다.
② y축에 수직인 직선이다.

유형 3 일차방정식 $ax+by+c=0$의 그래프의 a, b, c의 부호 난이도 ★★★

일차방정식 $ax+by+c=0\,(a,\ b,\ c$는 상수이고, $a\neq0,\ b\neq0)$, 즉 $y=-\dfrac{a}{b}x-\dfrac{c}{b}$의 그래프가

(1) 오른쪽 위로 향하면 $-\dfrac{a}{b}>0$, 즉 $\dfrac{a}{b}<0$이므로 a, b는 서로 다른 부호

오른쪽 아래로 향하면 $-\dfrac{a}{b}<0$, 즉 $\dfrac{a}{b}>0$이므로 a, b는 같은 부호

(2) y축과 양의 부분에서 만나면 $-\dfrac{c}{b}>0$, 즉 $\dfrac{c}{b}<0$이므로 b, c는 서로 다른 부호

y축과 음의 부분에서 만나면 $-\dfrac{c}{b}<0$, 즉 $\dfrac{c}{b}>0$이므로 b, c는 같은 부호

일차함수의 그래프와 연립일차방정식의 해 　유형 4

(1) 연립일차방정식 $\begin{cases} ax+by=c \\ a'x+b'y=c' \end{cases}$ 의 해를 $x=p$, $y=q$라고 하

면 점 (p, q)는 두 일차함수

$y=-\dfrac{a}{b}x+\dfrac{c}{b}$, $y=-\dfrac{a'}{b'}x+\dfrac{c'}{b'}$의 그래프의 교점의 좌표와

같다.

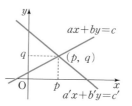

(2) 연립일차방정식의 해 $x=p$, $y=q$

　　　⇕

두 일차함수의 그래프의 교점의 좌표 (p, q)

(3) 연립일차방정식 $\begin{cases} ax+by+c=0 \\ a'x+b'y+c'=0 \end{cases}$ 의 해의 개수는 두 일차방정식 $ax+by+c=0$,

$a'x+b'y+c'=0$의 그래프의 교점과 개수와 같다.

도형의 넓이 　유형 5

(1) **직선으로 둘러싸인 도형의 넓이**

x절편 또는 y절편을 구하거나 연립방정식을 이용하여 교점의 좌표를 구한 후 직선으
로 둘러싸인 도형의 넓이를 구한다.

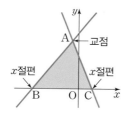 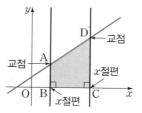

(2) **넓이를 이등분하는 직선의 방정식**

삼각형 AOB의 넓이를 이등분하는 직선 $y=mx$의 방정식 구
하는 순서

① 점 C의 좌표를 구한다.

　　이때 $\triangle AOC=\dfrac{1}{2}\triangle AOB$, $\triangle COB=\dfrac{1}{2}\triangle AOB$를 이용
한다.

② 점 C의 좌표를 $y=mx$에 대입하여 상수 m의 값을 구한다.

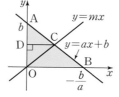

---

① 등급 노트

풀이전략

연립일차방정식의 해

① 두 일차방정식의 공통인 해

② 두 일차방정식의 그래프의
　교점의 좌표

③ 두 일차함수의 그래프의 교
　점의 좌표

연립일차방정식

$\begin{cases} ax+by+c=0 \\ a'x+b'y+c'=0 \end{cases}$

⇒ $\begin{cases} y=-\dfrac{a}{b}x-\dfrac{c}{b} \\ y=-\dfrac{a'}{b'}x-\dfrac{c'}{b'} \end{cases}$

① 한 쌍의 해를 갖는다.

　⇒ $\dfrac{a}{b} \ne \dfrac{a'}{b'}$

② 해가 무수히 많다. (일치)

　⇒ $\dfrac{a}{b}=\dfrac{a'}{b'}$, $\dfrac{c}{b}=\dfrac{c'}{b'}$

③ 해가 없다. (평행)

　⇒ $\dfrac{a}{b}=\dfrac{a'}{b'}$, $\dfrac{c}{b} \ne \dfrac{c'}{b'}$

예시

점 C의 x좌표를 k라 하면

$\triangle AOC=\dfrac{1}{2}\triangle AOB$이므로

$\triangle AOC=\dfrac{1}{2} \times \overline{AO} \times \overline{CD}$

$\qquad =\dfrac{1}{2}bk$

$\dfrac{1}{2}\triangle AOB$

$=\dfrac{1}{2} \times \dfrac{1}{2} \times \left(-\dfrac{b}{a}\right) \times b$

$=-\dfrac{b^2}{4a}$

따라서 $\dfrac{1}{2}bk=-\dfrac{b^2}{4a}$이므로

$k=-\dfrac{b}{2a}$

01

연립방정식 $\begin{cases} ax-y=-1 \\ 2x+by=4 \end{cases}$ 를 풀기

위하여 오른쪽 그림과 같이 그래프를
그렸다. 이때 $a+b$의 값은?

(단, a, b는 상수이다.)

① -1 ② 0
③ 1 ④ 2
⑤ 3

02

일차방정식 $-x+py-2=0$의 그래프가 점 $(1, -1)$을 지난
다. 점 $(4, q)$가 이 그래프 위에 있을 때, $p+q$의 값을 구하시
오. (단, p는 상수이다.)

03

다음 중 일차방정식 $4x-2y-1=0$의 그래프에 대한 설명으
로 옳은 것은?

① 점 $\left(\dfrac{1}{2}, -\dfrac{1}{2}\right)$을 지난다.

② 제1사분면을 지나지 않는다.

③ 기울기와 y절편이 모두 $-\dfrac{1}{2}$이다.

④ 일차함수 $y=2x+1$의 그래프와 일치한다.

⑤ 일차함수 $y=2x+\dfrac{2}{3}$의 그래프와 평행하다.

04

오른쪽 그림과 같이 두 직선
$y=2x+2$, $y=-2x+6$의 교점을
A, 두 직선의 x축과의 교점을 각각
B, C라고 할 때, 다음 물음에 답하
시오.

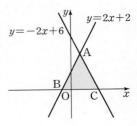

(1) 교점 A의 좌표를 구하시오.

(2) 점 B와 점 C의 좌표를 각각 구하시오.

(3) △ABC의 넓이를 구하시오.

05

오른쪽 그림은 일차방정식 $ax+by+2=0$의 그래프이다. 두 점 $(-6, m)$, $(n, -4)$가 이 일차방정식의 해일 때, $m+n$의 값은?

(단, a, b는 상수이다.)

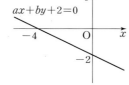

① 4 　　　　② 5 　　　　③ 6
④ 7 　　　　⑤ 8

06

오른쪽 그림은 일차방정식 $ax-y-b=0$의 그래프이다. 이때 상수 a, b의 부호로 옳은 것은?

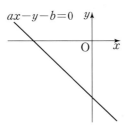

① $a>0$, $b>0$
② $a>0$, $b<0$
③ $a<0$, $b=0$
④ $a<0$, $b>0$
⑤ $a<0$, $b<0$

07

일차방정식 $2y-x-2p=0$의 그래프가 두 점 $A(-2, 6)$, $B(8, 1)$을 이은 선분 AB와 만나도록 하는 상수 p의 값의 범위는?

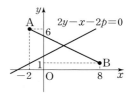

① $-3\leq p\leq 7$
② $-5\leq p\leq 7$
③ $-5\leq p\leq 3$
④ $-5\leq p\leq -2$
⑤ $-7\leq p\leq 3$

08

일차방정식 $ax-by-6=0$의 그래프가 x축에 평행하고 제3사분면과 제4사분면을 지날 때, 상수 a, b의 조건은?

① $a=0$, $b>0$ 　　　　② $a=0$, $b<0$
③ $a<0$, $b=0$ 　　　　④ $a<0$, $b=0$
⑤ $a>0$, $b<0$

09

다음 <보기>의 일차방정식 중 그 그래프가 일차함수 $y=\frac{1}{2}x+5$의 그래프와 교점이 없는 것의 개수는?

┌─ 보기 ─
ㄱ. $2x+y+3=0$ ㄴ. $-2x+4y-20=0$
ㄷ. $x-2y+4=0$ ㄹ. $-x+2y-1=0$
ㅁ. $4x-4y+1=0$ ㅂ. $-2x+4y+3=0$
└─

① 1   ② 2   ③ 3
④ 4   ⑤ 5

10

일차방정식 $-ax+by-2=0$의 그래프를 y축의 방향으로 -3만큼 평행이동하였더니 두 점 $(1, -4)$, $(-1, -3)$을 지나는 직선과 일치하였다. 이때 상수 a, b의 합 $a+b$의 값을 구하시오.

11

두 직선 $2x-3y=6$, $-ax+by=-12$의 교점이 무수히 많을 때, $a+b$의 값을 구하시오. (단, a, b는 상수이다.)

12

서로 다른 세 직선 $x-2y=-4$, $4x-y=5$, $mx+ny=2$가 한 점에서 만날 때, $m+\frac{3}{2}n$의 값은? (단, m, n은 상수이다.)

① -2 ② -1 ③ 1
④ 2   ⑤ 3

13

두 직선 $ax+4y=8$, $3x+4y=1$의 교점이 존재하지 않을 때, 상수 a의 값은?

① 3   ② 6   ③ 9

④ -6 ⑤ -9

14

오른쪽 그림은 두 일차함수 $y=-x+4$와 $y=-x-2$의 그래프이다. 각각의 그래프 위의 두 점 A, B를 지나는 직선의 방정식은?

① $x+3y-2=0$

② $x-4y+3=0$

③ $x+4y-3=0$

④ $x-5y+8=0$

⑤ $x+5y-8=0$

15

연립방정식 $\begin{cases} 2x+y=3 \\ ax-y=-5 \end{cases}$ 의 해가 두 점 $(3, -1)$, $(-1, 3)$ 을 지나는 직선 위에 있을 때, 상수 a의 값을 구하시오.

16

일차방정식 $ax-by=2$의 그래프가 오른쪽 그림과 같을 때, 상수 a, b에 대하여 $a+b$의 값은?

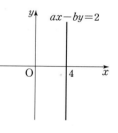

① -1 ② $-\dfrac{1}{2}$

③ 0   ④ $\dfrac{1}{2}$

⑤ 1

01

두 일차방정식 $-x-3y=9$, $x+y=5$의 그래프의 교점이 일차함수 $y=mx+5$의 그래프 위에 있을 때, 상수 m의 값은?

① -3 ② -2 ③ -1

④ 0 ⑤ 2

02

오른쪽 그림과 같이 두 일차함수 $y=-2x+m$, $y=\dfrac{1}{2}x+n$의 그래프에서 $\overline{AB}:\overline{BO}=4:1$이고, $\overline{CD}=9$일 때, 상수 m, n에 대하여 $m+n$의 값을 구하시오.
(단, O는 원점이다.)

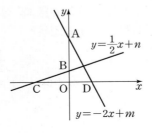

03

일차방정식 $-x+ay+b=0$의 그래프가 제4사분면을 지나지 않을 때, 일차함수 $y=ax+b$의 그래프가 지나지 <u>않는</u> 사분면을 구하시오. (단, $a\neq0$, $b\neq0$)

04

세 점 $A(-2, 4)$, $B(-4, -2)$, $C(6, 1)$을 꼭짓점으로 하는 $\triangle ABC$와 x축에 평행한 직선이 두 점 P, Q에서 만난다고 할 때, $\overline{PQ}$의 길이 중 가장 큰 값을 구하시오.

05

다음 그림과 같이 두 일차방정식 $3x-y+30=0$,
$2x+y-12=0$의 그래프가 x축과 만나는 점을 각각 A, B라
하고 점 C는 $2x+y-12=0$의 그래프가 y축과 만나는 점이다.
점 D는 $\overline{AB}/\!/\overline{CD}$인 $3x-y+30=0$의 그래프 위의 점일 때,
사다리꼴 ABCD의 넓이를 구하시오.

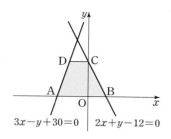

06

세 직선 $5x-y+3=0$, $x-y-5=0$, $4x-y-a=0$에 의하
여 삼각형이 만들어지지 않을 때, 상수 a의 값을 구하시오.

07

일차방정식 $4x+y-12=0$의 그래프와 x축, y축으로 둘러싸
인 삼각형에 대하여 다음 물음에 답하시오.

(1) 일차방정식 $4x+y-12=0$의 그래프의 x절편과 y절편을
각각 구하시오.

(2) 삼각형의 넓이를 구하시오.

08

직선 $-(m+1)x+(n-1)y-6=0$이 x축에 평행하고 점
$(2, -3)$을 지날 때, 상수 m, n에 대하여 $m+n$의 값을 구하
시오.

09

두 일차방정식 $-x+ay=3$, $bx-y=1$의 그래프가 오른쪽 그림과 같이 점 $(3, 2)$에서 만날 때, 상수 a, b에 대하여 $a+b$의 값을 구하시오.

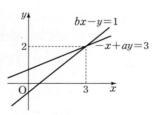

10

좌표평면 위의 두 점 $A(2, 4)$, $B(-3, k)$를 지나는 직선과 직선 $y=-\dfrac{1}{2}k$는 서로 평행하다. 직선 $y=-\dfrac{1}{2}k$가 y축과 만나는 점을 C라고 할 때, 상수 k의 값과 삼각형 ABC의 넓이를 바르게 구한 것은?

① $k=4$, 넓이 : 15
② $k=-4$, 넓이 : 15
③ $k=8$, 넓이 : 20
④ $k=-8$, 넓이 : 20
⑤ $k=10$, 넓이 : 30

11

세 직선 $y=x+4$, $y=-\dfrac{1}{2}x-2$, $x=-2$로 둘러싸인 삼각형의 넓이를 구하시오.

12

세 직선 $x+y+3=0$, $x+3y+3=0$, $x-3y-3=0$을 그리면 다음 그림과 같다. 삼각형 ADC의 넓이는 삼각형 BDC의 넓이의 몇 배인지 구하시오.

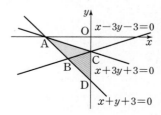

13

직선의 기울기와 y절편을 이용하여 일차방정식 $ax+by-2=0$의 그래프를 그리는데 민섭이는 기울기를 잘못 보고 그려서 두 점 $(-1, -7)$, $(1, 3)$을 지나게 그렸고, 상윤이는 y절편을 잘못 보고 그려서 두 점 $(1, 1)$, $(3, 5)$를 지나게 그렸다. 처음 일차방정식 $ax+by-2=0$의 그래프는 점 $(2, k)$를 지난다고 할 때, $a+b+k$의 값은? (단, a, b는 상수이고 $a≠0$이다.)

① 3   ② 2   ③ 1

④ -2 ⑤ -3

14

일차방정식 $ax-y+b=0$의 그래프는 오른쪽 그림의 직선 l과 평행하고, 직선 m과 y축 위에서 만난다. 이때 상수 a, b에 대하여 $3ab$의 값을 구하시오.

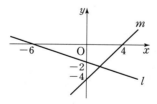

15

연립방정식 $\begin{cases} 9x-6y+a=0 \\ bx+2y+1=0 \end{cases}$ 의 해가 무수히 많을 때, 상수 a, b에 대하여 ab의 값을 구하시오.

16

다음 연립방정식 중에서 해가 없는 것은?

① $\begin{cases} 2x-y=2 \\ x+y=1 \end{cases}$ ② $\begin{cases} x+3y=5 \\ 2x-6y=10 \end{cases}$

③ $\begin{cases} -x+y=4 \\ 4x-4y=-8 \end{cases}$ ④ $\begin{cases} 3x-y=-1 \\ 6x-3y=8 \end{cases}$

⑤ $\begin{cases} x-5y=10 \\ 2x+10y=4 \end{cases}$

01

두 일차방정식 $2x+3y-6=0$과 $x-y-a=0$의 그래프가 제1사분면에서 만나도록 하는 상수 a의 값의 범위는?

① $-3<a<1$ ② $-3<a<2$ ③ $-2<a<3$

④ $-1<a<1$ ⑤ $-1<a<3$

02

점 (a, b)가 제1사분면 위의 점일 때, 기울기가 서로 다른 두 직선 $y=ax-b$, $y=bx-a$의 교점은 어느 사분면 위의 점인지 구하시오.

03

오른쪽 그림과 같이 두 일차방정식 $\begin{cases} -x+2y-4=0 \\ x+y-a=0 \end{cases}$ 의 그래프가 점 Q에서 만난다. $\triangle POQ$의 넓이가 $\triangle AOB$의 넓이의 $\dfrac{5}{2}$배일 때, a^2-2a의 값을 구하시오.

(단, O는 원점이고, a는 상수이다.)

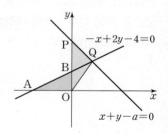

04

일차방정식 $2x+y-4=0$의 그래프와 두 직선 $y=6$, $y=-2$의 교점을 각각 A, B라 하자. 일차방정식 $mx+2y-n=0$의 그래프와 두 직선 $y=6$, $y=-2$의 교점을 각각 C, D라고 할 때, □ABDC는 넓이가 40인 평행사변형이 된다. 이때 $m+n$의 값을 구하시오. (단, m, n은 상수이고 $n>0$이다.)

05

오른쪽 그림과 같이 두 일차방정식 $-2x+y-6=0$, $ax+by=a$의 그래프가 한 점 P에서 만날 때, 색칠한 부분의 넓이의 합을 구하시오. (단, $a\neq0$이고, a, b는 상수이다.)

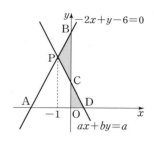

06

일차방정식 $3ax-(b+6)y+2=0$의 그래프가 점 $(1, 4)$를 지나고 직선 $x=5$와 평행할 때, 상수 a, b에 대하여 ab의 값을 구하시오.

07

세 직선 $3x-y=0$, $4x-2y=0$, $x=p$로 둘러싸인 도형의 넓이를 직선 $y=ax$가 이등분할 때, 상수 a의 값은? (단, $p>0$)

① $\dfrac{1}{3}$ ② $\dfrac{3}{4}$ ③ $\dfrac{5}{2}$ ④ $\dfrac{12}{5}$ ⑤ 3

08

다음 그림과 같이 세 점 A$(0, 2)$, B$(-2, 1)$, C$(4, -2)$와 한 점 D를 꼭짓점으로 하는 평행사변형 ABDC가 있다.
점 $(0, -2)$를 지나고 평행사변형 ABDC의 넓이를 이등분하는 직선 l의 방정식을 $y=ax+b$라 할 때, $a-b$의 값을 구하시오.
(단, a, b는 상수이다.)

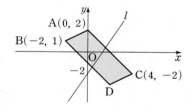

01

직선 $y=p$가 다음 네 일차방정식의 그래프로 둘러싸인 도형의 넓이를 이등분할 때, 상수 p의 값을 구하시오.

$$-2x+6=0, \qquad y+4=0, \qquad -(x+y)-1=-x-4, \qquad -x-2y=4-2y$$

02

다음 그림과 같이 두 점 $A(-4, 2)$, $B(2, 3)$에 대하여 $\overline{AC}+\overline{BC}$가 최소가 되도록 하는 x축 위의 점 C의 좌표를 구하시오.

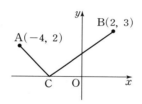

03

세 일차방정식 $-2x-y+3=0$, $ax+y-5=0$, $\frac{1}{3}x-y-4=0$의 그래프가 삼각형을 이루지 않도록 하는 모든 상수 a의 값의 곱을 구하시오. (단, $a \neq 0$)

04

오른쪽 그림과 같은 일차방정식 $ax+2y-6=0\,(a<0)$의 그래프와 x축, y축으로 둘러싸인 도형의 넓이는 12이다. 이때 그래프 위의 점 C에 대하여 $\triangle ACO : \triangle CBO = 3 : 1$이 되도록 하는 직선을 $y=kx$라 할 때, $a-k$의 값을 구하시오. (단, O는 원점이고, a, k는 상수이다.)

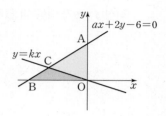

05

오른쪽 그림과 같이 두 일차방정식 $ax-by+4a=0$, $-ax-6y+30=0$의 그래프가 y축 위에서 만난다. $\overline{OA} : \overline{OB} = 3 : 2$일 때, 상수 a, b에 대하여 $a+b$의 값을 구하시오.

(단, O는 원점이고, $a \neq 0$)

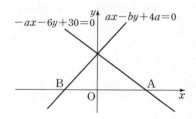

06

오른쪽 그림과 같이 점 P는 가로의 길이가 세로의 길이의 3배인 직사각형 ABCD의 내부의 점이다. 점 $(0, -4)$를 지나는 일차방정식 $ax-y+b=0$의 그래프가 점 P를 지날 때, 상수 a의 값의 범위는 $m<a<M$이다. $7M-m$의 값을 구하시오. (단, b는 상수이다.)

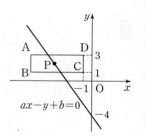

07

두 일차방정식 $ax+y-b=0$, $cx-y+d=0$의 그래프가 오른쪽 그림과 같을 때, <보기>
에서 옳은 것을 모두 고르시오.

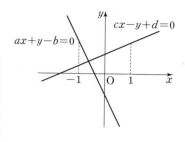

┤ 보기 ├

ㄱ. $ac>0$ ㄴ. $c+d<0$

ㄷ. $a+b<0$ ㄹ. $\dfrac{b}{a}>\dfrac{d}{c}$

ㅁ. $\dfrac{b}{d}<0$ ㅂ. $\dfrac{b-d}{a+c}<0$

08

다음 그림과 같이 세 점 $A(-6, 5)$, $B(-6, 1)$, $C(2, 5)$를 꼭짓점으로 하는 삼각형 ABC가 있다. 직선 BC와 y축 위에서 만
나고 선분 AB 위의 한 점을 지나는 직선이 삼각형 ABC의 넓이를 이등분할 때, 이 직선의 방정식을 구하시오.

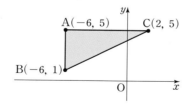

01

다음 중 y가 x의 일차함수인 것을 모두 고르면? (정답 2개)

① 자연수 x보다 3만큼 큰 자연수는 y이다.
② 자연수 x의 약수의 개수는 y개이다.
③ 30 km를 시속 x km로 달리면 y시간 걸린다.
④ 한 변의 길이가 x cm인 정오각형의 둘레의 길이는 y cm 이다.
⑤ 넓이가 4인 직사각형의 가로의 길이는 x cm, 세로의 길이는 y cm이다.

02

기울기가 $-\dfrac{1}{2}$인 일차함수 $y=f(x)$와 y절편이 2인 일차함수 $y=g(x)$에 대하여 $f(4)=6$, $g(2)=10$일 때, $2f(1)+g(-2)$의 값을 구하시오.

03

일차함수 $y=-acx-ab$의 그래프가 오른쪽 그림과 같을 때, 일차함수 $y=\dfrac{c}{b}x+\dfrac{b}{a}$의 그래프가 지나지 <u>않는</u> 사분면을 구하시오.

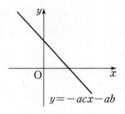

04

오른쪽 그림과 같이 두 일차함수 $y=2x$, $y=-x+6$의 그래프와 x축으로 둘러싸인 삼각형 안에 들어갈 수 있는 가장 큰 정사각형의 넓이는?

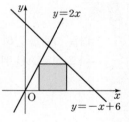

① $\dfrac{9}{4}$ ② $\dfrac{16}{25}$

③ $\dfrac{9}{16}$ ④ 4

⑤ $\dfrac{144}{25}$

05

두 점 $(-1, 9)$, $(3, -3)$을 지나는 일차함수의 그래프를 y축의 방향으로 k만큼 평행이동한 일차함수의 그래프가 두 점 A$(-4, 5)$, B$(1, -2)$를 잇는 선분 AB와 만날 때, k의 값의 범위를 구하시오.

06

길이가 각각 50 cm, 40 cm인 막대기 모양의 얼음 A, B를 실온에 두면 얼음 A는 10분마다 15 cm씩 짧아지고 얼음 B는 4분마다 2 cm씩 짧아진다고 한다. 두 얼음 A, B를 동시에 실온에 둘 때, 두 얼음의 길이가 같아지는 것은 몇 분 후인지 구하시오. (단, 얼음의 두께는 고려하지 않는다.)

07

오른쪽 그림은 온도가 다른 물이 들어 있는 두 물컵 A와 B의 시간에 따른 물의 온도 변화를 나타낸 것이다. 물의 온도가 변하기 시작한 지 x분 후의 물의 온도를 y ℃라 할 때, 두 물컵 A와 B의 물의 온도가 같아지는 시각은 물의 온도가 변하기 시작한 지 몇 분 후인지 구하시오.

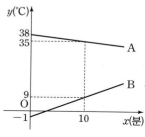

08

오른쪽 그림과 같은 사다리꼴 ABCD에서 $\overline{AD}=8$ cm, $\overline{BC}=15$ cm, $\overline{CD}=6$ cm일 때, 점 P가 점 B에서 출발하여 점 C까지 매초 0.5 cm의 속도로 움직이고 있다. x초 후의 사각형 APCD의 넓이를 y cm^{2}라고 할 때, x와 y 사이의 관계를 식으로 나타내시오.

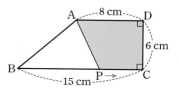

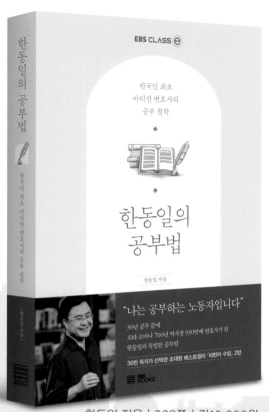

인터넷·모바일·TV
무료 강의 제공

정답과 풀이

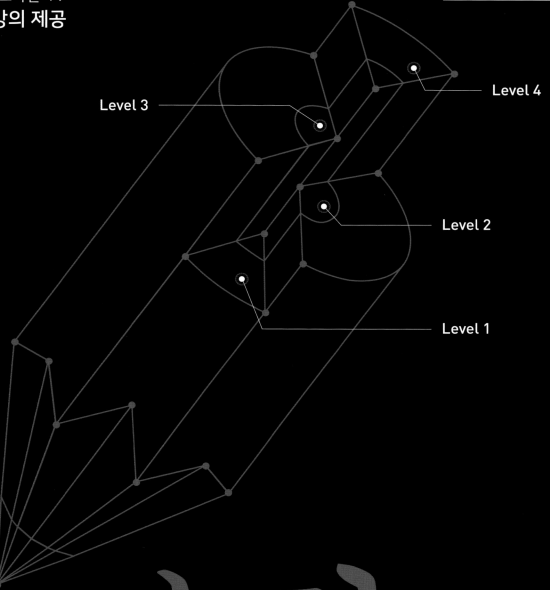

Level 3

Level 4

Level 2

Level 1

뉴런 고난도

심화·고난도 수학으로 **상위권 도약!**

수학 2(상)

고난도 대표유형·핵심개념 ➕ Level별 문항 구성 ➕ 정답과 풀이

뉴런 고난도
수학 2(상)

정답과 풀이

Ⅰ. 수와 식의 계산

1 유리수와 순환소수

Level 1 본문 6~9쪽

01 ③   **02** ②   **03** 13   **04** ③   **05** 11   **06** $3.\dot{7}\dot{2}$ **07** $1.\dot{1}$

08 ⑤   **09** 63   **10** ⑤   **11** ③   **12** ②   **13** 5   **14** ⑤

15 6   **16** ②

---

01 주어진 분수를 소수로 나타내어 순환마디를 구하면 다음과 같다.

① $\frac{1}{6}=0.1666\cdots=0.1\dot{6}$: 순환마디는 6

② $\frac{17}{75}=0.22666\cdots=0.22\dot{6}$: 순환마디는 6

③ $\frac{5}{18}=0.2777\cdots=0.2\dot{7}$: 순환마디는 7

④ $\frac{11}{30}=0.3666\cdots=0.3\dot{6}$: 순환마디는 6

⑤ $\frac{7}{15}=0.4666\cdots=0.4\dot{6}$: 순환마디는 6

02 ① $8.\dot{1}427\dot{8}=8.1427814278\cdots$

② $8.14\dot{2}7\dot{8}=8.1427878\cdots$

③ $8.1\dot{4}27\dot{8}=8.142784278\cdots$

④ $8.14\dot{2}7\dot{8}=8.14278278\cdots$

⑤ $8.1427\dot{8}=8.1427888\cdots$

따라서 ⑤ $8.1427\dot{8}$이 가장 크고 ② $8.142\dot{7}\dot{8}$이 두 번째로 크다.

03 구하는 분수를 $\frac{n}{30}$이라고 하면

$\frac{2}{15}<\frac{n}{30}<\frac{5}{6}$, 즉 $\frac{4}{30}<\frac{n}{30}<\frac{25}{30}$

이를 만족시키는 자연수 n은 5, 6, 7, $\cdots$, 24이다.

이때 $30=2\times3\times5$이므로 n이 3의 배수, 즉

$n=6$, 9, 12, 15, 18, 21, 24이면 $\frac{n}{30}$이 유한소수가 된다.

따라서 유한소수로 나타낼 수 없는 분수는 $20-7=13$(개)

04 (i) $0.\dot{6}\dot{5}=0.6565\cdots$, $0.\dot{6}=0.666\cdots$이므로

$0.6565\cdots<0.666\cdots$

즉, (가)에 들어갈 부등호는 <이다.

(ii) $0.9\dot{2}=0.9222\cdots$이므로

$0.923>0.9222\cdots$

즉, (나)에 들어갈 부등호는 >이다.

(iii) $0.3\dot{4}\dot{5}=0.34545\cdots$, $0.\dot{3}4\dot{5}=0.345345\cdots$이므로

$0.34545\cdots>0.345345\cdots$

즉, (다)에 들어갈 부등호는 >이다.

따라서 (i)~(iii)에 의해 빈칸 (가)~(다)에 들어갈 알맞은 부등호는 차례로 <, >, >이다.

05 $\frac{1}{5}+\frac{1}{50}+\frac{1}{500}+\cdots=\frac{2}{10}+\frac{2}{100}+\frac{2}{1000}+\cdots$

$=0.2+0.02+0.002+\cdots$

$=0.\dot{2}=\frac{2}{9}$

즉, $\frac{a}{b}=\frac{2}{9}$이므로 $a=2$, $b=9$

$\therefore a+b=2+9=11$

06 지우가 잘못 본 기약분수는 $0.4\dot{5}=\frac{45-4}{90}=\frac{41}{90}$

수진이가 잘못 본 기약분수는 $0.\dot{8}\dot{1}=\frac{81}{99}=\frac{9}{11}$

지우는 $\frac{41}{90}$에서 분자를 바르게 보았으므로 분자는 41이다.

수진이는 $\frac{9}{11}$에서 분모를 바르게 보았으므로 분모는 11이다.

따라서 처음에 주어진 기약분수는 $\frac{41}{11}$이므로

$\frac{41}{11}=3.727272\cdots=3.\dot{7}\dot{2}$

07 $0.\dot{a}=\frac{a}{9}$이므로

$0.\dot{a}\div0.\dot{a}=\frac{a}{9}\div\frac{a}{10}=\frac{a}{9}\times\frac{10}{a}=\frac{10}{9}=1.\dot{1}$

08 순환마디의 숫자는 4개이고 소수점 아래 2번째 자리부터 순환마디가 되풀이된다.

$50=4\times12+2$이므로

$7.2\dot{1}42\dot{3}=7.2\underbrace{1423}_{\substack{\text{첫 번째}\\\text{순환마디}}}\underbrace{1423}_{\substack{\text{2번째}\\\text{순환마디}}}\cdots\underbrace{1423}_{\substack{\text{12번째}\\\text{순환마디}}}\overset{\substack{\text{소수점 아래}\\\text{50번째 자리}}}{\underset{\uparrow}{1423}}$

즉, 소수점 아래 50번째 자리의 숫자는 13번째 순환마디의 첫 번째 숫자인 1이다.

따라서 1+4+2+3=10이므로 구하는 값은
2+10×12+1=123

09

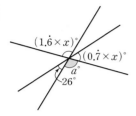

맞꼭지각의 크기는 서로 같으므로 $a°=(1.\dot{6}×x)°$이고 평각의
크기가 $180°$이므로
$(1.\dot{6}×x)+(0.\dot{7}×x)+26=180$
$1.\dot{6}=\dfrac{16-1}{9}=\dfrac{15}{9}$, $0.\dot{7}=\dfrac{7}{9}$이므로
$\dfrac{15}{9}x+\dfrac{7}{9}x+26=\dfrac{22}{9}x+26=180$
$\dfrac{22}{9}x=154$
$∴ x=63$

10 주어진 조건을 식으로 나타내면
$n×2.1\dot{3}=n×2.13+0.45$
$n×(2.1\dot{3}-2.13)=0.45$ ······ ㉠
$2.1\dot{3}-2.13=0.00333\cdots=0.00\dot{3}=\dfrac{3}{900}=\dfrac{1}{300}$이므로
㉠에서 $n×\dfrac{1}{300}=\dfrac{45}{100}$
$∴ n=45×3=135$

11 $0.8\dot{3}=\dfrac{83-8}{90}=\dfrac{75}{90}=\dfrac{3×5^2}{2×3^2×5}=\dfrac{5}{2×3}$
즉, $\dfrac{5}{6}×n$이 자연수이므로 n은 6의 배수이다.
$6×2=12$, $6×16=96$이므로 두 자리 자연수 n은
$6×2$, $6×3$, $6×4$, $\cdots$, $6×16$
따라서 그 개수는 $16-1=15$

12 ① ㄱ. $\dfrac{54}{405}=\dfrac{2}{15}=0.1\dot{3}$이므로 소수점 아래에서 되풀이되는
숫자는 3 하나뿐이다.
② 순환하지 않는 무한소수는 ㄷ, ㅁ이므로 유리수는 ㄱ, ㄴ, ㄹ,
ㅂ이다.
③ $\dfrac{51}{2^3×3×5×17}=\dfrac{1}{2^3×5}$이므로 유한소수로 나타낼 수 있다.

따라서 유한소수로 나타낼 수 있는 유리수는 ㄴ, ㅂ의 2개
이다.
④ 순환하지 않는 무한소수는 ㄷ, ㅁ의 2개이다.
⑤ ㄹ. $1.0\dot{2}\dot{5}=\dfrac{1025-10}{990}=\dfrac{1015}{990}=\dfrac{203}{198}$

13 $\dfrac{16}{27}=0.592592592\cdots=0.\dot{5}9\dot{2}$
이때 $1234=3×411+1$이므로 소수점 아래 1234번째 자리의
숫자는 순환마디의 첫 번째 숫자인 5이다.

14 ① $\dfrac{1}{2}$은 정수가 아닌 유리수이지만 $\dfrac{1}{2}=0.5$이므로 유한소수로
나타낼 수 있다.
② 원주율 $π=3.141592\cdots$는 순환하지 않는 무한소수이므로 분
수로 나타낼 수 없다.
③ 모든 유한소수는 분수가 10의 거듭제곱 꼴인 분수로 나타낼
수 있다.
④ $\dfrac{1}{6}=0.1\dot{6}$은 순환소수로 나타낼 수 있는 기약분수이고 분모
가 $6=2×3$이므로 2를 소인수로 가진다.

15 $0.\dot{7}\dot{2}=\dfrac{72}{99}=\dfrac{8}{11}$, $0.\dot{2}1\dot{6}=\dfrac{216}{999}=\dfrac{8}{37}$이므로
$[0.\dot{7}\dot{2}]=\dfrac{11}{8}$, $[0.\dot{2}1\dot{6}]=\dfrac{37}{8}$
$∴ [0.\dot{7}\dot{2}]+[0.\dot{2}1\dot{6}]=\dfrac{11}{8}+\dfrac{37}{8}=\dfrac{48}{8}=6$

16 $a+b=0.4x4x\cdots+0.y1y1\cdots=0.8888\cdots$
즉, $x+1=8$, $4+y=8$이므로
$x=7$, $y=4$
따라서 $a=0.\dot{4}\dot{7}=\dfrac{47}{99}$, $b=0.\dot{4}\dot{1}=\dfrac{41}{99}$이므로
$a-b=\dfrac{47-41}{99}=\dfrac{6}{99}=\dfrac{2}{33}$

다른 풀이
$a=\dfrac{40+x}{99}$, $b=\dfrac{10y+1}{99}$
이므로 $a+b=\dfrac{x+10y+41}{99}=\dfrac{8}{9}$
즉, $x+10y+41=88$, $x+10y=47$
두 수 x, y는 한 자리 자연수이므로

$x=7$, $y=4$

따라서 $a=0.\dot{4}\dot{7}=\dfrac{47}{99}$, $b=0.\dot{4}\dot{1}=\dfrac{41}{99}$ 이므로

$a-b=\dfrac{47-41}{99}=\dfrac{6}{99}=\dfrac{2}{33}$

Level ② 본문 10~13쪽

01 120 **02** ④ **03** 131 **04** 99 **05** 198 **06** $A=\dfrac{2}{5}$, $B=\dfrac{1}{250}$

07 ③ **08** 20 **09** 21 **10** ② **11** ②

12 (1) $777.\dot{7}$ (2) 7009 **13** ④ **14** 91 **15** $a=5$, $b=2$

16 ㄱ, ㅁ

---

01 $\dfrac{11}{30}<0.\dot{x}\leq\dfrac{3}{4}$에서 $0.\dot{x}=0.xxx\cdots$이고

$\dfrac{11}{30}=0.3666\cdots=0.3\dot{6}$, $\dfrac{3}{4}=0.75$이므로

$0.3666\cdots<0.xxx\leq0.75$

이때 x는 한 자리의 자연수이므로 x의 값으로 가능한 것은 4, 5, 6이다.

따라서 모든 x의 값의 곱은

$4\times5\times6=120$

다른 풀이

$0.\dot{x}=\dfrac{x}{9}$이므로 $\dfrac{11}{30}<\dfrac{x}{9}\leq\dfrac{3}{4}$ ...... ㉠

(i) $\dfrac{11}{30}<\dfrac{x}{9}$일 때

$\dfrac{11}{30}=\dfrac{33}{90}$이므로

$\dfrac{30}{90}<\dfrac{11}{30}<\dfrac{40}{90}$, $\dfrac{3}{9}<\dfrac{11}{30}<\dfrac{4}{9}$

즉, $\dfrac{3}{9}<\dfrac{11}{30}<\dfrac{x}{9}$

(ii) $\dfrac{x}{9}\leq\dfrac{3}{4}$에 대하여

$\dfrac{3}{4}=\dfrac{27}{36}$이므로

$\dfrac{24}{36}<\dfrac{3}{4}<\dfrac{28}{36}$, $\dfrac{6}{9}<\dfrac{3}{4}<\dfrac{7}{9}$

즉, $\dfrac{x}{9}\leq\dfrac{3}{4}<\dfrac{7}{9}$

(i), (ii)에 의하여

$\dfrac{3}{9}<\dfrac{11}{30}<\dfrac{x}{9}\leq\dfrac{3}{4}<\dfrac{7}{9}$

$\dfrac{3}{9}<\dfrac{x}{9}<\dfrac{7}{9}$, $3<x<7$

따라서 ㉠을 만족시키는 한 자리 자연수 x의 값은 4, 5, 6이므로 구하는 값은

$4\times5\times6=120$

02

$P\left(\dfrac{4}{9}\right)$ ─ ─ ─ A Q$\left(\dfrac{23}{18}\right)$

두 점 P, Q 사이의 거리는

$\dfrac{23}{18}-\dfrac{4}{9}=\dfrac{23-8}{18}=\dfrac{15}{18}=\dfrac{5}{6}$

선분 PQ를 5등분하면 이웃한 두 점 사이의 거리는

$\dfrac{5}{6}\times\dfrac{1}{5}=\dfrac{1}{6}$

이므로 두 점 P, Q 사이의 4개의 점 중 가장 큰 수에 대응되는 점 A의 좌표는

$\dfrac{23}{18}-\dfrac{1}{6}=\dfrac{23-3}{18}=\dfrac{20}{18}=\dfrac{10}{9}=1.\dot{1}$

03 $\dfrac{x}{3^2\times5\times7}$를 기약분수로 나타내면 $\dfrac{2}{y}$이고,

이는 유한소수로 나타내어지므로

x는 $3^2\times7=63$의 배수이면서 2의 배수이다.

따라서 $x=126$, $y=5$이므로

$x+y=131$

04 정수가 아닌 유리수 $\dfrac{a}{132}=\dfrac{a}{2^2\times3\times11}$가 유한소수로 나타내어지려면 a는 3과 11의 공배수이어야 하므로

$a=3\times11\times x$ (x는 2^2의 배수가 아닌 자연수) 꼴이다.

한편, 정수가 아닌 유리수 $\dfrac{132}{a}=\dfrac{2^2\times3\times11}{3\times11\times x}=\dfrac{4}{x}$를 유한소수로 나타낼 수 없으므로 자연수 x는 2와 5 이외의 소인수를 가져야 한다.

따라서 이를 만족시키는 두 자리의 자연수 a는 $3\times11\times3=99$

05 $4.\dot{5}\dot{4}=\dfrac{454-4}{99}=\dfrac{450}{99}=\dfrac{50}{11}=\dfrac{2\times5^2}{11}$

이므로 어떤 자연수의 제곱이 되게 하려면 자연수 A를 곱했을 때 분모는 모두 약분이 되고 분자는 소인수분해한 각 소인수의 거듭제곱의 지수가 모두 짝수가 되어야 한다.

즉, $A=2\times11\times a^2$ (a는 자연수) 꼴이어야 한다.

따라서 순환소수 $4.5\dot{4}$를 어떤 자연수의 제곱이 되도록 곱하는 가장 작은 세 자리 자연수 A를 구하면

$A=2\times11\times3^2=198$

[분자의 지수가 짝수이어야 하는 이유]
'어떤 수의 제곱'이란 것은 그 수를 두 번 곱한 것이므로 어떤 수를 소인수분해한 결과를 두 번 곱한 것과 같다. 예를 들어 $18=2\times3^2$에 대하여 $18^2=(2\times3^2)\times(2\times3^2)=2^2\times3^4$인 것처럼 제곱인 자연수를 소인수분해하면 각 소인수의 거듭제곱의 지수는 모두 짝수이다.

[기약분수로 나타내었을 때, 분모의 소인수에 2나 5가 없어야 하는 이유]
소수점 아래 첫 번째 자리부터 순환마디가 시작되는 순환소수는 분수로 나타내었을 때 분모를 9, 99, 999, …꼴로 바꿀 수 있는 유리수인 경우이다.

예 $0.\dot{3}=\dfrac{3}{9}$, $0.\dot{1}\dot{2}=\dfrac{12}{99}$, $0.\dot{1}2\dot{3}=\dfrac{123}{999}$, …

그러나 정수가 아닌 유리수를 기약분수로 나타내었을 때, 분모의 소인수에 2 또는 5가 하나라도 포함되면 분모를 9, 99, 999, …꼴로 바꿀 수 없다. 따라서 소수점 아래 첫 번째 자리부터 순환마디가 시작되는 순환소수로 나타낼 수 있는 분수는 기약분수로 나타내었을 때 분모의 소인수에 2 또는 5가 없다.

06 분수 $\dfrac{m}{5\times17\times n}$가 유한소수가 되려면 이 분수를 기약분수로 나타낼 때, 분모의 소인수가 2나 5뿐이어야 한다.

(i) $\dfrac{m}{5\times17\times n}$이 가장 큰 수가 되는 경우

n은 가장 작은 수인 1이어야 하고, m은 17의 배수 중 가장 큰 수인 34이어야 하므로

$A=\dfrac{34}{5\times17\times1}=\dfrac{2}{5}$

(ii) $\dfrac{m}{5\times17\times n}$이 가장 작은 수가 되는 경우

n은 가장 큰 수인 50이어야 하고, m은 17의 배수 중 가장 작은 수인 17이어야 하므로

$B=\dfrac{17}{5\times17\times50}=\dfrac{1}{250}$

(i), (ii)에서 $A=\dfrac{2}{5}$, $B=\dfrac{1}{250}$

07 $\dfrac{1}{21}=0.0\dot{4}761\dot{9}=0.047619047619\cdots$

이므로 흰색 종이띠에 칠하면 다음과 같다.

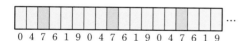

따라서 파란색이 연속으로 칠해지는 가장 긴 구간은 5칸이므로 그 길이는 $0.5\times5=2.5$ (cm)

08 분수 $\dfrac{n}{180}=\dfrac{n}{2^2\times3^2\times5}$이 소수점 아래 첫 번째 자리부터 순환마디가 시작되는 순환소수가 되려면 기약분수로 나타내었을 때 분모의 소인수에 2나 5가 없어야 한다.
따라서 n이 될 수 있는 가장 작은 자연수는
$n=2^2\times5=20$

09 $\dfrac{11}{54}=0.2\dot{0}3\dot{7}$이므로 순환마디의 숫자의 개수는 3개이다.
이때 소수점 아래 4번째 자리의 숫자는 7이므로
$a_4=7$
$7=1+3\times2$에서 소수점 아래 7번째 자리의 숫자는 순환마디의 3번째 숫자이므로 $a_7=7$
$13=1+3\times4$에서 소수점 아래 13번째 자리의 숫자도 순환마디의 3번째 숫자이므로 $a_{13}=7$이다.
$\therefore a_4+a_7+a_{13}=7+7+7=7\times3=21$

10 $\dfrac{32}{10}+\dfrac{13}{10^3}+\dfrac{21}{10^5}+\dfrac{32}{10^7}+\dfrac{13}{10^9}+\dfrac{21}{10^{11}}+\cdots$

$=3.2+0.013+\underset{\text{0이 3개}}{0.00021}+\underset{\text{0이 5개}}{0.0000032}+\underset{\text{0이 7개}}{0.000000013}$

$\qquad+\underset{\text{0이 9개}}{0.00000000021}+\cdots$

$=3.213213213\cdots$

$=3.\dot{2}1\dot{3}$

따라서 순환마디는 213이다.

11 양변의 괄호를 풀면
$5-2x+2x^2=2x^2-16x+4a$
$14x=4a-5$에서 $x=\dfrac{4a-5}{14}=\dfrac{4a-5}{2\times7}$이고 유한소수가 되려면 이 분수를 기약분수로 나타낼 때, 분모의 소인수는 2나 5뿐이어야 하므로 $4a-5$는 7의 배수이어야 한다.
이때 $a=3$이면 $x=\dfrac{4a-5}{2\times7}=\dfrac{1}{2}=0.5$이므로
구하는 a의 값은 3이다.

12 (1) (A$_1$의 무게)$=700$(kg)

(A$_2$의 무게)$=700\times\dfrac{1}{10}=70$(kg)

(A$_3$의 무게)$=70\times\dfrac{1}{10}=7$(kg)

$(A_4$의 무게$)=7 \times \dfrac{1}{10}=0.7(kg)$

$$\vdots$$

이므로

$W=700+70+7+0.7+\cdots$
$\quad =777.777\cdots$
$\quad =777.\dot{7}$

(2) $10W-W=7777.777\cdots-777.777\cdots$
$\qquad\qquad\quad =7000$

이므로

$9W=7000$, $W=\dfrac{7000}{9}$

즉, $a=9$, $b=7000$이므로 구하는 값은

$a+b=7009$

13 $0.2\dot{x}=\dfrac{20+x-2}{90}$에서

$\dfrac{18+x}{90}=\dfrac{19-2x}{18}$

양변에 90을 곱하면

$18+x=(19-2x)\times 5$

$18+x=95-10x$, $11x=77$

$\therefore x=7$

14 $2-\dfrac{11^2}{5^3}-\dfrac{11^2}{2^2\times 5^5}-\dfrac{11^2}{2^4\times 5^7}-\dfrac{11^2}{2^6\times 5^9}-\cdots$

$=2-\dfrac{11^2}{5^3}\times\left(1+\dfrac{1}{2^2\times 5^2}+\dfrac{1}{2^4\times 5^4}+\dfrac{1}{2^6\times 5^6}+\cdots\right)$

$=2-\dfrac{11^2}{5^3}\times\left(1+\dfrac{1}{10^2}+\dfrac{1}{10^4}+\dfrac{1}{10^6}+\cdots\right)$

$=2-\dfrac{11^2}{5^3}\times 1.010101\cdots$

이때 $1.010101\cdots=1.\dot{0}\dot{1}=\dfrac{101-1}{99}=\dfrac{100}{99}$이므로

주어진 식은 $2-\dfrac{11^2}{5^3}\times\dfrac{100}{99}=2-\dfrac{44}{45}=\dfrac{46}{45}$

따라서 $a=46$, $b=45$이므로

$a+b=91$

15 $0.a\dot{b}=\dfrac{(10a+b)-a}{90}=\dfrac{9a+b}{90}$,

$0.b\dot{a}=\dfrac{(10b+a)-b}{90}=\dfrac{9b+a}{90}$이고

$0.a\dot{b}+0.b\dot{a}=\dfrac{9a+b}{90}+\dfrac{9b+a}{90}$

$\qquad\qquad\quad =\dfrac{10(a+b)}{90}=\dfrac{a+b}{9}=\dfrac{7}{9}$

$0.a\dot{b}-0.b\dot{a}=\dfrac{9a+b}{90}-\dfrac{9b+a}{90}=\dfrac{8(a-b)}{90}$

$\qquad\qquad\quad =\dfrac{4(a-b)}{45}=\dfrac{4}{15}$

이므로

$a+b=7$, $a-b=3$

$a+b=7$을 만족하는 두 자연수 a, b는 다음 표와 같다.

a	1	2	3	4	5	6
b	6	5	4	3	2	1
$a-b$	-5	-3	-1	1	3	5

이때 $a-b=3$을 만족하는 a, b의 값은 $a=5$, $b=2$

16 ㄴ. $\dfrac{3}{30}=\dfrac{3}{2\times 3\times 5}$에서 분모가 3을 소인수로 가지고 있지만,

기약분수로 나타내면 $\dfrac{3}{30}=\dfrac{1}{10}=0.1$이므로 유한소수로 나타낼 수 있다.

ㄷ. 유한소수 0.9와 순환소수 $0.\dot{1}$의 곱을 구하면

$0.9\times 0.\dot{1}=\dfrac{9}{10}\times\dfrac{1}{9}=\dfrac{1}{10}=0.1$이므로 유한소수이다.

ㄹ. 두 순환소수 $0.\dot{4}$와 $0.\dot{5}$의 합을 구하면

$0.\dot{4}+0.\dot{5}=\dfrac{4}{9}+\dfrac{5}{9}=\dfrac{9}{9}=1$이므로 순환소수가 아니다.

이상에서 옳은 것은 ㄱ, ㅁ이다.

Level ③ 본문 14~15쪽

01 202 **02** 81 **03** (1) 4 (2) $\dfrac{200}{99}$ **04** 33 **05** $0.\dot{5}$

06 ② **07** 4

01 $\dfrac{10}{101}=0.\dot{0}99\dot{0}$이므로 순환마디의 숫자의 개수는 4개이다.

소수점 아래 첫 번째 자리부터 일정한 숫자 배열이 되풀이되므로

0.0990 0990 0990 $\cdots$ 0990 0990 $\cdots$
첫 번째 2번째 3번째   50번째 51번째
순환마디 순환마디 순환마디   순환마디 순환마디

위와 같이 순환마디가 50번 되풀이되면 숫자 9는

$2\times 50=100$번 나오므로 소수점 아래에서 101번째로 등장하는

9는 51번째 순환마디의 두 번째 숫자에서 나온다.

$\therefore n=4\times 50+2=202$

02 두 자리 자연수 n에 대하여 $\dfrac{1}{n}$을 소수로 나타내면 유한소수이 거나 순환소수이다.

즉, 유한소수로 나타낼 수 없는 $\dfrac{1}{n}$의 개수는 전체에서 유한소수 인 경우를 제외한 것과 같다.

기약분수 $\dfrac{1}{n}$을 소수로 나타냈을 때 유한소수가 되려면 n의 소 인수가 2나 5뿐이어야 한다.

이때 n은 두 자리 자연수이므로 $10 \leq n \leq 99$

(ⅰ) 소인수가 2뿐인 경우

    $2^4 = 16$, $2^5 = 32$, $2^6 = 64$

(ⅱ) 소인수가 5뿐인 경우

    $5^2 = 25$

(ⅲ) 소인수가 2, 5 모두 있는 경우

    $2 \times 5 = 10$, $2^2 \times 5 = 20$, $2^3 \times 5 = 40$, $2^4 \times 5 = 80$,

    $2 \times 5^2 = 50$

따라서 (ⅰ)~(ⅲ)에 의하여 유리수 $\dfrac{1}{n}$이 유한소수가 되는 경우는 9개이므로 나머지 $90 - 9 = 81$(개)는 순환소수가 된다.

03 (1) $a_1 = 5$, $a_2 = \dfrac{1}{10}a_1$, $a_3 = \dfrac{1}{10}a_2 = \dfrac{1}{10^2}a_1$,

    $a_4 = \dfrac{1}{10}a_3 = \dfrac{1}{10^3}a_1, \cdots$

이고 달팽이는 동쪽과 서쪽으로 방향을 번갈아가며 이동하므로

$x = a_1 - a_2 + a_3 - a_4 + a_5 - a_6 + \cdots$

    $= \left(5 - \dfrac{5}{10}\right) + \left(\dfrac{5}{10^2} - \dfrac{5}{10^3}\right) + \left(\dfrac{5}{10^4} - \dfrac{5}{10^5}\right) + \cdots$

    $= 4.5 + 0.045 + 0.00045 + \cdots$

    $= 4.54545\cdots$

    $= 4.\dot{5}\dot{4}$

따라서 소수점 아래 100번째 자리의 숫자는 4이다.

(2) $b_1 = 2$, $b_2 = \dfrac{1}{10^2}b_1$, $b_3 = \dfrac{1}{10^2}b_2 = \dfrac{1}{10^4}b_1$,

    $b_4 = \dfrac{1}{10^2}b_3 = \dfrac{1}{10^6}b_1, \cdots$

이고 달팽이는 북쪽 방향으로만 이동하므로

$y = b_1 + b_2 + b_3 + b_4 + \cdots$

    $= 2 + \dfrac{2}{10^2} + \dfrac{2}{10^4} + \dfrac{2}{10^6} + \cdots$

    $= 2 + 0.02 + 0.0002 + 0.000002 + \cdots$

    $= 2.020202\cdots$

    $= 2.\dot{0}\dot{2}$

따라서 y의 값을 기약분수로 나타내면

$y = \dfrac{202 - 2}{99} = \dfrac{200}{99}$

04 $0.02\dot{7} = \dfrac{27}{990} = \dfrac{3}{110} = \dfrac{3}{2 \times 5 \times 11}$이므로

$0.02\dot{7} \times a$가 유한소수가 되려면 a는 11의 배수이어야 한다.

이때 $0.02\dot{7} \times a$는 1보다 작아야 하므로

$a = 11k$ (k는 자연수)라 할 때

$0.02\dot{7} \times a = \dfrac{3 \times 11 \times k}{2 \times 5 \times 11} = \dfrac{3k}{10}$

에서 $3k < 10$

따라서 k의 값이 될 수 있는 가장 큰 자연수는 3이므로 a의 값이 될 수 있는 가장 큰 자연수는 $11 \times 3 = 33$이다.

05 두 점을 각각 $A(a, 0.\dot{6})$, $B(b, 0.\dot{6})$이라고 하면

$0.\dot{6} = \dfrac{6}{9} = \dfrac{2}{3}$이고

점 A는 $y = -2x$의 그래프 위의 점이므로

$\dfrac{2}{3} = -2a$에서 $a = -\dfrac{1}{3}$

점 B는 $y = \dfrac{1}{2}x$의 그래프 위의 점이므로

$\dfrac{2}{3} = \dfrac{1}{2}b$에서 $b = \dfrac{4}{3}$

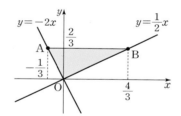

따라서 삼각형 OAB의 넓이를 구하면

$\dfrac{1}{2} \times \left\{\dfrac{4}{3} - \left(-\dfrac{1}{3}\right)\right\} \times \dfrac{2}{3} = \dfrac{1}{2} \times \dfrac{5}{3} \times \dfrac{2}{3} = \dfrac{5}{9} = 0.\dot{5}$

06 주어진 두 분수의 분모를 각각 소인수분해하면

$\dfrac{7a}{288} = \dfrac{7a}{2^5 \times 3^2}$, $\dfrac{a^2}{605} = \dfrac{a^2}{5 \times 11^2}$이고

두 분수가 모두 유한소수가 되려면 기약분수로 고치고 난 후 분 모의 소인수가 2나 5뿐이어야 한다.

따라서 a는 3^2의 배수이자 11의 배수이므로 99의 배수이다.

즉, 세 자리수 a는 99×2, 99×3, 99×4, 99×5, 99×6, 99×7, 99×8, 99×9

이때 $\dfrac{a^2}{605}$은 정수가 아니므로 5의 배수를 제외하면

99×2, 99×3, 99×4, 99×6, 99×7, 99×8, 99×9

따라서 가능한 세 자리 자연수 a는 모두 7개이다.

07 x는 홀수인 두 자리 자연수이고 $\dfrac{81}{x}=\dfrac{3^4}{x}$을 소수로 나타내면 유한소수로 나타낼 수 있으므로 x는 $3^4 \times 5^n$ (n은 자연수)의 약수이다.

이때 $\dfrac{81}{x}=\dfrac{3^4}{x}$는 정수가 아니므로 x는 3^4의 약수가 될 수 없다.

즉, x는 5를 반드시 소인수로 가져야 한다.

x는 두 자리 자연수이므로 조건을 만족시키는 x의 값은 다음 표와 같다.

$\times$	1	$3^1=3$	$3^2=9$
$5^1=5$		15	45
$5^2=25$	25	75	

따라서 구하는 x의 개수는 4이다.

함정 피하기

x는 홀수인 자연수이므로 2를 소인수로 갖는 경우는 생각하지 않는다.

실수하기 쉬운 부분 짚어보기

[x가 3^4의 약수가 될 수 없는 이유]

3^4의 약수는 1, 3, 3^2, 3^3, 3^4이므로 x가 3^4의 약수이면 $\dfrac{81}{x}$은 정수가 된다.

Level 4

본문 16~17쪽

01 23095 **02** 14 **03** $0.8\dot{0}$ **04** 186 **05** 6

06 17 **07** $\dfrac{44}{45}$

01 **풀이전략** 주어진 조건에 따라 소수점 아래의 되풀이되는 숫자 배열인 순환마디를 찾는다.

주어진 순환소수는 $\dfrac{1}{100}=0.01$보다 작은 양의 유리수이므로 정수 부분과 소수점 아래 첫째, 둘째 자리 모두 0이다.

조건 (나)에 의하여 순환마디를 이루는 숫자 5개를 차례대로 a, b, c, d, e라고 할 때, $a+b+c+d+e=19$

또한, 조건 (가)에 따라 구하는 순환소수는

$0.00abcdeabcde\cdots$

조건 (다)에 따라 소수점 아래 21번째 자리인 d와 24번째 자리인 b 사이의 숫자가 차례로 9, 5, 2, 3이므로

$d=9$, $e=5$, $a=2$, $b=3$

그러므로 $2+3+c+9+5=19+c=19$이므로 $c=0$

따라서 세 조건을 만족시키는 순환소수 $0.00\dot{2}3095\dot{}$의 순환마디는 23095이다.

02 **풀이전략** $\dfrac{b}{a}$가 순환소수로 나타내어지는 유리수인 것과 $\dfrac{b}{a}>1$임을 이용하여 가능한 a의 값의 경우를 나누어 본다.

a가 9보다 작고 a와 c는 서로 다른 자연수이므로 $1.c\dot{a}$는 유한소수로 나타낼 수 없다.

즉, $\dfrac{b}{a}$는 순환소수로 나타내어지므로 a는 2와 5 이외의 소인수를 가진다.

따라서 a는 1, 2, 4, 5, 8이 될 수 없으므로 a는 3, 6, 7 중 하나이다. 또한, $\dfrac{b}{a}>1$이므로 $a<b$이다.

(i) $a=3$인 경우

① $b=4$ 또는 $b=5$ 또는 $b=7$ 또는 $b=8$이면

$\dfrac{b}{a}$는 순환마디가 소수점 아래 첫 번째 자리에서 시작하므로 주어진 조건을 만족시키지 않는다.

② $b=6$이면 $\dfrac{b}{a}=\dfrac{6}{3}=2$이므로 순환소수가 아니다.

(ii) $a=6$인 경우

① $b=7$이면 $\dfrac{7}{6}=1.1\dot{6}$이므로 $c=1$

따라서 주어진 조건을 만족시킨다.

② $b=8$이면 $\dfrac{8}{6}=\dfrac{4}{3}=1.\dot{3}$이므로 주어진 조건을 만족시키지 않는다.

(iii) $a=7$인 경우

$b=8$이면 $\dfrac{8}{7}=1.\dot{1}4285\dot{7}$이므로 주어진 조건을 만족시키지 않는다.

(i)~(iii)에 의하여 $a=6$, $b=7$, $c=1$이므로 $a+b+c=14$

03 **풀이전략** 자연수 n에 대하여 19^n과 11^n 각각의 일의 자리의 숫자의 규칙성을 찾는다.

두 자연수 a, b에 대하여 두 수의 곱 ab의 일의 자리 숫자는 a, b의 일의 자리 숫자끼리의 곱만 계산하여 구할 수 있다.

즉, 19^1의 일의 자리 숫자는 19에서 9,

19^2의 일의 자리 숫자는 $9\times9=81$에서 1,

19^3의 일의 자리 숫자는 $1 \times 9 = 9$에서 9,

19^4의 일의 자리 숫자는 $9 \times 9 = 81$에서 1,

$\vdots$

이므로 19^n의 일의 자리 숫자는 9, 1이 차례로 반복하여 나타난다.

위와 같은 방식으로 11^n의 일의 자리 숫자를 구해 보면 항상 1임을 알 수 있다.

이때 $19^n - 11^n$의 일의 자리 숫자는 두 수 19^n, 11^n의 일의 자리 숫자의 차와 같으므로

$n=1$일 때, $9-1=8$, $x_1 = 8$

$n=2$일 때, $1-1=0$, $x_2 = 0$

$n=3$일 때, $9-1=8$, $x_3 = 8$

$n=4$일 때, $1-1=0$, $x_4 = 0$

$\vdots$

따라서 주어진 식의 값을 구하면

$\dfrac{x_1}{10} + \dfrac{x_2}{100} + \dfrac{x_3}{1000} + \dfrac{x_4}{10000} + \cdots$

$= \dfrac{8}{10} + 0 + \dfrac{8}{1000} + 0 + \cdots$

$= 0.8080 \cdots = 0.\dot{8}\dot{0}$

04 **[풀이전략]** 주어진 순환소수를 분수로 나타내어 조건을 만족시키는 자연수 A의 값을 구한다.

$0.\dot{2}a\dot{4} = \dfrac{204 + 10a}{999}$이고 $\dfrac{A}{333} = \dfrac{3A}{999}$이므로

$204 + 10a = 3A$

이때 204와 $3A$가 3의 배수이므로

$10a = 3A - 204 = 3(A - 68)$ ...... ㉠

즉, $10a$도 3의 배수이므로 한 자리 자연수 a로 가능한 값은 3, 6, 9이다.

또한, $\dfrac{A}{333}$는 기약분수이고 $333 = 3^2 \times 37$이므로

자연수 A는 3, 37을 소인수로 갖지 않아야 한다. ...... ㉡

(i) $a=3$일 때,

㉠에서 $10 \times 3 = 3(A - 68)$이므로

$A = 10 + 68 = 78$

이때 $78 = 2 \times 3 \times 13$이므로 ㉡을 만족시키지 않는다.

(ii) $a=6$일 때,

㉠에서 $10 \times 6 = 3(A - 68)$이므로

$A = 20 + 68 = 88$

이때 $88 = 2^3 \times 11$이므로 ㉡을 만족시킨다.

(iii) $a=9$일 때,

㉠에서 $10 \times 9 = 3(A - 68)$이므로

$A = 30 + 68 = 98$

이때 $98 = 2 \times 7^2$이므로 ㉡을 만족시킨다.

(i)~(iii)에 의하여 구하는 모든 자연수 A의 값의 합은

$88 + 98 = 186$

05 **[풀이전략]** 조건을 모두 만족시키는 분수의 분모를 구한다. 또한, 이를 기약분수로 나타냈을 때 분모가 될 수 있는 경우를 나누어 본다.

주어진 두 조건을 만족하는 순환소수는 $\dfrac{n}{90}$(n은 자연수)의 분수 꼴로 나타낼 수 있다. $\dfrac{n}{90}$을 기약분수로 나타냈을 때 분모가 될 수 있는 자연수는 $90 = 2 \times 3^2 \times 5$의 약수뿐이다.

이때 기약분수의 분모가 3을 소인수로 갖지 않으면 $\dfrac{n}{90}$은 유한소수로 나타낼 수 있게 되므로 반드시 3을 소인수로 가져야 한다.

또한, 기약분수의 분모가 3 또는 9이면 순환마디가 소수점 아래 첫째 자리부터 시작되므로 조건 (가)를 만족시키지 않는다.

그러므로 기약분수의 분모가 될 수 있는 자연수는 다음 표와 같다.

×	2	5	10
3	6	15	30
9	18	45	90

따라서 그 개수는 6이다.

실수하기 쉬운 부분 짚어보기

[기약분수의 분모가 3 또는 9인 경우를 제외한 이유]

정수가 아닌 유리수 $\dfrac{n}{3}$(n은 자연수)의 소수 부분은 항상 $\dfrac{1}{3} = 0.\dot{3}$,

$\dfrac{2}{3} = 0.\dot{6}$ 중 하나와 같고, 정수가 아닌 유리수 $\dfrac{n}{9}$(n은 자연수)의 소수 부분은 항상 $\dfrac{1}{9} = 0.\dot{1}$, $\dfrac{2}{9} = 0.\dot{2}$, $\dfrac{3}{9} = 0.\dot{3}$, $\cdots$, $\dfrac{8}{9} = 0.\dot{8}$ 중 하나와 같다.

06 **[풀이전략]** 순환소수를 분수로 고치고 주어진 식을 이용하여 조건에 맞는 a, b, c의 값을 구한다.

$0.\dot{a}\dot{0} = \dfrac{10a}{99}$, $0.0\dot{b} = \dfrac{b}{90}$, $0.0\dot{c} = \dfrac{c}{90}$,

$0.01\dot{2} = \dfrac{12 - 1}{900} = \dfrac{11}{900}$이므로 주어진 식은

$\dfrac{10a}{99} : \dfrac{b}{90} = \dfrac{c}{90} : \dfrac{11}{900}$

$\dfrac{10a}{99} \times \dfrac{11}{900} = \dfrac{b}{90} \times \dfrac{c}{90}$에서

$10a = bc$ ······ ㉠

$a < b < c$이므로 ㉠을 만족시키는 세 수 a, b, c는 다음 표와 같다.

a	1	2	3	4
b	2	4	5	5
c	5	5	6	8

따라서 $a+b+c$의 값 중 가장 큰 것은 $4+5+8=17$

07 **풀이전략** 수직선 위의 집, 학교의 위치를 각각 점 P, Q라 할 때, 선분 PQ를 90등분한 점들 중에서 두 점 사이의 거리를 구한다. 또한, 이를 이용하여 두 점 P, Q를 수로 나타내어 주어진 조건에 따라 80번째 수를 나타낸 기약분수를 구한다.

수직선 위의 집, 학교의 위치를 나타내는 점을 각각 P, Q라 하자.

$1 - (-1) = 2$이므로 선분 PQ를 90등분한 점들 중에서 이웃한 두 점 사이의 거리는 $\frac{2}{90} = \frac{1}{45}$이다.

즉, 두 점 P, Q가 나타내는 수는 각각 $-1 = -\frac{45}{45}$, $1 = \frac{45}{45}$이므로 점 P, Q 사이의 89개의 점이 나타내는 수를 크기가 작은 것부터 차례대로 나열하면

$-\frac{44}{45}$, $-\frac{43}{45}$, $-\frac{42}{45}$, ⋯, $\frac{42}{45}$, $\frac{43}{45}$, $\frac{44}{45}$ ······ ㉠

이때 $45 = 3^2 \times 5$이므로 ㉠에서 분자가 3^2의 배수인 경우는 유한소수로 나타낼 수 있다.

따라서 0과 1 사이에서 유한소수로 나타낼 수 있는 분수는

$\frac{9}{45}$, $\frac{18}{45}$, $\frac{27}{45}$, $\frac{36}{45}$의 4개,

-1과 0 사이에서 유한소수로 나타낼 수 있는 분수는

$-\frac{9}{45}$, $-\frac{18}{45}$, $-\frac{27}{45}$, $-\frac{36}{45}$의 4개이므로

정수 $\frac{0}{45} = 0$을 포함하여 총 $4+4+1 = 9$개의 분수는 순환소수로 나타낼 수 없다.

즉, 순환소수로 나타낼 수 있는 유리수는 $89 - 9 = 80$(개)

따라서 순환소수로 나타낼 수 있는 유리수를 작은 것부터 순서대로 나열하였을 때의 80번째 수는 점 P, Q 사이의 89개의 점이 나타내는 수를 작은 것부터 순서대로 나열하였을 때의 89번째 수와 같으므로 구하는 기약분수는 $\frac{44}{45}$이다.

---

2 단항식과 다항식의 계산

Level 1 본문 20~23쪽

01 2^{150} **02** 11 **03** ④ **04** ⑤ **05** $A^3 B^4$

06 (1) $a=648$, $b=9$ (2) 12자리 **07** $\frac{1}{3}$ **08** 1 **09** ③

10 16 **11** -4 **12** ④ **13** $12x^2 y$ cm **14** 35

15 $3ab - 9b + 18$ **16** ①

---

01 $\frac{4}{27} = 0.\dot{1}4\dot{8}$이고 $10 = 3 \times 3 + 1$, $100 = 3 \times 33 + 1$이므로

소수점 아래 10번째 자리의 숫자 ┐   ┌ 소수점 아래 100번째 자리의 숫자

$0.\dot{1}4\dot{8} = 0.148148 \cdots \underline{148} \cdots \underline{148}$

4번째 순환마디   34번째 순환마디

따라서 구하는 값은

$(1 \times 4 \times 8)^{33-3} \times 1 = (2^2 \times 2^3)^{30} = 2^{5 \times 30} = 2^{150}$

02 $(x^a y^b)^c = x^{ac} y^{bc} = x^{60} y^{72}$이므로

$ac = 60$, $bc = 72$

이를 만족시키는 가장 큰 자연수 c는 60, 72의 최대공약수이므로 $c = 12$이다.

따라서 $12a = 60$에서 $a = 5$이고,

$12b = 72$에서 $b = 6$이므로

$a + b = 5 + 6 = 11$

03 자연수의 거듭제곱에 대하여 지수가 같을 때, 밑이 클수록 큰 수이므로 A, B, C의 지수를 같게 한 후 밑을 비교해 보자.

각 거듭제곱의 지수는

$105 = 3 \times 5 \times 7$, $75 = 3 \times 5^2$, $45 = 3^2 \times 5$

이므로 세 수의 최대공약수는 $3 \times 5 = 15$

$A = 2^{105} = (2^7)^{15}$, $B = 3^{75} = (3^5)^{15}$, $C = 5^{45} = (5^3)^{15}$

이때 $5^3 = 125 < 2^7 = 128 < 3^5 = 243$이므로

$C < A < B$

04 $A = 2^{x-1} = 2^x \div 2$이므로 $2^x = 2A$

$$\therefore 4^{3-x} = 4^3 \div 4^x = 4^3 \times \frac{1}{4^x} = 64 \times \frac{1}{(2^x)^2}$$
$$= 64 \times \frac{1}{(2A)^2} = 64 \times \frac{1}{4A^2} = \frac{16}{A^2}$$

05 18을 소인수분해하면 $18 = 2 \times 3^2$이므로
$$18^6 = (2 \times 3^2)^6 = 2^6 \times (3^2)^6 = (2^2)^3 \times (3^3)^4 = A^3 B^4$$

06 (1) $24 = 2^3 \times 3$, $125 = 5^3$이므로
$$24^4 \times 125^3 = (2^3 \times 3)^4 \times (5^3)^3 = 2^{12} \times 3^4 \times 5^9$$
$$= 2^3 \times 3^4 \times (2 \times 5)^9 = 648 \times 10^9$$
$$\therefore a = 648, \ b = 9$$

(2) $24^4 \times 125^3 = 648 \times 10^9$이므로 12자리 자연수이다.

> **실수하기 쉬운 부분 짚어보기**
>
> [10의 거듭제곱 꼴로 변형하기]
> 10의 거듭제곱은 $10^n = 2^n \times 5^n$ 꼴이므로 2와 5의 거듭제곱의 곱을 10의 거듭제곱 꼴로 만들려면 2와 5가 동일한 개수만큼 곱해져야 한다.
> 따라서 2 또는 5의 거듭제곱의 지수에서 작은 것을 택한 후 그 수를 10의 거듭제곱의 지수로 취한다.

07 $\left(\frac{3}{2}x + ay - \frac{3}{5}\right) - \left(\frac{1}{2}x - \frac{1}{3}y + 3\right)$
$$= \frac{3}{2}x + ay - \frac{3}{5} - \frac{1}{2}x + \frac{1}{3}y - 3$$
$$= \left(\frac{3}{2} - \frac{1}{2}\right)x + \left(a + \frac{1}{3}\right)y - \left(\frac{3}{5} + 3\right)$$
$$= x + \left(a + \frac{1}{3}\right)y - \frac{18}{5}$$

이때 x의 계수와 y의 계수의 합이 $\frac{5}{3}$이므로
$$1 + \left(a + \frac{1}{3}\right) = \frac{5}{3}, \ a + \frac{4}{3} = \frac{5}{3}$$
$$\therefore a = \frac{5}{3} - \frac{4}{3} = \frac{1}{3}$$

> **함정 피하기**
>
> 괄호 앞에 '$-$'가 있을 때, 반드시 괄호 안의 각 항의 부호를 바꾸어 괄호를 풀어야 한다.

08 $(5x^2 + ax - 6) - (bx^2 - 3x - 6) = (5-b)x^2 + (a+3)x$
이때 각 항의 차수와 계수가 서로 같으므로 이차항 x^2에 대하여
$5 - b = 2$, $b = 3$
일차항 x에 대하여 $a + 3 = 1$, $a = -2$
$$\therefore a + b = (-2) + 3 = 1$$

09

주어진 도형의 둘레의 길이는 가로의 길이가
$(3a^2 - a - 5) + (4a + 6) = 3a^2 + 3a + 1$,
세로의 길이가 $(a^2 - 2a) + (3a - 7) + (a^2 + 3) = 2a^2 + a - 4$
인 직사각형의 둘레의 길이와 같다.
따라서 도형의 둘레의 길이는
$$2\{(2a^2 + a - 4) + (3a^2 + 3a + 1)\} = 2(5a^2 + 4a - 3)$$
$$= 10a^2 + 8a - 6$$

10 $7x(-3x + y + 3) - \dfrac{10x^3y - 18x^2y^2 - 4x^2y}{2xy}$
$$= -21x^2 + 7xy + 21x - (5x^2 - 9xy - 2x)$$
$$= (-21 - 5)x^2 + (7 + 9)xy + (21 + 2)x$$
$$= -26x^2 + 16xy + 23x$$
따라서 xy의 계수는 16이다.

11 $(x^2y)^a \times 5xy^2 \div \left(-\dfrac{x^b}{2y^2}\right)^3 = x^{2a}y^a \times 5xy^2 \times \left(-\dfrac{8y^6}{x^{3b}}\right)$
$$= -40x^{2a+1-3b}y^{a+2+6}$$
$$= cx^5y^{13}$$
따라서 $c = -40$, $2a + 1 - 3b = 5$, $a + 8 = 13$이므로
$a + 8 = 13$에서 $a = 5$
$2a + 1 - 3b = 5$에서 $10 + 1 - 3b = 5$, $3b = 6$, $b = 2$
$$\therefore \frac{c}{ab} = \frac{-40}{5 \times 2} = -4$$

12 어떤 단항식을 P라 하자. 잘못 계산한 식은
$$P \div \left(-\frac{2a^2}{3b}\right) = 18ab^3$$이므로
$$P = 18ab^3 \times \left(-\frac{2a^2}{3b}\right) = -12a^3b^2$$
따라서 바르게 계산하면
$$P \times \left(-\frac{2a^2}{3b}\right) = -12a^3b^2 \times \left(-\frac{2a^2}{3b}\right) = 8a^5b$$

> **다른 풀이**
>
> 어떤 단항식이 무엇인지 구하지 않고 바르게 계산한 결과를 구할 수 있다.
> 어떤 단항식을 P라 하자. 잘못 계산한 식은

$$P \div \left(-\frac{2a^2}{3b}\right) = 18ab^3 \qquad \cdots\cdots \ \text{㉠}$$

또한, 구하고자 하는 바르게 계산한 결과는

$$P \times \left(-\frac{2a^2}{3b}\right) \qquad \cdots\cdots \ \text{㉡}$$

이때 ㉠의 좌변에 $\left(-\frac{2a^2}{3b}\right)^2$을 곱하면 ㉡과 같으므로

$$P \times \left(-\frac{2a^2}{3b}\right) = 18ab^3 \times \left(-\frac{2a^2}{3b}\right)^2 = 18ab^3 \times \frac{4a^4}{9b^2} = 8a^5b$$

13 밑면인 원의 반지름의 길이를 r cm라고 하자.

$\pi r^2 \times 3y^3 = 108x^4y^5\pi$이므로

$$r^2 = \frac{108x^4y^5\pi}{3y^3\pi} = 36x^4y^2 = (6x^2y)^2$$

즉, $r = 6x^2y \ (r > 0)$

따라서 지름의 길이는 $2r = 2 \times 6x^2y = 12x^2y$(cm)

14 $\overline{BC} = \dfrac{15x^4y^3}{3xy} = 5x^3y^2$이므로 정사각형 CBEF의 넓이는

$$(5x^3y^2)^2 = 25x^6y^4 = ax^by^c$$

따라서 $a = 25$, $b = 6$, $c = 4$이므로

$$a + b + c = 25 + 6 + 4 = 35$$

15 어떤 식을 P라고 하면

$$P \div \frac{3}{ab} = \frac{1}{3}a^3b^3 - a^2b^3 + 2a^2b^2$$이므로

$$P = \left(\frac{1}{3}a^3b^3 - a^2b^3 + 2a^2b^2\right) \times \frac{3}{ab} = a^2b^2 - 3ab^2 + 6ab$$

따라서 바르게 계산하면

$$P \times \frac{3}{ab} = (a^2b^2 - 3ab^2 + 6ab) \times \frac{3}{ab} = 3ab - 9b + 18$$

다른 풀이

어떤 식을 구하지 않고 바르게 계산한 결과를 구할 수 있다.

어떤 식을 P라고 하면 $P \div \dfrac{3}{ab} = \dfrac{1}{3}a^3b^3 - a^2b^3 + 2a^2b^2 \quad \cdots \ \text{㉠}$

구하고자 하는 바르게 계산한 결과는 $P \times \dfrac{3}{ab} \quad \cdots \ \text{㉡}$

이때 ㉠의 좌변에 $\left(\dfrac{3}{ab}\right)^2$을 곱하면 ㉡이 되므로

$$P \times \frac{3}{ab} = \left(\frac{1}{3}a^3b^3 - a^2b^3 + 2a^2b^2\right) \times \left(\frac{3}{ab}\right)^2$$
$$= \left(\frac{1}{3}a^3b^3 - a^2b^3 + 2a^2b^2\right) \times \frac{9}{a^2b^2}$$
$$= 3ab - 9b + 18$$

16

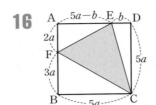

(삼각형 CEF의 넓이)

= (정사각형 ABCD의 넓이)

   − (색칠되지 않은 세 삼각형들의 넓이의 합)

$$= (5a)^2 - \frac{1}{2}\{5a \times b + 5a \times 3a + 2a \times (5a - b)\}$$

$$= 25a^2 - \frac{1}{2}(5ab + 15a^2 + 10a^2 - 2ab)$$

$$= 25a^2 - \frac{25}{2}a^2 - \frac{3}{2}ab$$

$$= \frac{25}{2}a^2 - \frac{3}{2}ab$$

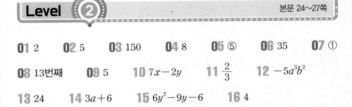

Level **2**

본문 24~27쪽

01 2   **02** 5   **03** 150   **04** 8   **05** ⑤   **06** 35   **07** ①

08 13번째   **09** 5   **10** $7x - 2y$ **11** $\dfrac{2}{3}$ **12** $-5a^3b^2$

13 24   **14** $3a + 6$ **15** $6y^2 - 9y - 6$ **16** 4

01 $3^{2x+1} + 9^{x+1} + 27 = 999$

$$(3^2)^x \times 3 + 9^x \times 9 = 999 - 27 = 972$$

$$9^x \times 3 + 9^x \times 9 = 9^x \times (3 + 9) = 9^x \times 12$$이므로

$$9^x \times 12 = 972, \ 9^x = \frac{972}{12} = 81 = 9^2$$

$$\therefore \ x = 2$$

02 자연수의 거듭제곱에 대하여 지수가 같을 때, 밑이 클수록 큰 수이다.

각 거듭제곱의 지수 200, 300, 400의 최대공약수는 100이므로

$$7^{200} < n^{300} < 5^{400}, \ (7^2)^{100} < (n^3)^{100} < (5^4)^{100}$$에서

$$7^2 = 49 < n^3 < 5^4 = 625 \qquad \cdots\cdots \ \text{㉠}$$

이때 $3^3 = 27$, $4^3 = 64$, $\cdots$, $8^3 = 512$, $9^3 = 729$이므로

㉠을 만족시키는 자연수 n의 값은 4, 5, 6, 7, 8이다.

따라서 그 개수는 5이다.

03 $(4^{15}+4^{15}+4^{15})(5^{30}+5^{30})=3\times(2^2)^{15}\times2\times5^{30}=6\times(2\times5)^{30}$

즉, $6x\times10^{30}$이 33자리 자연수이므로 $6x$는 세 자리 자연수이다.

즉, $100\le6x<1000$

이때 $6\times16=96$, $6\times17=102$이고 $6\times166=996$,

$6\times167=1002$이므로

조건을 만족시키는 자연수 x는

17, 18, 19, $\cdots$, 166의 $166-16=150$(개)

04 $4^4+8^3+16^2=(2^2)^4+(2^3)^3+(2^4)^2$
$\qquad\qquad\qquad=2^8+2^9+2^8$
$\qquad\qquad\qquad=2^8(1+2+1)$
$\qquad\qquad\qquad=2^{10}$

이고,

$125^2+25^3+5^5=(5^3)^2+(5^2)^3+5^5$
$\qquad\qquad\qquad\quad=5^6+5^6+5^5$
$\qquad\qquad\qquad\quad=5^5(5+5+1)$
$\qquad\qquad\qquad\quad=5^5\times11$

이므로 주어진 식을 간단히 하면

$2^{10}\times5^5\times11=2^5\times11\times(2\times5)^5$
$\qquad\qquad\qquad\quad=352\times10^5$

따라서 주어진 식을 계산하면 8자리 자연수가 되므로

$n=8$

05 $a=2^{x-1}=2^x\div2$이므로 $2^x=2a$

$b=3^{x+2}=3^x\times3^2$이므로 $3^x=\dfrac{b}{9}$

$\therefore 12^x=(2^2\times3)^x=2^{2x}\times3^x=(2^x)^2\times3^x$
$\qquad\qquad\qquad\qquad=(2a)^2\times\dfrac{b}{9}$
$\qquad\qquad\qquad\qquad=\dfrac{4}{9}a^2b$

06 $24=2^3\times3$, $75=3\times5^2$, $18=2\times3^2$이므로

$\dfrac{24^{11}\times75^{12}}{18^{10}}=\dfrac{(2^3\times3)^{11}\times(3\times5^2)^{12}}{(2\times3^2)^{10}}$
$\qquad\qquad\quad=\dfrac{2^{33}\times3^{11+12}\times5^{24}}{2^{10}\times3^{20}}$
$\qquad\qquad\quad=2^{23}\times3^3\times5^{24}$
$\qquad\qquad\quad=3^3\times5\times(2\times5)^{23}$
$\qquad\qquad\quad=135\times10^{23}$

따라서 $\dfrac{24^{11}\times75^{12}}{18^{10}}$은 26자리 자연수이므로

$a=26$

또한, 각 자리의 숫자들을 모두 더하면

$1+3+5+0\times23=9$이므로 $b=9$

$\therefore a+b=26+9=35$

07 $0.0\dot9=\dfrac{9}{99}=\dfrac{1}{11}$이고 $x=11^9$이므로

$(0.0\dot9)^{20}=\left(\dfrac{1}{11}\right)^{20}=\dfrac{1}{11^{20}}=\dfrac{1}{(11^9)^2\times11^2}=\dfrac{1}{121x^2}$

08 주어진 분수는 분모의 소인수가 2와 5뿐이므로 유한소수로 나타낼 수 있다. 이때 유한소수로 나타내기 위해 분모를 10의 거듭제곱 꼴이 되도록 분모와 분자에 각각 2^5을 곱하면

$$\dfrac{7}{2^{10}\times5^{15}}=\dfrac{2^5\times7}{(2\times5)^{15}}=\dfrac{224}{10^{15}}=0.\underbrace{000\cdots}_{\text{숫자 0은 12개}}0224^{\overbrace{}^{\text{소수점 아래 숫자 15개}}}$$

따라서 분수 $\dfrac{7}{2^{10}\times5^{15}}$은 소수점 아래 13번째 자리에서 처음으로 0이 아닌 숫자가 나타난다.

09 $125^{x-1}\times8^{x+1}=(5^3)^{x-1}\times(2^3)^{x+1}$
$\qquad\qquad\qquad\quad=5^{3x-3}\times2^{3x+3}$
$\qquad\qquad\qquad\quad=2^6\times(2\times5)^{3x-3}$
$\qquad\qquad\qquad\quad=64\times10^{3x-3}$

이때 $125^{x-1}\times8^{x+1}$은 14자리 자연수이므로 $3x-3=12$

따라서 $3x=15$이므로 $x=5$

10 주어진 등식의 좌변을 정리하면

$3x-[7x-2y-\{-3y+P-(x-8y)\}]$
$=3x-\{7x-2y-(-3y+P-x+8y)\}$
$=3x-\{7x-2y-(-x+5y+P)\}$
$=3x-(7x-2y+x-5y-P)$
$=3x-(8x-7y-P)$
$=3x-8x+7y+P$
$=-5x+7y+P$

즉, $-5x+7y+P=2x+5y$이므로 다항식 P를 구하면

$P=(2x+5y)-(-5x+7y)$
$\ \ =(2+5)x+(5-7)y$
$\ \ =7x-2y$

11 주어진 식을 간단히 하면

$$2a^3b \div \left(-\frac{a^2}{15b}\right)^2 \times \left(-\frac{a}{b^2}\right)^3$$

$$= 2a^3b \times \frac{15^2 \times b^2}{a^4} \times \left(-\frac{a^3}{b^6}\right)$$

$$= -2 \times 15^2 \times a^2 \times \frac{1}{b^3} \quad \cdots\cdots \ \text{㉠}$$

따라서 $a=\frac{1}{5}$, $b=-3$을 ㉠에 대입하면 주어진 식의 값은

$$-2 \times 15^2 \times \left(\frac{1}{5}\right)^2 \times \frac{1}{(-3)^3} = 2 \times \frac{1}{3} = \frac{2}{3}$$

함정 피하기

주어진 식을 간단히 정리한 후 a, b의 값을 대입하면 편리하게 식의 값을 구할 수 있다.

12 대각선 방향의 세 식의 곱이 서로 같으므로

$$A \times \left\{-\left(-\frac{b}{2a}\right)^3\right\} \times \left(-\frac{b^2}{5a}\right) = B \times \left\{-\left(-\frac{b}{2a}\right)^3\right\} \times (-ab^2)^2$$

양변을 $-\left(-\frac{b}{2a}\right)^3$으로 나누면

$$A \times \left(-\frac{b^2}{5a}\right) = B \times (-ab^2)^2$$

$$\therefore \frac{A}{B} = a^2b^4 \times \left(-\frac{5a}{b^2}\right) = -5a^3b^2$$

다른 풀이

대각선 방향의 세 식의 곱이 서로 같고 가운데 있는 식 $-\left(-\frac{b}{2a}\right)^3$이 두 대각선에 공통으로 들어 있으므로

$$A \times \left(-\frac{b^2}{5a}\right) = B \times (-ab^2)^2$$

$$\therefore \frac{A}{B} = a^2b^4 \times \left(-\frac{5a}{b^2}\right) = -5a^3b^2$$

13 $\frac{P}{6x^4y} = 24x^6y^{13} \div P$에서

$$P^2 = 24x^6y^{13} \times 6x^4y = 144x^{10}y^{14} = (12x^5y^7)^2$$

즉, $a > 0$이므로 $P = 12x^5y^7$

따라서 $a=12$, $b=5$, $c=7$이므로

$$a+b+c = 24$$

14

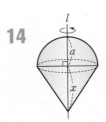

원의 반지름의 길이는 항상 일정하므로

(회전체의 부피)

= (반지름의 길이가 a인 반구의 부피)

$\quad$ + (밑면의 반지름의 길이가 a, 높이가 x인 원뿔의 부피)

$$= \frac{4}{3}\pi a^3 \times \frac{1}{2} + \frac{1}{3} \times \pi a^2 \times x$$

$$= \frac{2}{3}\pi a^3 + \frac{1}{3}\pi a^2 x$$

즉, $\frac{2}{3}\pi a^3 + \frac{1}{3}\pi a^2 x = \frac{5}{3}\pi a^3 + 2\pi a^2$

$$\frac{1}{3}\pi a^2 x = \pi a^3 + 2\pi a^2$$

$$\therefore x = (\pi a^3 + 2\pi a^2) \times \frac{3}{\pi a^2} = 3a + 6$$

15

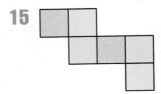

위의 정육면체 전개도에서 같은 색깔의 면이 서로 마주 보는 면이고, 마주 보는 면에 적힌 두 식의 곱이 모두 같으므로

$$3xy \times (-x^2 - 2x^2y) = P \times (-x^3) = Q \times \frac{1}{2}x^3y$$

다항식 P, Q를 구하면

$$P = 3xy \times (-x^2 - 2x^2y) \div (-x^3)$$

$$= \frac{-3x^3y - 6x^3y^2}{-x^3} = 3y + 6y^2$$

$$Q = 3xy \times (-x^2 - 2x^2y) \div \frac{1}{2}x^3y$$

$$= \frac{2(-3x^3y - 6x^3y^2)}{x^3y}$$

$$= 2(-3 - 6y) = -6 - 12y$$

$$\therefore P+Q = 3y + 6y^2 - 6 - 12y = 6y^2 - 9y - 6$$

16 비례식에서 내항끼리의 곱과 외항끼리의 곱이 서로 같으므로

$$5(2x+y) = 3(x+2y)$$

$$10x + 5y = 3x + 6y$$

$7x = y$이므로 $\frac{x}{y} = \frac{1}{7}$, $\frac{y}{x} = 7$

$$\therefore \frac{14x}{y} + \frac{2y}{7x} = 14 \times \frac{1}{7} + \frac{2}{7} \times 7 = 2 + 2 = 4$$

다른 풀이

$7x = y$를 주어진 식 $\frac{14x}{y} + \frac{2y}{7x}$에 대입하면

$$\frac{2 \times y}{y} + \frac{2y}{y} = 2 + 2 = 4$$

Level ③

본문 28~30쪽

01 ③, ④ **02** ④ **03** ① **04** 4개 **05** $4a^9b^3$

06 $\dfrac{y^2}{2x}$ **07** $4b-2a$ **08** $-\dfrac{5}{14}$

---

01 두 자연수 x, y가 $(-1)^{x+y}=1$을 만족시키므로 $x+y$는 짝수이다. 즉, x, y는 모두 홀수이거나 짝수이다.

(i) x, y가 모두 홀수일 때,

xy는 홀수이므로

$$A=\{(-1)^x y-(-1)^y x\}\times(-1)^{xy}$$
$$=(-y+x)\times(-1)$$
$$=y-x$$

(ii) x, y가 모두 짝수일 때,

xy는 짝수이므로

$$A=\{(-1)^x y-(-1)^y x\}\times(-1)^{xy}$$
$$=(y-x)\times1$$
$$=y-x$$

(i), (ii)에서 $A=y-x$이므로 A는 항상 짝수이고 y보다 작다.

실수하기 쉬운 부분 짚어보기

[홀수 또는 짝수의 계산결과]

+ 또는 −	홀수	짝수
홀수	짝수	홀수
짝수	홀수	짝수

×	홀수	짝수
홀수	홀수	짝수
짝수	짝수	짝수

02 <1단계>에서 처음으로 그린 정사각형의 한 변의 길이를 1이라고 하면

<2단계>에서 처음으로 그린 정사각형의 한 변의 길이는 $\dfrac{1}{3}$

<3단계>에서 처음으로 그린 정사각형의 한 변의 길이는

$$\left(\dfrac{1}{3}\right)^2=\dfrac{1}{3^2}$$

⋮

<n단계>에서 처음으로 그린 정사각형의 한 변의 길이는

$$\left(\dfrac{1}{3}\right)^{n-1}=\dfrac{1}{3^{n-1}}\ (n\geq2)$$

또한, <2단계>에서 처음으로 그린 정사각형의 개수는 4

<3단계>에서 처음으로 그린 정사각형의 개수는 4^2

⋮

<n단계>에서 처음으로 그린 정사각형의 개수는

$4^{n-1}\ (n\geq2)$

따라서 <2단계>에서 처음으로 그린 모든 정사각형의 넓이의 합은 $\left(\dfrac{1}{3}\right)^2\times4$이고 <7단계>에서 처음으로 그린 모든 정사각형의 넓이의 합은 $\left(\dfrac{1}{3^6}\right)^2\times4^6$이므로 구하는 값은

$$\left\{\left(\dfrac{1}{3}\right)^2\times4\right\}\div\left\{\left(\dfrac{1}{3^6}\right)^2\times4^6\right\}=\dfrac{4}{3^2}\times\dfrac{3^{12}}{4^6}=\dfrac{3^{10}}{4^5}=\dfrac{3^{10}}{2^{10}}$$

03 $X=2(3+3^2+3^3+3^4+3^5+3^6+3^7+3^8+3^9)$이라 하자.

$3+2\times3=(1+2)\times3=3^2$이므로 양변에 3을 더하면

$X+3=3^2+2\times3^2+2\times3^3+2\times3^4+\cdots+2\times3^9$이고

$3^2+2\times3^2=(1+2)\times3^2=3^3$이므로

$X+3=3^3+2\times3^3+2\times3^4+2\times3^5+\cdots+2\times3^9$

이와 같은 방식으로 계속해서 식을 정리하면

$X+3=3^4+2\times3^4+2\times3^5+2\times3^6+\cdots+2\times3^9$

$=3^5+2\times3^5+2\times3^6+\cdots+2\times3^9$

⋮

$=3^9+2\times3^9=3^{10}$

따라서 $X+3=3^{10}$이므로 구하는 값은 $3^{10}-3$

04

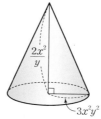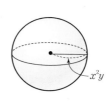

(원뿔의 부피)$=\dfrac{1}{3}\times\pi\times(3x^2y^2)^2\times\dfrac{2x^2}{y}=6\pi x^6y^3$

(구의 부피)$=\dfrac{4}{3}\pi\times(x^2y)^3=\dfrac{4}{3}\pi x^6y^3$

이때 원뿔의 부피를 구의 부피로 나누면

$$6\pi x^6y^3\div\dfrac{4}{3}\pi x^6y^3=\dfrac{9}{2}=4.5$$

따라서 조건을 만족시키는 구는 최대 4개 만들 수 있다.

05 만들 수 있는 가능한 한 작은 정육면체의 한 모서리의 길이는 a^5b, b^3, $2ab^2$의 최소공배수와 같다. 이때 a, b는 서로소이고 모두 홀수이므로 a, b는 2와 각각 서로소이다.

즉, 최소공배수는 $2a^5b^3$이므로 정육면체를 만들기 위해 필요한

종이상자의 개수는
$$2b^2 \times 2a^5 \times a^4 b = 4a^9 b^3$$

06 주어진 직각삼각형을 직선 AB를 회전축으로 하여 1회전 시킬 때 생기는 회전체는 밑면의 반지름의 길이가 $6x^2 y$, 높이가 $3xy^3$인 원뿔이므로
$$V_1 = \frac{1}{3} \times \pi \times (6x^2 y)^2 \times 3xy^3 = 36x^5 y^5 \pi$$

또한, 주어진 직각삼각형을 직선 BC를 회전축으로 하여 1회전 시킬 때 생기는 회전체는 밑면의 반지름의 길이가 $3xy^3$, 높이가 $6x^2 y$인 원뿔이므로
$$V_2 = \frac{1}{3} \times \pi \times (3xy^3)^2 \times 6x^2 y = 18x^4 y^7 \pi$$

$$\therefore \frac{V_2}{V_1} = \frac{18x^4 y^7 \pi}{36x^5 y^5 \pi} = \frac{y^2}{2x}$$

07 정사각형 ABGE의 한 변의 길이는 b이므로
정사각형 EFJD의 한 변의 길이는
$$\overline{ED} = \overline{AD} - \overline{AE} = a - b$$
이와 같은 방식으로
정사각형 FGHK의 한 변의 길이는
$$\overline{FG} = \overline{EG} - \overline{EF} = b - (a-b) = 2b - a$$
정사각형 KLIJ의 한 변의 길이는
$$\overline{KJ} = \overline{FJ} - \overline{FK} = (a-b) - (2b-a) = 2a - 3b$$

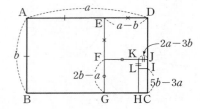

즉, 직사각형 CILH의 가로의 길이는
$$\overline{CH} = \overline{KJ} = 2a - 3b$$
세로의 길이는
$$\overline{CI} = \overline{JC} - \overline{JI} = (2b-a) - (2a-3b) = 5b - 3a$$
따라서 직사각형 CILH의 둘레의 길이는
$$2\{(2a-3b) + (5b-3a)\} = 2(2b-a) = 4b - 2a$$

08 $\frac{1}{a} - \frac{1}{b} = \frac{b-a}{ab} = 3$이므로
$$b - a = 3ab$$

$$\therefore \frac{2a+ab-2b}{5b-ab-5a} = \frac{-2(b-a)+ab}{5(b-a)-ab}$$
$$= \frac{-2 \times 3ab + ab}{5 \times 3ab - ab}$$
$$= \frac{-5ab}{14ab} = -\frac{5}{14}$$

Level 4 본문 31~33쪽

01 3   **02** 21^8 **03** $-\frac{2x^2}{y}$ **04** ④

05 (1) $6x^3 + 4\pi x^2$ (2) $6x^2 + 4\pi x$ **06** $4x+y$ **07** 4

---

01 **풀이전략** 주어진 식을 간단히 -1과 3의 거듭제곱 꼴로 변형한 뒤, 두 자연수 a, b에 대하여 주어진 조건에 맞는 순서쌍 (a, b)의 개수를 구한다.

주어진 식의 좌변을 간단히 하면
$$(-27)^{a+1} \times (-9)^{b-4} = (-3^3)^{a+1} \times (-3^2)^{b-4}$$
$$= (-1)^{(a+1)+(b-4)} \times 3^{3(a+1)+2(b-4)}$$
$$= (-1)^{a+b-3} \times 3^{3a+2b-5}$$

주어진 식의 우변을 간단히 하면
$$(-3)^{b+3} \times (-81)^4 = (-3)^{b+3} \times 3^{16}$$
$$= (-1)^{b+3} \times 3^{b+19}$$

즉, $(-1)^{a+b-3} \times 3^{3a+2b-5} = (-1)^{b+3} \times 3^{b+19}$
이때 양변에 $(-1)^{b+3}$을 곱하면 $\{(-1)^{b+3}\}^2 = 1$이므로
$$(-1)^{a+2b} \times 3^{3a+2b-5} = 3^{b+19} \qquad \cdots\cdots \ominus$$
3의 거듭제곱의 지수를 서로 비교하면
$$3a+2b-5 = b+19, \ 3a+b = 24 \qquad \cdots\cdots \odot$$
$\ominus$에 의하여 $a+2b$는 짝수이고 $2b$도 짝수이므로 a는 짝수이어야 한다.
따라서 a가 짝수이고, b가 4보다 큰 자연수이면서 $\odot$을 만족시키는 순서쌍 (a, b)는 $(2, 18)$, $(4, 12)$, $(6, 6)$의 3개이다.

실수하기 쉬운 부분 짚어보기
[양변에 $(-1)^{b+3}$을 곱하는 이유]
$(-1)^{a+b-3} = (-1)^{b+3}$이므로 $a+b-3$과 $b+3$은 모두 홀수이거나 모두 짝수이다.
다시 말해서 두 식의 합 $(a+b-3) + (b+3) = a+2b$는 항상 짝수이다.
두 식의 합은 두 거듭제곱의 지수의 합이므로 양변에 $(-1)^{b+3}$을 곱하여 밑이 같은 거듭제곱의 곱에 대한 지수법칙을 이용할 수 있다.

02 〔풀이전략〕 1부터 50까지의 자연수를 각각 소인수분해하여 곱한다. 또한, 21의 거듭제곱 21^n으로 나누었을 때 나누어떨어지기 위한 n의 값을 찾는다.

1부터 50 사이의 소수가 15개이므로 1부터 50까지의 자연수를 각각 소인수분해하여 곱하면

$2^{a_1} \times 3^{a_2} \times 5^{a_3} \times 7^{a_4} \times \cdots \times 41^{a_{13}} \times 43^{a_{14}} \times 47^{a_{15}}$

(단, a_1, a_2, a_3, $\cdots$, a_{15}는 자연수)　　······ ㉠

또한, 주어진 조건을 만족시키는 어떤 21의 거듭제곱을 21^n이라 하면 $21^n=(3 \times 7)^n=3^n \times 7^n$이고,

1부터 50까지의 자연수 중 7의 배수는 3의 배수보다 항상 더 적다.

그러므로 1부터 50까지의 자연수의 곱을 21^n으로 나누었을 때 나누어 떨어지게 하는 가장 큰 자연수 n은 ㉠에서 7의 거듭제곱의 지수인 a_4와 같다.

이때 $50=7 \times 7+1$이므로 1부터 50까지의 자연수 중 7의 배수는 7개가 있고, 그 중에서 $7^2=49$의 배수가 1개 있으므로

$a_4=7+1=8$

따라서 구하는 값은 21^8이다.

03 〔풀이전략〕 사다리타기 놀이 방법에 따라 사타리타기 놀이판을 이동하면서 순서대로 계산하고, 이를 주어진 (나), (다)의 식과 비교하여 (가)에 들어갈 적절한 식을 구한다.

$-x^3$에서 출발하여 사다리를 따라 이동하면서 (나)에 도착하므로

$(나)=-x^3 \times (-y^2)^3 \div \dfrac{y}{x} \times P = -x^3 \times (-y^6) \times \dfrac{x}{y} \times P$

$\qquad = x^4 y^5 \times P = 2x^4$

$\therefore P = 2x^4 \times \dfrac{1}{x^4 y^5} = \dfrac{2}{y^5}$

또한, $\dfrac{1}{x}$에서 출발하여 사다리를 따라 이동하면서 (다)에 도착하므로

$(다) = \dfrac{1}{x} \div \dfrac{y}{x} \div Q = \dfrac{1}{x} \times \dfrac{x}{y} \times \dfrac{1}{Q}$

$\qquad = \dfrac{1}{y} \times \dfrac{1}{Q} = \dfrac{1}{y^3}$

따라서 $\dfrac{1}{Q} = \dfrac{1}{y^2}$이므로 $Q = y^2$

x^2에서 출발하여 사다리를 따라 이동하면 (가)에 도착하므로

$(가) = x^2 \times (-y^2)^3 \div Q \times P$

$\qquad = x^2 \times (-y^6) \times \dfrac{1}{y^2} \times \dfrac{2}{y^5}$

$\qquad = -\dfrac{2x^2}{y}$

04 〔풀이전략〕 주어진 직육면체 모양의 나무토막 1개의 부피와 밑면의 가로, 세로의 길이를 이용하여 나무토막의 높이를 구한다. 또한, 입체도형이 위에서 본 모양과 같게 되는 경우 중에서 높이가 가장 높아지는 경우를 찾아 그때의 입체도형의 높이를 구한다.

나무토막의 1개 높이는

$(2x^3 y - 6x^2 y^2) \div (2x^2 \times y) = \dfrac{2x^3 y - 6x^2 y^2}{2x^2 y} = x-3y$

위에서 본 모양에 따라 1층에는 5개의 나무토막이 있어야 한다.

이때 높이가 가장 높은 입체도형을 만들려면 남은 3개의 나무토막이 1층에 있는 어떤 한 개의 나무토막 위에 모두 쌓여있어야 하므로 그 높이는 나무토막 4개의 높이와 같다.

따라서 높이는 $(x-3y) \times 4 = 4x-12y$

참고

05 〔풀이전략〕 원이 지나간 부분을 3개의 직사각형 부분과 3개의 부채꼴 부분으로 쪼개어 생각한다.

원이 지나간 부분은 다음 그림과 같이 세 직사각형 부분과 세 부채꼴 부분으로 쪼개어 생각할 수 있다.

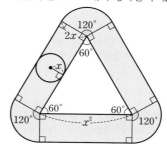

(1) (원이 지나간 부분의 넓이)
　＝(세 직사각형 부분의 넓이)＋(세 부채꼴 부분의 넓이)
　$= 3(x^2 \times 2x) + 3\left\{ \pi \times (2x)^2 \times \dfrac{120}{360} \right\}$
　$= 6x^3 + 4\pi x^2$

(2) (원이 지나간 부분의 둘레의 길이)
　＝6×(정삼각형의 한 변의 길이)
　　＋3×(한 부채꼴의 호의 길이)
　$= 6 \times x^2 + 3 \times \left(2\pi \times 2x \times \dfrac{120}{360} \right)$
　$= 6x^2 + 4\pi x$

[한 부채꼴의 중심각의 크기가 120°인 이유]

전체 360° 중 직사각형 두 내각의 크기와 정삼각형 한 내각의 크기를 제외하면

$$360° - (90° \times 2 + 60°) = 120°$$

06 **풀이전략** 처음 직육면체와 새로 만든 입체도형의 겉넓이를 비교하여 새로운 입체도형을 만드는 과정 중 새로 추가된 면과 지워진 면을 찾는다.

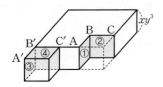

처음 직육면체와 새로 만든 입체도형의 겉넓이를 비교하여 만드는 과정 중 새로 추가된 면과 지워진 면을 찾아보면 ①, ②, ③의 세 면은 추가되고, ④의 면은 지워졌다.

이때 ①~④의 네 면은 모두 합동인 직사각형이고 그 넓이도 모두 같다.

즉, 새로 만든 입체도형의 겉넓이는 처음 직육면체의 겉넓이보다 (면 ①의 넓이)$\times 2$만큼 더 커졌다.

(면 ①의 넓이)$= \overline{AB} \times xy^3$이므로

$$\overline{AB} \times xy^3 \times 2 = 8x^2y^3 + 2xy^4$$

$$\therefore \overline{AB} = \frac{8x^2y^3 + 2xy^4}{2xy^3} = 4x + y$$

[①~④의 네 면이 모두 합동인 이유]

자른 직육면체는 밑면의 모양이 정사각형이고 ①~④는 이 직육면체의 옆면이므로 가로, 세로의 길이가 같은 합동인 직사각형이다.

07 **풀이전략** 7개의 연속된 자연수 중 가장 작은 수를 n이라 하고, N을 n의 식으로 나타내어 조건을 만족시키는 6자리 자연수 N의 개수를 구한다.

(가)에서 7개의 연속된 자연수들 중 가장 작은 수를 n이라 하면

$$N = n + (n+1) + (n+2) + \cdots + (n+6) = 7n + 21$$

$$\frac{N}{21} - 1 = \frac{7n+21}{21} - 1 = \frac{n}{3}$$이므로

(나)에 의해 n은 3의 배수이자 10^4의 배수인 자연수이다.

즉, $n = 3 \times 10^4 \times k$ (k는 자연수)라 하면 6자리 자연수 N은

$$N = 7 \times (3k \times 10^4) + 21 = 21k \times 10^4 + 21 = \square\square 0021$$

이때 $\square\square$에 들어갈 수는 $21k$의 값과 같다.

따라서 $21k$가 두 자리 자연수가 되도록 하는 k의 값은

$21 \times 1 = 21$, $21 \times 2 = 42$, $21 \times 3 = 63$, $21 \times 4 = 84$

이므로 조건을 만족시키는 N은

210021, 420021, 630021, 840021의 4개이다.

다른 풀이

(가)에서 7개의 연속된 자연수들 중 한가운데 있는 수를 m이라 하면

$$N = (m-3) + (m-2) + \cdots + (m+2) + (m+3)$$
$$= 7m \quad \cdots\cdots \bigcirc$$

(나)에 의해 $\frac{N}{21} - 1 = 10^4 \times k$ (k는 자연수)

즉, $N = 21k \times 10^4 + 21$은 $\bigcirc$을 항상 만족시킨다.

$N = 21k \times 10^4 + 21 = \square\square 0021$이므로 6자리 자연수 N의 개수는 4이다.

대단원 마무리 Level 종합   본문 34~35쪽

01 10   **02** 18   **03** 27   **04** 14   **05** $-2x^2 + 4x + 3$

06 9   **07** $V = 2\pi a^2(a+2b)$ **08** 76

01 주어진 순환소수 $2.3\dot{7}3\dot{2} = 2.3732732732\cdots$이므로 순환마디의 숫자는 7, 3, 2의 3개이다.

이때 $2021 = 1 + 3 \times 673 + 1$, $2022 = 1 + 3 \times 673 + 2$이므로 숫자 a의 값은 순환마디의 첫 번째 숫자인 7이고, 숫자 b의 값은 순환마디의 두번째 숫자인 3이다.

$$\therefore a + b = 7 + 3 = 10$$

02 $2^{17} \times 3 \times 7 \times 5^{15} \times 11 = 2^2 \times 3 \times 7 \times 11 \times (2 \times 5)^{15}$
$$= 924 \times 10^{15}$$

즉, 924는 세 자리 자연수이고 10^{15}이 곱해져 있으므로

$2^{17} \times 3 \times 7 \times 5^{15} \times 11$은 18자리 자연수이다.

$$\therefore n = 18$$

03 주어진 분수의 분모인 $180 = 2^2 \times 3^2 \times 5$이고 분수 $\frac{a}{180}$를 소수로 나타내었을 때 순환소수가 되려면 이 분수를 기약분수로 나타내었을 때 분모가 2와 5 이외에 다른 소인수를 가지고 있어야 한다.

즉, $180 = 2^2 \times 3^2 \times 5$이므로 주어진 분수를 기약분수로 나타낼 때 분모에 소인수 3이 남아 있어야 한다. 즉, a는 30보다 크지 않은 9의 배수인 9, 18, 27을 제외한 다른 수이다.

따라서 a로 가능한 숫자의 개수는 $30 - 3 = 27$

04 $(8x^{2a}y^3)^4 \div (2^a xy^4)^b = 2^8 x^k y^4$의 좌변을 정리하면

$(2^3)^4 x^8 y^{12} \div 2^{ab} x^b y^{4b} = 2^{12-ab} x^{8a-b} y^{12-4b}$

이므로

$2^{12-ab} x^{8a-b} y^{12-4b} = 2^8 x^k y^4$

을 만족하기 위해서는

$12-ab=8$, $8a-b=k$, $12-4b=4$

이때 $12-4b=4$에서 $4b=8$이므로 $b=2$

이를 $12-ab=8$에 대입하면

$12-2a=8$, $2a=4$, $a=2$

따라서 $k=8a-b$에 $a=2$, $b=2$를 대입하면

$k=16-2=14$

05 선생님이 칠판에 적어주신 식을 A라고 하면

$A-(-3x^2+2x+5)=4x^2-7$이므로

$A=x^2+2x-2$

만약 유리가 바르게 계산했다면

$A+(-3x^2+2x+5)=x^2+2x-2-3x^2+2x+5$
$\qquad\qquad\qquad\qquad = -2x^2+4x+3$

06 $\dfrac{p}{280}=\dfrac{p}{2^3\times5\times7}$가 유한소수가 되려면 기약분수로 나타내었을 때 분모의 소인수는 2나 5뿐이어야 하므로 p가 7의 배수이어야 한다. 그러나 주어진 유리수의 기약분수에서 분자에 7이 남아있으므로 p는 7^2의 배수이어야 한다.

또한, 주어진 유리수가 1보다 작으므로 유리수를 기약분수로 나타내었을 때 $\dfrac{7}{q}$에서의 분모인 q는 40의 약수 중에서 7보다는 큰 양의 정수이어야 한다.

즉, 가능한 q의 값은 8, 10, 20, 40

(i) $q=8$일 때,

$\dfrac{7}{8}=\dfrac{245}{280}=0.875$이므로 $p=245$

이때 $p-q=245-8=237$

(ii) $q=10$일 때,

$\dfrac{7}{10}=\dfrac{196}{280}=0.7$이므로 $p=196$

이때 $p-q=196-10=186$

(iii) $q=20$일 때,

$\dfrac{7}{20}=\dfrac{98}{280}=0.35$이므로 $p=98$

이때 $p-q=98-20=78$

(iv) $q=40$일 때,

$\dfrac{7}{40}=\dfrac{49}{280}=0.175$이므로 $p=49$

이때 $p-q=49-40=9$

따라서 (i)~(iv)에 의해 $p-q$의 최솟값은 9이다.

07 도형을 직선 l을 회전축으로 1회전 시키면 다음과 같은 입체가 얻어진다.

이 입체의 부피는 높이와 밑면의 반지름의 길이가 모두 $2a$인 원뿔에서 높이와 밑면의 반지름의 길이가 모두 a인 원뿔 2개를 뺀 도형의 부피와 밑면의 반지름의 길이가 $2a$이고 높이가 b인 원기둥의 부피의 합과 같다.

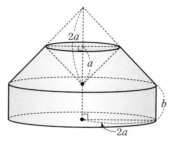

즉, 이를 식으로 나타내면

$V=\dfrac{1}{3}\pi\{(2a)^2\times2a-2\times a^2\times a\}+\pi\times(2a)^2\times b$

$\quad=\dfrac{1}{3}\pi\times6a^3+4\pi a^2 b$

$\quad=2\pi a^3+4\pi a^2 b$

$\quad=2\pi a^2(a+2b)$

08 1보다 작은 유리수 $\dfrac{3}{n}$이 유한소수가 되려면 기약분수로 나타내었을 때 분모인 n의 소인수가 2 또는 5뿐이어야 하고 n은 3보다 크다.

(i) 기약분수로 나타내었을때 분모의 소인수가 2뿐인 경우

$n=4, 6, 8, 12, 16, 24, 32, 48, 64, 96$

(ii) 기약분수로 나타내었을때 분모의 소인수가 5뿐인 경우

$n=5, 15, 25, 75$

(iii) 기약분수로 나타내었을때 분모의 소인수가 2와 5 모두 있는 경우

$n=10, 20, 30, 40, 50, 60, 80$

즉, $3<n\leq100$의 자연수 n에 대하여 유리수 $\dfrac{3}{n}$이 유한소수가 되는 n의 개수는 21개이므로

유리수 $\dfrac{3}{n}$이 순환소수가 되는 n의 개수는

$97-21=76$

$\therefore k=76$

II. 부등식과 연립방정식

3 일차부등식

Level 1 본문 38~41쪽

01 ③　02 ③　03 ㄴ, ㅁ　04 ④　05 ⑤　06 3　07 ③

08 ⑤　09 1　10 $-\dfrac{1}{5}$　11 ②　12 ③　13 14개월

14 4000원　15 ③　16 ②

---

01 부등식의 모든 항을 좌변으로 이항하면

$8x^2+ax+2bx^2+3x+5>0$, $(8+2b)x^2+(a+3)x+5>0$

이때 주어진 부등식이 일차부등식이 되려면 좌변이 일차식으로 표현되어야 한다.

$a+3\neq0$, $8+2b=0$이므로 $a\neq-3$, $2b=-8$

$\therefore a\neq-3$, $b=-4$

02 $x=3$을 대입하면

① $0.1\times3-0.3=0$　② $2\times3-3<4$

③ $\dfrac{3}{2}-\dfrac{7}{4}=\dfrac{6-7}{4}=-\dfrac{1}{4}<0$

④ $-3<2$　⑤ $2-3=-1$

따라서 $x=3$일 때 참인 부등식은 ③이다.

03 주어진 문장을 부등식으로 바르게 나타내면

ㄱ. $3(x-5)\geq8$

ㄷ. $x+20\leq3x$

ㄹ. $\dfrac{4x}{3}>30$

따라서 옳은 것을 모두 고르면 ㄴ, ㅁ이다.

> **함정 피하기**
>
> $1\,\mathrm{kg}=1000\,\mathrm{g}$이므로 ㅁ에서 무게가 $x\,\mathrm{g}$인 상자 한 개의 무게는 $\dfrac{x}{1000}\,\mathrm{kg}$과 같다. 식을 세울 때, 기준이 되는 단위가 g인지 kg인지 꼭 확인해야 한다.

04 (가)

$-7x+4>18$의 양변에서 4를 빼면

$-7x+4-4>18-4$, $-7x>14$

즉, 부등식의 양변에 같은 수를 더하거나 빼도 부등호의 방향이 바뀌지 않는다는 성질인 ㄱ이 이용되었다.

(나)

$-7x>14$의 양변을 -7로 나누면

$\dfrac{-7x}{-7}<\dfrac{14}{-7}$, $x<-2$

즉, 부등식의 양변을 같은 음수로 곱하거나 나누면 부등호의 방향이 바뀐다는 성질인 ㄷ이 이용되었다.

따라서 (가), (나)에서 이용된 부등식의 기본 성질을 차례대로 고르면 ㄱ, ㄷ이므로 ④이다.

05 $-5\leq x<10$의 각 변에 -0.2를 곱하면

$-0.2\times(-5)\geq-0.2\times x>-0.2\times10$, $-2<-0.2x\leq1$

각 변에 3을 더하면

$-2+3<-0.2x+3\leq1+3$, $1<-0.2x+3\leq4$

따라서 $X=-0.2x+3$이므로 $1<X\leq4$

06 $-2x-6<x-12$, $-2x-x<-12+6$, $-3x<-6$

이므로 $x>2$

따라서 $x>2$를 만족시키는 짝수인 한 자리 자연수는 4, 6, 8의 3개이다.

07 주어진 일차부등식의 양변에 10을 곱하면

$11x+16>-2\left(\dfrac{1}{4}-4x\right)$, $11x+16>-\dfrac{1}{2}+8x$

$3x>-\dfrac{33}{2}$

즉, $x>-\dfrac{11}{2}=-5.5$

따라서 주어진 일차부등식을 만족시키는 음의 정수인 해는 -5, -4, -3, -2, -1의 5개이다.

> **함정 피하기**
>
> 음수끼리 대소를 비교할 때는 절댓값이 작을수록 더 크다.

08 ① $-3x>-4$, $x<\dfrac{4}{3}$이므로 자연수인 x가 존재한다.

② $3x\leq8$, $x\leq\dfrac{8}{3}$이므로 자연수인 x가 존재한다.

③ $11x\geq-9$, $x\geq-\dfrac{9}{11}$이므로 자연수인 x가 존재한다.

④ $-3x<-5$, $x>\dfrac{5}{3}$이므로 자연수인 x가 존재한다.

⑤ $-5x > -5$, $x < 1$이므로 자연수인 x가 존재하지 않는다.

09 $\dfrac{2x+k}{9} - \dfrac{x-4k}{3} \leq 1$의 양변에 9를 곱하면

$2x+k-3(x-4k) \leq 9$, $-x+13k \leq 9$, $x \geq 13k-9$

이때 $x \geq 13k-9$와 $x \geq 4$가 서로 같아야 하므로

$13k-9=4$, $13k=13$

$\therefore k=1$

10 $\dfrac{3x+7a}{2} \leq \dfrac{5x-a}{4}$의 양변에 4를 곱하면

$2(3x+7a) \leq 5x-a$, $6x+14a \leq 5x-a$, $x \leq -15a$

이때 $x \leq -15a$에서 이를 만족하는 x의 최댓값이 3이므로

$-15a=3$

$\therefore a=-\dfrac{1}{5}$

11 x, y, z는 연속하는 세 홀수이므로

$y=x+2$, $z=x+4$라 하면

$x+2y+3z=x+2(x+2)+3(x+4)=6x+16$

$6x+16<58$에서 $6x<42$, $x<7$

이때 x는 홀수이므로 가능한 가장 큰 x의 값은 5이다.

따라서 $x+y+z$의 최댓값은 $5+7+9=21$

> **실수하기 쉬운 부분 짚어보기**
>
> [x의 최댓값을 구하는 이유]
> 문제에서 구하는 값은 $x+y+z=3x+6$의 최댓값이므로 x의 값이 가장 클 때 $x+y+z$의 값도 가장 크다.

12 마지막 다섯 번째 총알을 쏴서 받은 점수를 x점이라 하면

$\dfrac{8.3+7.5+9.7+8.4+x}{5} > 8.2$이므로

$\dfrac{33.9+x}{5} > 8.2$, $33.9+x > 41$, $x > 7.1$

따라서 이 선수가 결선에 진출하기 위해 마지막 다섯 번째 사격으로 받아야 하는 점수는 7.1점을 초과해야 한다.

13 유나와 서진이가 저축하는 개월 수를 x라고 하면

$30000+5000x > 50000+3500x$이므로

$1500x > 20000$, $x > \dfrac{20000}{1500}=13.333\cdots$

따라서 14개월 후면 유나가 서진이보다 통장에 들어있는 예금액이 더 많다.

14 정가를 x원이라고 하면

$x\left(1-\dfrac{10}{100}\right) \geq 3000 \times \left(1+\dfrac{20}{100}\right)$

$\dfrac{9}{10}x \geq 3600$, $x \geq 4000$

따라서 정가를 4000원 이상으로 정해야 한다.

15 보드게임 카페를 x시간 이용한다고 하면

$2000x > 3500+1200x$, $800x > 3500$이므로

$x > \dfrac{35}{8}=4.375$

따라서 음료를 시켜 보드게임 카페를 이용할 때가 음료를 시키지 않고 보드게임 카페를 이용할 때보다 더 저렴하려면 최소 5시간 이상 보드게임 카페를 이용해야 한다.

16 오토바이와 자동차가 모두 x분 달렸다고 하면

(거리)=(속력)×(시간)이므로

$45 \times \dfrac{x}{60} + 75 \times \dfrac{x}{60} \geq 50$

$2x \geq 50$, $x \geq 25$

따라서 오토바이와 자동차가 50 km 이상 멀어지기 위해서는 최소 25분 이상 달려야 한다.

Level 2 본문 42~45쪽

01 ② **02** ③ **03** -1 **04** 150 **05** 5 **06** ④ **07** ②

08 -1 **09** 10 **10** $12<a \leq 15$ **11** ④ **12** 20 **13** ③

14 6개 **15** ① **16** 150

01 $a<c$, $ab>bc$에서 $b<0$이므로 $a<b<0$

$a+c>0$에서 $c-a>0$이므로 $2c>c-a$이고 $-c<a$

$-a>-b>0$이므로 $c-a>-b+c>c$

그러므로 <보기>의 ㉠~㉤을 수직선 위에 모두 나타내면 다음과 같다.

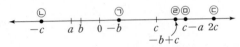

따라서 이를 작은 것부터 나열하면 ㉡-㉠-㉣-㉤-㉢이므로 ②이다.

02 $3<x\le9$의 각 변에 양수 3을 곱하면 $9<3x\le27$
각 변에서 9를 빼면 $0<3x-9\le18$
따라서 $3x-9$의 값이 양의 정수가 되도록 하는 x의 값은 모두 18개이다.

03 주어진 부등식에서 좌변의 $3a$, 우변의 $-6x$를 각각 다른 변으로 이항시키면
$2ax+6x<-3a-9$
$2(a+3)x<-3(a+3)$ ...... ㉠
$a<-3$이므로 $a+3<0$
즉, ㉠의 양변을 $a+3$으로 나누면
$2x>-3$, $x>-\dfrac{3}{2}$
따라서 가장 작은 정수 x의 값은 -1이다.

04 $0.1x+3.5$의 값을 반올림하여 일의 자리까지 나타낸 수가 11이므로 이를 부등식으로 나타내면
$10.5\le0.1x+3.5<11.5$
각 변에 10을 곱하면
$105\le x+35<115$, $70\le x<80$
따라서 $m=70$, $n=80$이므로 $m+n=150$

> **함정 피하기**
>
> 반올림하여 '일의 자리까지 나타낸 수'라는 것은 소수점 아래 첫째 자리에서 반올림하라는 뜻이므로 소수점 아래 첫째 자리의 수가 0, 1, 2, 3, 4이면 '버림'하고 5, 6, 7, 8, 9이면 '올림'하면 된다.

05 $-\dfrac{1-x}{6}+\dfrac{3}{4}\le\dfrac{2}{3}$의 양변에 분모의 최소공배수인 12를 곱하면
$-2(1-x)+9\le8$, $2x+7\le8$, $2x\le1$
즉, $x\le\dfrac{1}{2}$이므로 $a=\dfrac{1}{2}$

$0.02x+0.12>0.1x-0.44$의 양변에 100을 곱하면
$2x+12>10x-44$, $-8x>-56$
즉, $x<7$이므로 $b=7$
따라서 $a=\dfrac{1}{2}$, $b=7$이므로
$b-4a=7-4\times\dfrac{1}{2}=7-2=5$

06 쪽지 (가)에 적힌 부등식의 양변에 10을 곱하면
$5-2x>14$
$-2x>9$에서 $x<-\dfrac{9}{2}$
따라서 $-\dfrac{9}{2}=-4.5$보다 작은 수가 있는 칸을 모두 칠하면 다음과 같다.

3	1	−10
−7	0	12
−1	5	−13

07 우변의 $3x$를 이항하면
$-3ax-3x>9$, $-3(a+1)x>9$ ... ㉠
이때 $a<-1$이므로 $a+1<0$이고 $-3(a+1)>0$
즉, ㉠의 양변을 $-3(a+1)$로 나누면
$x>-\dfrac{3}{a+1}$

08 $k<5$에서 $5-k>0$이므로 주어진 부등식에서 좌변의 10, 우변의 kx를 각각 다른 변으로 이항하면
$5x-kx>-10+2k$
$(5-k)x>-2(5-k)$, $x>-2$
따라서 주어진 부등식을 만족시키는 가장 작은 정수 x는 -1이다.

> **실수하기 쉬운 부분 짚어보기**
>
> [분배법칙으로 $(5-k)$를 만들어주는 이유]
> $k<5$에서 $5-k>0$이므로 부등식의 성질을 이용하기 위해 양변의 각 항을 적당히 이항하여 $5-k$를 괄호로 묶어주어야 한다.

09 $2a(x-4)>b(x-5)+a(7-x)$에서

$2ax-8a>bx-5b+7a-ax$

$(3a-b)x>5(3a-b)$ ······ ㉠

$a<b$에서 $3a<3b$이고 $3b<b$에서 $3a<b$

즉, $3a-b<0$이므로 ㉠의 양변을 $3a-b$로 나누면

$x<5$

따라서 모든 자연수 x의 값은 1, 2, 3, 4이므로 그 합은

$1+2+3+4=10$

10 $a-x\leq 2x-3$에서 $3x\geq a+3$, $x\geq\dfrac{a+3}{3}$ ······ ㉠

이때 ㉠을 만족시키는 한 자리 자연수 x가 4개이므로 6, 7, 8, 9가 ㉠에 포함되어야 한다.

즉, $5<\dfrac{a+3}{3}\leq 6$에서 $15<a+3\leq 18$이므로

$12<a\leq 15$

11 연속하는 두 개의 3의 배수를 $3x$, $3x+3$ (x는 자연수)로 놓으면

$3x\times 3-10>2(3x+3)$이므로

$9x-10>6x+6$, $3x>16$, $x>\dfrac{16}{3}=5.333\cdots$

이때 자연수 x의 최솟값이 6이므로 연속하는 두 개의 3의 배수가 가장 작을 때는 $3\times 6=18$, $3\times 6+3=21$

따라서 두 수의 곱의 최솟값은 $18\times 21=378$

실수하기 쉬운 부분 짚어보기

[x의 최솟값을 구하는 이유]

문제에서 구하는 값은 $3x$와 $3x+3$의 곱의 최솟값이므로 x의 값이 가장 작을 때 그 곱도 가장 작다.

12 연속하는 다섯 개의 5의 배수 중 가운데에 있는 수를 x라 하면

$(x-10)+(x-5)+x+(x+5)+(x+10)>99$

즉, $5x>99$이므로 $x>\dfrac{99}{5}=19.8$

따라서 가능한 x의 값 중 가장 작은 5의 배수는 20이다.

다른 풀이

연속하는 다섯 개의 5의 배수를 크기순으로

$5n-10$, $5n-5$, $5n$, $5n+5$, $5n+10$이라 하면

$(5n-10)+(5n-5)+5n+(5n+5)+(5n+10)>99$

즉, $25n>99$이므로 $n>\dfrac{99}{25}=3.96$

따라서 가장 작은 n의 값은 4이므로 가운데에 있는 수는

$5n=20$

13 생선의 원가를 A원이라 하면 처음 판매가격은

$A\times\left(1+\dfrac{20}{100}\right)=\dfrac{120}{100}A$(원)이고,

판매가격을 $x\,\%$만큼 할인한다고 하면

$\dfrac{120}{100}A\times\left(1-\dfrac{x}{100}\right)\geq A\left(1+\dfrac{11}{100}\right)$

$A>0$이므로

$\dfrac{120}{100}\left(1-\dfrac{x}{100}\right)\geq\dfrac{111}{100}$, $1-\dfrac{x}{100}\geq\dfrac{111}{120}$, $\dfrac{x}{100}\leq\dfrac{9}{120}$

$x\leq\dfrac{9}{120}\times 100=7.5$

따라서 현석이 아버지는 처음 판매가격에서 최대 7.5 %까지 할인해서 팔 수 있다.

14 정육면체 모양 나무토막 한 면의 넓이는 $2\times 2=4\,(\text{cm}^2)$이고 이 정육면체 모양의 나무토막을 일렬로 이어 붙인 개수에 따라 정사각형 모양의 면의 개수가 달라진다.

나무토막이 1개일 때 정사각형 모양의 면은

$6\times 1=6$(개)

나무토막이 2개일 때 정사각형 모양의 면은

$6\times 2-2=10$(개)

나무토막이 3개일 때 정사각형 모양의 면은

$6\times 3-4=14$(개)

나무토막이 4개일 때 정사각형 모양의 면은

$6\times 4-6=18$(개)

$\vdots$

그러므로 나무토막 n개를 일렬로 이어 붙였을 때의 정사각형 모양의 면의 개수는

$6\times n-2(n-1)=4n+2$(개)

즉, 나무토막 n개를 일렬로 이어 붙였을 때의 직육면체 모양의 나무토막의 겉넓이는

$(4n+2)\times 4=16n+8\,(\text{cm}^2)$

이때 직육면체 모양의 나무토막의 겉넓이가 $100\,\text{cm}^2$ 이상이 되도록 하려면

$16n+8\geq 100$이므로 $16n\geq 92$, $n\geq\dfrac{92}{16}=5.75$

따라서 필요한 정육면체 모양의 나무토막은 최소 6개 이상이어야 한다.

15 농도가 5 %인 소금물 1 kg에 들어 있는 소금의 양은

$$\frac{5}{100} \times 1000 = 50(\text{g})$$

햇볕에 증발되어 없어진 물의 양이 x g이면 더 넣은 소금의 양도 x g이므로 소금물의 양인 1 kg에는 변화가 없다.

즉, $\frac{50+x}{1000} \times 100 \geq 5 \times 5$, $50+x \geq 250$, $x \geq 200$

따라서 소금을 최소 200 g 이상 더 넣어야 농도가 처음의 5배 이상이 된다.

함정 피하기

(소금물의 양)＝(소금의 양)＋(물의 양)이므로 증발하여 없어진 물의 양만큼 소금을 더 넣으면 소금물의 양은 그대로이다. 즉, 소금의 양만 증가하여 소금물의 농도는 더 높아진다.

16 농도가 2 %인 소금물의 양을 x g이라 하면 농도가 14 %인 소금물의 양은 $(300-x)$g이다.

이때 (소금의 양)＝(소금물의 양)$\times \frac{(\text{농도})}{100}$이므로

$$300 \times \frac{10}{100} \leq x \times \frac{2}{100} + (300-x) \times \frac{14}{100} \leq 300 \times \frac{12}{100}$$

$$3000 \leq 2x + 4200 - 14x \leq 3600$$

$$3000 \leq 4200 - 12x \leq 3600, \ -1200 \leq -12x \leq -600$$

$$\therefore 50 \leq x \leq 100$$

즉, 농도가 2 %인 소금물을 50 g 이상 100 g 이하 넣어야 한다.

따라서 $a=50$, $b=100$이므로 $a+b=150$

Level ③ 　　本文 46~48쪽

01 ②　**02** ①　**03** ㄱ, ㄷ, ㅂ　**04** 2　**05** $\frac{19}{12}$

06 78점 초과　**07** 15개　**08** 1시간 10분 초과　**09** 시속 9 km

01 $abc<0$이므로 a, b, c 중 음수가 홀수 개 있으므로 다음 두 경우 중 하나이다.

(i) 한 수는 음수, 나머지 두 수는 양수일 때

$a>b>c$이므로 $a>b>0>c$

(ii) 세 수가 모두 음수일 때

$a>b>c$이므로 $0>a>b>c$

(i), (ii)의 어느 경우든 $c<0$이고 $ab>0$이다.

① $a>b$의 양변에 c를 곱하면 $c<0$이므로

$ac<ab$ (거짓)

② $-c>0$이므로 $-abc^2<0$ (참)

③ (i)의 경우, $b>0>c$이므로 $3bc<0$ (거짓)

④ (ii)의 경우, $0>a>c$이므로 $\frac{a}{3c}>0$ (거짓)

⑤ $a>b$의 양변에 음수인 -3을 곱하면 $-3a<-3b$이고 양변에 같은 수인 2를 더하면 부등호는 바뀌지 않으므로

$-3a+2<-3b+2$ (거짓)

02 $3a-x<\frac{2x-a}{3}$의 양변에 3을 곱하면

$9a-3x<2x-a$, $-5x<-10a$

즉, $x>2a$이므로 $x=-2$가 주어진 부등식을 만족시키지 않으려면 $2a \geq -2$이어야 한다.

$$\therefore a \geq -1$$

다른 풀이

$x=-2$일 때 $3a-x<\frac{2x-a}{3}$가 거짓이 되므로 $x=-2$를 대입했을 때 $3a-x \geq \frac{2x-a}{3}$를 만족하는 a의 값의 범위를 구해도 된다.

즉, $3a-(-2) \geq \frac{2 \times (-2)-a}{3}$, $3a+2 \geq \frac{-4-a}{3}$

$9a+6 \geq -4-a$, $10a \geq -10$

$$\therefore a \geq -1$$

03 주어진 수직선에서

$a<0<b<c$이고 $|a|=|c|$이므로 $a=-c$이다.

ㄱ. $b<c$의 양변에 a를 더하면 $a+b<a+c$ (참)

ㄴ. $a<0$, $b>0$에서 $ab<0$이고 $c>0$이므로 $ab<c$ (거짓)

ㄷ. $b>0$, $a=-c$이므로 $b-a=b-(-c)=b+c>c$

따라서 $c>0$이므로 $\frac{b-a}{c}>1$ (참)

ㄹ. $b<c$에서 $2-b>2-c$

$a<0$에서 $\frac{2-b}{a}<\frac{2-c}{a}$ (거짓)

ㅁ. $a<0$, $a<c$에서 $a^2>ac$이므로 $a^2+b>ac+b$ (거짓)

ㅂ. $b<c$에서 $b-c<0$이므로 $b<c$의 양변을 $b-c$로 나누면

$\frac{b}{b-c}>\frac{c}{b-c}$ (참)

따라서 옳은 것은 ㄱ, ㄷ, ㅂ이다.

04 $\dfrac{ax+a}{2}+1<0.2(ax-a)$의 양변에 10을 곱하면

$5(ax+a)+10<2(ax-a)$

$5ax+5a+10<2ax-2a$

$3ax<-7a-10$

$3ax<-7a-10$의 해가 $x<-4$와 같아야 하므로

$3ax<-7a-10$의 양변을 $3a$로 나누었을 때, 부등호가 바뀌지 않아야 한다.

즉, $3a>0$에서 $a>0$

$x<\dfrac{-7a-10}{3a}$이므로 $\dfrac{-7a-10}{3a}=-4$

$7a+10=12a$, $5a=10$

$\therefore a=2$

05 $0.3x+a>ax-0.8$의 양변에 10을 곱하면

$3x+10a>10ax-8$

$(3-10a)x>-10a-8$

$\dfrac{3x-1}{4}<\dfrac{2(x+1)}{5}$의 양변에 20을 곱하면

$5(3x-1)<8(x+1)$

$15x-8x<5+8$, $7x<13$, $x<\dfrac{13}{7}$

이때 $(3-10a)x>-10a-8$의 해는 $x<\dfrac{13}{7}$과 같아야 하므로 $3-10a<0$

$(3-10a)x>-10a-8$의 양변을 $3-10a$로 나누면

$x<\dfrac{-10a-8}{3-10a}=\dfrac{10a+8}{10a-3}$

즉, $\dfrac{10a+8}{10a-3}=\dfrac{13}{7}$이므로

$7(10a+8)=13(10a-3)$, $60a=95$

$\therefore a=\dfrac{95}{60}=\dfrac{19}{12}$

06 첫 번째 한국어 시험의 평균점수를 x라고 하면 두 번째 한국어 시험의 총점은

$40x-7\times4+12\times9(점)$이므로

$\dfrac{40x-7\times4+12\times9}{40}>80$

$\dfrac{40x+80}{40}>80$, $x+2>80$, $x>78$

따라서 첫 번째 한국어 시험의 평균 점수는 78점 초과이다.

07 현수막 5개를 제작하는 데 드는 비용이 2만원이므로 현수막 한 개당 $\dfrac{20000}{5}=4000(원)$의 비용이 든다.

이때 현수막을 x개 제작하고 그 비용이 한 개당 3000원 이하의 비용이려면 적어도 5개를 초과하여 제작해야 하므로 $x>5$

$(x-5)$개의 현수막은 한 개당 2500원에 제작할 수 있으므로 x개의 현수막 총 제작비용을 구하면

$20000+2500(x-5)(원)$

또한, x개의 현수막을 한 개당 3000원의 비용에 제작하면 $3000x$원

즉, $20000+2500(x-5)\leq3000x$에서

$3000x-2500x\geq20000-12500$

$500x\geq7500$, $x\geq15$

따라서 현수막을 15개 이상 제작해야 현수막 한 개당 비용이 3000원 이하가 된다.

08

주차시간	주차요금(원)	
	A	B
30분	2500	10000
1시간	$2500+200\times30=8500$	10000

즉, B 주차장에 주차하는 것이 유리해지려면 B 주차요금이 A 주차요금보다 적게 나와야 하므로 1시간보다 오래 주차해야 한다.

총 주차시간을 1시간 x분이라고 하면

$8500+200x>10000+50x$

$150x>1500$, $x>10$

따라서 1시간 10분을 초과하여 주차할 때 B 주차장에 주차하는 것이 더 유리해진다.

09 학원버스를 타기 전까지 남은 시간은 45분이고 장을 보는 시간 15분을 제외하면 집에서 시장까지 30분 이내에 집으로 돌아와야 한다.

정아가 집에서 시장으로 갈 때의 속력을 시속 $x\,\text{km}$라고 하면

시장에서 집으로 돌아올 때의 속력은 시속 $2x$ km이다.

이때 집과 시장 사이의 거리가 1.5 km로 동일하므로

$(\text{시간}) = \dfrac{(\text{거리})}{(\text{속력})}$ 에 의하여

$\dfrac{1.5}{x} + \dfrac{1.5}{2x} + \dfrac{15}{60} \le \dfrac{45}{60}$

$\dfrac{1.5}{x} + \dfrac{1.5}{2x} \le \dfrac{30}{60}$

$\dfrac{4.5}{2x} \le \dfrac{1}{2}$ ...... ㉠

x는 속력이므로 $x > 0$

따라서 ㉠의 양변에 $2x$를 곱하면 $x \ge 4.5$

즉, 정아가 학원버스를 놓치지 않으려면 집에서 시장으로 갈 때는 적어도 시속 4.5 km의 속력으로, 시장에서 집으로 돌아올 때는 적어도 시속 9 km의 속력으로 이동해야 한다.

Level ④

본문 49~51쪽

01 42　　**02** ②　　**03** $x \le 7$　　**04** 21　　**05** ⑤

06 167명　　**07** 22개　　**08** $x > 4$　　**09** $x > 15$

01 　**풀이전략** 　절댓값의 뜻을 이용하여 $|0.\dot{2}x+3| < 5$를 절댓값 기호가 없는 부등식으로 나타낸다.

$-5 < 0.\dot{2}x + 3 < 5$이므로 각 변에서 3을 빼면

$-8 < 0.\dot{2}x < 2$

이때 $0.\dot{2} = \dfrac{2}{9}$이므로 각 변에 $\dfrac{2}{9}$의 역수 $\dfrac{9}{2}$를 곱하면

$-36 < x < 9$

즉, $\dfrac{x-3}{2}$의 값의 범위는 $-\dfrac{39}{2} < \dfrac{x-3}{2} < 3$이므로

$\dfrac{x-3}{2}$의 값이 정수가 되도록 하는 가장 큰 x의 값을 구하면

$\dfrac{x-3}{2} = 2$, $x - 3 = 4$, $x = 7$이므로 $a = 7$

또한 $\dfrac{x-3}{2}$의 값이 정수가 되도록 하는 가장 작은 x의 값을 구하면

$\dfrac{x-3}{2} = -19$, $x - 3 = -38$, $x = -35$이므로 $b = -35$

$\therefore a - b = 7 - (-35) = 42$

02 　**풀이전략** 　이항을 이용하여 일차부등식 $3ax - 15a \le 10b - 2bx$를 적절히 변형하고, 이 부등식의 해가 $x \ge 5$임을 이용하여 $3a + 2b$의 부호를 알아낸다.

$3ax - 15a \le 10b - 2bx$에서

$3ax + 2bx \le 15a + 10b$

$(3a + 2b)x \le 5(3a + 2b)$

이때 주어진 부등식의 해가 $x \ge 5$이므로

$3a + 2b < 0$　 ...... ㉠

$9 - 5(a+b)x < 4ax + bx$에서

$9 - 5ax - 5bx < 4ax + bx$

$-9ax - 6bx < -9$, $-3(3a + 2b)x < -9$

㉠에 의해 $-3(3a + 2b) > 0$이므로

$x < \dfrac{-9}{-3(3a+2b)} = \dfrac{3}{3a+2b}$

　다른 풀이

$3ax - 15a \le 10b - 2bx$에서

$3ax - 15a - 10b + 2bx \le 0$

$3a(x - 5) + 2b(x - 5) \le 0$

즉, $(3a + 2b)(x - 5) \le 0$　 ...... ㉠

㉠의 해가 $x \ge 5$이므로 $x - 5 \ge 0$

따라서 $3a + 2b < 0$이어야 한다.

이를 이용하여 일차부등식의 해를 구할 수도 있다.

03 　**풀이전략** 　일차부등식 $(a+b)x > 2a - b(1+2x)$를 적절히 변형하여 해를 구하고, 주어진 해의 조건을 이용하여 a, b 사이의 관계를 식으로 나타낸다.

$(a + b)x > 2a - b(1 + 2x)$에서

$(a + b)x > 2a - b - 2bx$, $(a + 3b)x > 2a - b$

이 부등식의 해가 $x < 1$이므로 $a + 3b < 0$　 ...... ㉠

이때 $(a + 3b)x > 2a - b$의 양변을 $a + 3b$로 나누면 ㉠에서

$x < \dfrac{2a - b}{a + 3b}$

즉, $\dfrac{2a - b}{a + 3b} = 1$, $2a - b = a + 3b$, $a = 4b$　 ...... ㉡

㉡을 ㉠에 대입하면 $a + 3b = 4b + 3b = 7b < 0$이므로

$b < 0$　 ...... ㉢

또한, 부등식 $a(6 - x) \le b(3 - x)$에 ㉡을 대입하면

$4b(6 - x) \le b(3 - x)$이고

양변을 b로 나누면 ㉢에 의하여

$4(6-x) \geq 3-x$, $24-4x \geq 3-x$, $3x \leq 21$

$\therefore x \leq 7$

04 풀이전략 주어진 부등식의 해를 구하여 해의 범위에 소수인 자연수가 4개가 포함되기 위한 조건을 찾는다.

$\dfrac{a-2x}{5} > 0.7(x-2)$의 양변에 10을 곱하면

$2(a-2x) > 7(x-2)$, $2a-4x > 7x-14$, $11x < 2a+14$

이므로 $x < \dfrac{2a+14}{11}$

이때 소수인 자연수를 작은 것부터 차례대로 나열하면 2, 3, 5, 7, 11, $\cdots$이므로 주어진 일차부등식을 만족하는 x의 값 중에서 소수인 자연수 4개는 2, 3, 5, 7

즉, $7 < \dfrac{2a+14}{11} \leq 11$이므로 $77 < 2a+14 \leq 121$

$63 < 2a \leq 107$, $31.5 < a \leq 53.5$

따라서 $p=53$, $q=32$이므로

$p-q=53-32=21$

함정 피하기

[함정 피하기 ①]

소수인 4개의 자연수는 2, 3, 5, 7이므로 부등식의 해 $x < \dfrac{2a+14}{11}$가 위의 4개의 자연수를 포함하기 위한 조건을 $7 < \dfrac{2a+14}{11} \leq 8$로 잘못 설정할 수 있다. 하지만 부등식의 해 $x < \dfrac{2a+14}{11}$는 2, 3, 5, 7을 포함하고, 11을 포함하지 않으므로 $7 < \dfrac{2a+14}{11} \leq 11$을 만족시켜야 한다.

[함정 피하기 ②]

$x < 7$이면 소수 7을 포함할 수 없으므로 $\dfrac{2a+14}{11} > 7$이어야 하고, $x < 11$이면 소수인 자연수 4개를 포함할 수 있으므로 $\dfrac{2a+14}{11} \leq 11$이다.

즉, 부등식의 해 $x < \dfrac{2a+14}{11}$에 대하여 $7 < \dfrac{2a+14}{11} \leq 11$

05 풀이전략 부등식이 $-7 < x \leq 1$일 때 거짓이 된다는 것은 그 범위에서 부등식이 성립하지 않는다는 뜻임을 알아차린다. 이때 부등식이 거짓이 되게 하는 상수 k에 대하여 k의 값이 될 수 없는 값을 찾는 것은 결국 부등식이 참이 되게 하는 상수 k의 값을 찾는 것과 같다는 것을 이해한다.

좌변의 $-7k$와 우변의 kx를 각각 다른 변으로 이항하면

$2x-kx \leq -14+7k$

$(2-k)x \leq -7(2-k)$ $\cdots\cdots$ ㉠

k의 값의 범위에 따라 경우를 나누어 보면

(i) $k > 2$일 때,

$2-k < 0$이므로 ㉠의 양변을 $2-k$로 나누면 $x \geq -7$

즉, $-7 < x \leq 1$일 때 부등식이 참이 된다.

(ii) $k < 2$일 때,

$2-k > 0$이므로 ㉠의 양변을 $2-k$로 나누면 $x \leq -7$

즉, 주어진 부등식은 $x \leq -7$일 때 참이 되므로 $-7 < x \leq 1$일 때 주어진 부등식은 거짓이 된다.

따라서 (i), (ii)에 의하여 $k < 2$이어야 주어진 부등식이 $-7 < x \leq 1$일 때 거짓이 되므로 상수 k의 값이 될 수 없는 값은 $k > 2$인 k의 값이다.

다른 풀이

㉠에서 $(2-k)x+7(2-k) \leq 0$, $(2-k)(x+7) \leq 0$

$-7 < x \leq 1$일 때 거짓이 되므로 $0 < x+7 \leq 8$일 때 $(2-k)(x+7) \leq 0$이 성립하지 않는다.

즉, $x+7 > 0$일 때 $(2-k)(x+7) > 0$이어야 하므로 $2-k > 0$이다.

따라서 조건을 만족시키는 k의 값은 $k < 2$이므로 상수 k의 값이 될 수 없는 값은 $k > 2$인 값이다.

함정 피하기

부등식의 해는 부등식이 참이 되게 하는 x의 값이다. 즉, 부등식을 풀어서 구한 x의 범위에 속하지 않는 x의 값은 주어진 부등식이 참이 아닌 거짓이 되게 한다.

실수하기 쉬운 부분 짚어보기

[결국 구해야 하는 k의 값]

주어진 부등식이 $-7 < x \leq 1$일 때 참이 되게 하는 k의 값을 구하는 것과 같다. 즉, (i)의 경우이므로 $k > 2$인 k의 값이다.

06 풀이전략 동전을 x번 던졌을 때 300송이의 꽃을 모두 팔았으므로 앞면, 뒷면이 나온 횟수를 각각 x에 대한 식으로 나타내어 모금액에 대한 부등식을 세운다.

모금에 참여한 인원 수는 동전을 던진 횟수인 x와 같고, 동전을 던져 나온 앞면의 횟수를 H라고 하면 뒷면이 나온 횟수는 $x-H$이다.

준비한 꽃 300송이가 모두 팔렸으므로

$2H+(x-H)=300$, $x+H=300$, $H=300-x$

따라서 뒷면이 나온 횟수는 $x-H=2x-300$

즉, 모금액은 $1000H+2000(x-H)$(원)이므로

$2000x-1000H \geq 200000$, $2x-H \geq 200$

$2x-(300-x) \geq 200$, $3x \geq 500$

$x \geq \dfrac{500}{3} = 166.666\cdots$

따라서 모금액이 20만원 이상이려면 최소 167명 이상이 모금에 참여해야 한다.

07 풀이전략 연탄구멍 1개를 막기 전과 막은 후의 겉넓이의 차이를 구하여 막아야 할 연탄구멍의 개수에 대한 부등식을 세운다.

처음 연탄의 겉넓이는
$$\{\pi \times 15^2 - \pi \times (0.2)^2 \times 25\} \times 2 + (2\pi \times 15 \times 10) +$$
$$(2\pi \times 0.2 \times 10) \times 25$$
$$= 2(225\pi - \pi) + 300\pi + 4\pi \times 25$$
$$= 448\pi + 300\pi + 100\pi = 848\pi \,(\mathrm{cm^2})$$
원기둥 모양의 연탄구멍을 1개 막을 때, 작아지는 연탄의 겉넓이를 구하면
$$2\pi \times 0.2 \times 10 - \pi \times (0.2)^2 \times 2$$
$$= 4\pi - 0.08\pi = 3.92\pi \,(\mathrm{cm^2})$$
즉, 연탄구멍 1개를 막을 때마다 연탄의 겉넓이는 $3.92\pi \,\mathrm{cm^2}$씩 작아진다.
이때 막은 연탄구멍의 개수를 x라고 하면
$$848\pi - 3.92\pi \times x < 848\pi \times \frac{90}{100}$$이므로
$$3.92\pi \times x > 848\pi \left(1 - \frac{9}{10}\right)$$
$$x > 848\pi \times \frac{1}{10} \times \frac{100}{392\pi} = 21.6\cdots$$
따라서 연탄의 겉넓이가 처음 연탄의 겉넓이의 $90\,\%$ 미만이 되려면 연탄구멍을 적어도 22개 이상 막아야 한다.

08 풀이전략 세 선분으로 삼각형을 만들기 위해서는 한 변의 길이가 나머지 두 변의 길이의 합보다 반드시 작아야 함을 이용한다.

삼각형이 만들어지기 위해서는 가장 긴 변의 길이가 나머지 두 변의 길이의 합보다 작아야 한다. 이때 $x < x+7$은 항상 성립하므로 가장 긴 변의 길이는 $(2x-1)\,\mathrm{cm}$ 또는 $(x+7)\,\mathrm{cm}$이다.
(i) $2x-1 > x+7$이면 $x > 8$
　　이때 $2x-1 < x+(x+7) = 2x+7$이 항상 성립하므로 삼각형을 만들 수 있다.
(ii) $2x-1 < x+7$이면 $x < 8$
　　이때 $x+7 < x+(2x-1) = 3x-1$에서
　　$2x > 8$, $x > 4$
　　즉, $4 < x < 8$일 때 항상 삼각형을 만들 수 있다.
(iii) $2x-1 = x+7$이면 $x = 8$
　　$x = 8$인 경우 세 선분의 길이는 각각 $8\,\mathrm{cm}$, $15\,\mathrm{cm}$, $15\,\mathrm{cm}$이므로 삼각형을 만들 수 있다.
따라서 (i)~(iii)에 의하여 주어진 세 선분으로 삼각형을 만들려면 $x > 4$이어야 한다.

09 풀이전략 거리, 속력, 시간에 대한 공식을 이용하여 마라톤 종목에서 얼마나 짧은 시간 내에 마라톤 종목을 뛰어야 하는지 구한다.

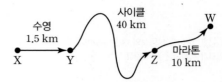

이 경기에서 지호는 수영 종목에서 1500 m를 분속 60 m로, 사이클 종목에서 40000 m를 분속 800 m로 이동했으므로 두 종목에서 걸린 시간을 $(\text{시간}) = \dfrac{(\text{거리})}{(\text{속력})}$를 이용하여 구하면
$$\frac{1500}{60} + \frac{40000}{800} = 25 + 50 = 75\,(\text{분})$$이므로 총 1시간 15분이다.
이때 지호의 개인 통산 최고기록은 1시간 55분이므로 수영과 사이클 종목에서 걸린 시간인 1시간 15분을 제외하면 지호는 최고기록 경신을 위하여 마라톤 종목에서 40분, 즉 $\dfrac{40}{60} = \dfrac{2}{3}(\text{시간})$보다 짧은 시간 안에 10 km를 이동해야 한다.
$(\text{속력}) = \dfrac{(\text{거리})}{(\text{시간})}$이므로 $x > 10 \div \dfrac{2}{3} = \dfrac{30}{2} = 15$

4 연립일차방정식

본문 54~57쪽

01 ①, ③   **02** ②   **03** ②   **04** 2   **05** $x=\dfrac{9}{2}, y=\dfrac{15}{2}$

06 4   **07** ④   **08** 4   **09** ①   **10** 3   **11** 3

12 $x=-\dfrac{14}{5}, y=-\dfrac{7}{5}$ **13** ④   **14** 1   **15** 7   **16** 50

---

01 $(k+2)x+8y+5=4x+2ky+1$에서

$(k-2)x+(8-2k)y+4=0$

이 식이 미지수가 2개인 일차방정식이 되려면

$k-2\neq0$, $8-2k\neq0$이므로

$k\neq2$, $k\neq4$

02 (사다리꼴의 넓이)

$=\{(윗변의 길이)+(아랫변의 길이)\}\times(높이)\times\dfrac{1}{2}$

이므로

$3x=(5+y)\times4\times\dfrac{1}{2}$

$3x=10+2y$, $3x-2y=10$

따라서 미지수가 2개인 일차방정식으로 나타내면

$3x-2y=10$

03 ㄱ. $x-5y=-13$의 좌변에 $x=3$, $y=-2$를 대입하면

$3-5\times(-2)=13\neq-13$ (거짓)

ㄴ. x, y가 한 자리 자연수일 때,

x	2	7
y	3	4

이므로 해가 2개이다. (참)

ㄷ. x, y가 양이 아닌 정수일 때,

$x=5y-13\leq0$에서 $y\leq\dfrac{13}{5}$

x	-13	-18	-23	$\cdots$
y	0	-1	-2	$\cdots$

이므로 해가 무수히 많다. (거짓)

따라서 옳은 것은 ㄴ이다.

04 ㉠에서 $y=3x-4$ …… ㉢

이를 ㉡에 대입하면

$11x-3(3x-4)=20$, $2x=8$이므로 $x=4$

이때 $x=4$를 ㉢에 대입하면

$y=3\times4-4=8$

따라서 $\alpha=4$, $\beta=8$에서 $\dfrac{\beta}{\alpha}=2$이므로

(가)$=3x-4$에 $x=2$를 대입하면

(가)$=3\times2-4=2$

05 x의 값이 y의 값의 $\dfrac{3}{5}$배이므로 $x=\dfrac{3}{5}y$

즉, 연립방정식 $\begin{cases}5x-y=15 & \cdots\cdots ㉠ \\ x=\dfrac{3}{5}y & \cdots\cdots ㉡\end{cases}$ 의 해를 구하면 된다.

㉡을 ㉠에 대입하면

$5\times\dfrac{3}{5}y-y=15$, $2y=15$이므로 $y=\dfrac{15}{2}$

이를 ㉡에 대입하면 $x=\dfrac{3}{5}\times\dfrac{15}{2}=\dfrac{9}{2}$

따라서 구하는 해는 $x=\dfrac{9}{2}$, $y=\dfrac{15}{2}$

06 연립일차방정식 $\begin{cases}4x-5(y-x)=6 \\ 3(x+3y)+y=9\end{cases}$ 의 두 식을 괄호를

풀어 정리하면

$\begin{cases}9x-5y=6 & \cdots\cdots ㉠ \\ 3x+10y=9 & \cdots\cdots ㉡\end{cases}$

㉠$\times2+$㉡을 하면

$21x=21$, $x=1$

이므로 이를 ㉠에 대입하면

$9-5y=6$, $5y=3$, $y=\dfrac{3}{5}$

$\therefore x+5y=1+5\times\dfrac{3}{5}=4$

07 연립일차방정식 $\begin{cases}(5x-2):2=(x+3y):3 & \cdots\cdots ㉠ \\ 0.11x-0.06y=0.1 & \cdots\cdots ㉡\end{cases}$

에 대하여 ㉠에서 $2(x+3y)=3(5x-2)$

$2x+6y=15x-6$, $-13x+6y=-6$

㉡$\times100$을 하면 $11x-6y=10$

연립방정식 $\begin{cases}-13x+6y=-6 & \cdots\cdots ㉢ \\ 11x-6y=10 & \cdots\cdots ㉣\end{cases}$ 에서

㉢$+$㉣을 하면

$-2x=4$, $x=-2$

이때 $x=-2$를 ㉣에 대입하면 $y=-\dfrac{16}{3}$

따라서 $a=-2$, $b=-\dfrac{16}{3}$이므로 점 $\mathrm{P}\left(-2,\,-\dfrac{16}{3}\right)$이고

이 점은 제3사분면 위에 위치한다.

08 $x=3$, $y=6$을 주어진 연립일차방정식에 대입하면

$a+3b=-0.4(3b-6a)=4$

즉, 연립방정식 $\begin{cases} a+3b=4 & \cdots\cdots ㉠ \\ -0.4(3b-6a)=4 & \cdots\cdots ㉡ \end{cases}$ 으로 나타낼

수 있다.

㉡을 정리하면 $6a-3b=10$ $\quad\cdots\cdots ㉢$

㉠$+$㉢을 하면 $7a=14$, $a=2$

이때 $a=2$를 ㉠에 대입하면

$2+3b=4$, $3b=2$, $b=\dfrac{2}{3}$

$\therefore a+3b=2+3\times\dfrac{2}{3}=4$

09 주어진 연립방정식은 $\begin{cases} \dfrac{2x-y+8}{2}=4 & \cdots\cdots ㉠ \\ -0.5x+0.2y+1=4 & \cdots\cdots ㉡ \end{cases}$ 로

나타낼 수 있다.

㉠$\times 2$를 하면 $2x-y+8=8$에서 $y=2x$ $\quad\cdots\cdots ㉢$

㉡$\times 10$을 하면 $-5x+2y=30$ $\quad\cdots\cdots ㉣$

㉢을 ㉣에 대입하면 $-5x+4x=30$에서 $x=-30$

$x=-30$을 ㉢에 대입하면

$y=2\times(-30)=-60$

$\therefore x=-30$, $y=-60$

함정 피하기

연립방정식 $A=B=C$에 대하여 C가 상수이면 $\begin{cases} A=C \\ B=C \end{cases}$ 꼴로 바꾸어 푸는 것이 더 편리하다.

10 주어진 연립일차방정식 $\begin{cases} 13x-2y=10 & \cdots\cdots ㉠ \\ -3x=18-ay & \cdots\cdots ㉡ \end{cases}$ 에서

㉠에 주어진 조건인 $y=4x$를 대입하면

$13x-8x=10$, $5x=10$, $x=2$

이때 $x=2$이므로 $y=4\times 2=8$이고 이를 ㉡에 대입하면

$-6=18-8a$, $8a=24$

$\therefore a=3$

11 일차방정식 $x-5y=-2$는 $x=5y-2$이므로 이를

주어진 연립방정식 $\begin{cases} x+2y=12 & \cdots\cdots ㉠ \\ -7y+4x=6a & \cdots\cdots ㉡ \end{cases}$ 에서

㉠에 대입하면

$(5y-2)+2y=12$, $7y=14$, $y=2$

$x=5y-2$에서 $x=10-2=8$

즉, $x=8$, $y=2$를 ㉡에 대입하면 $-14+32=6a$

$\therefore a=3$

12 연립일차방정식 $\begin{cases} -2x+\dfrac{2}{3}ay=14 & \cdots\cdots ㉠ \\ 3x-y=-7 & \cdots\cdots ㉡ \end{cases}$ 의 해가

$x=-3$, $y=b$이므로 ㉡에 대입하면

$-9-b=-7$, $b=-2$

즉, ㉠에 $x=-3$, $y=-2$를 대입하면

$-2\times(-3)+\dfrac{2}{3}a\times(-2)=14$

$\dfrac{4}{3}a=-8$, $a=-6$

따라서 연립방정식 $\begin{cases} -2x-6y=14 & \cdots\cdots ㉢ \\ 3x-y=-7 & \cdots\cdots ㉣ \end{cases}$ 을 바르게

풀면

㉣에서 $y=3x+7$이므로 이를 ㉢의 양변을 -2로 나눈

$x+3y=-7$에 대입하면

$x+3(3x+7)=-7$, $10x=-28$, $x=-\dfrac{14}{5}$

이때 $y=3x+7$에 $x=-\dfrac{14}{5}$를 대입하면

$y=3\times\left(-\dfrac{14}{5}\right)+7=-\dfrac{7}{5}$

따라서 연립방정식의 해는 $x=-\dfrac{14}{5}$, $y=-\dfrac{7}{5}$

13 연립일차방정식 $\begin{cases} 3x+2y=12 & \cdots\cdots ㉠ \\ x+(a+3)y=b & \cdots\cdots ㉡ \end{cases}$ 의 해가 무수히

많으므로 ㉡$\times 3$을 하면

$\begin{cases} 3x+2y=12 \\ 3x+3(a+3)y=3b \end{cases}$ 의 두 식이 일치해야 한다.

즉, $3(a+3)=2$, $3b=12$이어야 하므로

$a=-\dfrac{7}{3}$, $b=4$

14 $\frac{1}{x}=X$, $\frac{1}{y}=Y$라고 하면 주어진 연립방정식은

$$\begin{cases} 4Y-3X=2 & \cdots\cdots \text{㉠} \\ X+2Y=6 & \cdots\cdots \text{㉡} \end{cases}$$

이때 ㉠$-$㉡$\times 2$를 하면 $X=2$이므로 이를 ㉡에 대입하면

$2+2Y=6$, $Y=2$

따라서 $\frac{1}{x}=2$, $\frac{1}{y}=2$이므로 $x=\frac{1}{2}$, $y=\frac{1}{2}$

$\therefore x+y=\frac{1}{2}+\frac{1}{2}=1$

15 주어진 연립방정식의 세 식을 모두 더하면

$2(x+y+z)=6$, $x+y+z=3$ $\cdots\cdots$ ㉠

이때 ㉠을 이용하여 세 식에서 x, y, z의 값을 각각 구하면

$x=1$, $y=4$, $z=-2$

$\therefore x+y-z=1+4-(-2)=7$

다른 풀이

연립방정식 $\begin{cases} x+y=5 & \cdots\cdots \text{㉠} \\ y+z=2 & \cdots\cdots \text{㉡} \\ z+x=-1 & \cdots\cdots \text{㉢} \end{cases}$ 에서

㉠$-$㉡을 하면 $x-z=3$ $\cdots\cdots$ ㉣

이때 ㉢$+$㉣을 하면 $2x=2$, $x=1$이고

이를 ㉠에 대입하면

$y=4$이므로 ㉡에서 $z=-2$

따라서 $x=1$, $y=4$, $z=-2$이므로

$x+y-z=1+4-(-2)=7$

16 주어진 연립방정식 $\begin{cases} 3x+ay=4 & \cdots\cdots \text{㉠} \\ b+2=5y-x & \cdots\cdots \text{㉡} \end{cases}$ 의 해가 무수히

많으려면 두 식이 서로 같아야 한다.

그러므로 ㉡$\times(-3)$을 하면

$-3b-6=-15y+3x$

$3x-15y=-3b-6$이고 이것이 ㉠과 같아야 하므로

$a=-15$, $4=-3b-6$

따라서 $a=-15$, $b=-\frac{10}{3}$이므로

$ab=(-15)\times\left(-\frac{10}{3}\right)=50$

Level ② 본문 58~59쪽

01 ③ **02** $(0, 16)$, $(1, 11)$, $(2, 6)$, $(3, 1)$ **03** 102 **04** $\frac{17}{6}$

05 63 **06** 1 **07** 14 **08** 45

---

01 x, y의 관계를 식으로 나타내면

ㄱ. $2x+3y=20$

ㄴ. $\frac{1}{2}xy=25$

ㄷ. $y=5x+3$

ㄹ. $\frac{2}{3}x+\frac{1}{5}y=10$

ㅁ. $xy=60$

따라서 미지수가 2개인 일차방정식을 모두 고르면

ㄱ, ㄷ, ㄹ의 3개이다.

02 $1000x+200y=3200$이므로 $5x+y=16$이고 이를 만족하는

x, y를 구하면

x	0	1	2	3
y	16	11	6	1

따라서 포대와 봉지를 사용하는 방법을 순서쌍으로 나타내면

$(0, 16)$, $(1, 11)$, $(2, 6)$, $(3, 1)$

03 $y+2(2x-y)=17$을 괄호를 풀어 정리하면

$4x-y=17$이므로

연립일차방정식 $\begin{cases} 4x-y=17 & \cdots\cdots \text{㉠} \\ 6x-y=3 & \cdots\cdots \text{㉡} \end{cases}$ 의 해를 구하면 된다.

㉡$-$㉠을 하면 $2x=-14$, $x=-7$이고 이를 ㉠에 대입하면

$y=-28-17=-45$

따라서 $-2(x-y)+3x=5-k$를 괄호를 풀어 정리하면

$k=5-x-2y$이므로 $x=-7$, $y=-45$를 대입하면

$k=5-(-7)-2\times(-45)=102$

04 주어진 연립방정식 $\begin{cases} \frac{3}{2}x-ky=2 \\ \frac{k}{5}x-0.9y=\frac{1}{2} \end{cases}$ 의 계수를 정수로 바꾸기

위해 양변에 각각 2와 10을 곱하면

$$\begin{cases} 3x-2ky=4 \\ 2kx-9y=5 \end{cases}$$

이때 $x=y$를 위의 연립방정식에 대입하면

$$\begin{cases} 3y-2ky=4 \\ 2ky-9y=5 \end{cases}$$ 이고 변끼리 더하면

$-6y=9$, $y=-\dfrac{3}{2}$

그러므로 $3y-2ky=4$에서 $2ky=3y-4$이고 이 식에

$y=-\dfrac{3}{2}$을 대입하면

$-3k=-\dfrac{9}{2}-4=-\dfrac{17}{2}$이므로

$k=\dfrac{17}{6}$

05 연립방정식 $\begin{cases} 0.\dot{3}x+1.\dot{3}y=0.\dot{6} \\ (3-y):(x+2y-1)=2:5 \end{cases}$ 를 정리하면

$\dfrac{3}{9}x+\dfrac{13-1}{9}y=\dfrac{6}{9}$, $3x+12y=6$

$x+4y=2$ $\qquad$ …… ㉠

$2(x+2y-1)=5(3-y)$

$2x+4y-2=15-5y$

$2x+9y=17$ $\qquad$ …… ㉡

㉠×2-㉡을 하면

$8y-9y=4-17$, $y=13$

$y=13$을 ㉠에 대입하면

$x=2-4\times13=-50$

따라서 $\alpha=-50$, $\beta=13$이므로

$\beta-\alpha=13-(-50)=63$

06 연립일차방정식 $\begin{cases} x+5y=a+2 & …… ㉠ \\ -2x+y=3a-1 & …… ㉡ \end{cases}$ 에서

㉠×3-㉡을 하면

$5x+14y=7$ $\qquad$ …… ㉢

이때 x, y의 값의 합이 2이므로

$x+y=2$, $x=2-y$ $\qquad$ …… ㉣

㉣을 ㉢에 대입하여 y의 값을 구하면

$5(2-y)+14y=7$

$9y=-3$, $y=-\dfrac{1}{3}$

이를 ㉣에 대입하면

$x=2-\left(-\dfrac{1}{3}\right)=\dfrac{7}{3}$

즉, ㉠에 $x=\dfrac{7}{3}$, $y=-\dfrac{1}{3}$을 대입하면

$\dfrac{7}{3}+5\times\left(-\dfrac{1}{3}\right)=a+2$, $a=\dfrac{2}{3}-2=-\dfrac{4}{3}$

따라서 $a=-\dfrac{4}{3}$이므로

$3a+5=3\times\left(-\dfrac{4}{3}\right)+5=1$

07 연립일차방정식 $\begin{cases} (a+3)x-by=-7 & …… ㉠ \\ x+cy=-10 & …… ㉡ \end{cases}$ 의 해가

$x=2$, $y=-3$이므로 이를 ㉠에 대입하면

$2(a+3)+3b=-7$

$2a+3b=-13$ $\qquad$ …… ㉢

$x=2$, $y=-3$을 ㉡에 대입하면

$2-3c=-10$, $c=4$

또한, 재연이는 c를 제외한 a, b는 바르게 보고 풀었으므로

$x=1$, $y=-1$을 ㉠에 대입하면

$a+3+b=-7$, $a+b=-10$ $\qquad$ …… ㉣

이때 ㉢-㉣×2를 하면 $b=7$이고

㉣에 대입하면 $a=-17$

$\therefore c-b-a=4-7-(-17)=14$

08 두 연립방정식의 해가 서로 같으므로 그 해는 주어진 4개의 일차방정식은 모두 참이 되도록 하는 x, y의 값이다.

연립일차방정식 $\begin{cases} 3x+5y=1 & …… ㉠ \\ 5x+y=9 & …… ㉡ \end{cases}$ 에서

㉠-㉡×5를 하면

$-22x=-44$, $x=2$

이를 ㉡에 대입하면

$10+y=9$, $y=-1$

이때 $x=2$, $y=-1$을 $y=8-ax$, $2x-6y=b$에 각각 대입하면

$-1=8-2a$, $2a=9$, $a=\dfrac{9}{2}$

$4+6=b$, $b=10$

따라서 $a=\dfrac{9}{2}$, $b=10$이므로

$ab=\dfrac{9}{2}\times10=45$

01 $(0, -22), (3, -15), (6, -8), (9, -1)$ **02** $\dfrac{4}{3}$

03 $x=2, y=4$ **04** 7 **05** 1 **06** 2

---

01 $xy \leq 0$이므로 다음과 같이 경우를 나누어 보면

(ⅰ) $x=0$인 경우

$-3y=66$이므로 $y=-22$

(ⅱ) $y=0$인 경우

$7x=66$이므로 $x=\dfrac{66}{7}$

(ⅲ) $x<0$, $y>0$인 경우

$7x-3y<0$이므로 $7x-3y=66>0$을 만족시키는

두 정수 x, y는 존재하지 않는다.

(ⅳ) $x>0$, $y<0$인 경우

$7x=3(y+22)$이므로 $0<y+22<22$의 범위에서

$y+22$가 7의 배수일 때를 찾으면

$y+22=21$일 때 $y=-1$이고 $x=9$

$y+22=14$일 때 $y=-8$이고 $x=6$

$y+22=7$일 때 $y=-15$이고 $x=3$

따라서 (ⅰ)~(ⅳ)에 의해 두 정수 x, y의 순서쌍 (x, y)는

$(0, -22), (3, -15), (6, -8), (9, -1)$

02 $5xy=4x+3y$의 양변을 xy로 나누면 $5=\dfrac{4}{y}+\dfrac{3}{x}$이므로

$\dfrac{1}{x}=X$, $\dfrac{1}{y}=Y$로 놓으면

$\begin{cases} 3X+4Y=5 & \cdots\cdots ㉠ \\ 4X+3Y=9 & \cdots\cdots ㉡ \end{cases}$

Y를 소거하기 위해 ㉠$\times 3$－㉡$\times 4$를 하면

$9X-16X=15-36$, $-7X=-21$, $X=3$이고

$X=3$을 ㉠에 대입하면

$9+4Y=5$, $4Y=-4$, $Y=-1$이므로

$X=\dfrac{1}{x}=3$, $x=\dfrac{1}{3}$이고 $Y=\dfrac{1}{y}=-1$, $y=-1$

$\therefore x-y=\dfrac{1}{3}-(-1)=\dfrac{4}{3}$

03 주어진 연립방정식 $\begin{cases} 3^x+3y=21 & \cdots\cdots ㉠ \\ 3^{x+1}-2y=19 & \cdots\cdots ㉡ \end{cases}$ 에서 미지수 y를

소거하기 위해 ㉠$\times 2$＋㉡$\times 3$을 하면

$2\times 3^x+3\times 3^{x+1}=42+57$이고 $3^{x+1}=3\times 3^x$이므로

$11\times 3^x=99$, $3^x=9$, $x=2$

㉠에 $x=2$를 대입하면

$3^2+3y=21$, $3y=12$, $y=4$

$\therefore x=2, y=4$

다른 풀이

$3^{x+1}=3\times 3^x$이므로

미지수 x를 소거하기 위해 ㉠$\times 3$－㉡을 하면

$9y+2y=63-19$, $11y=44$, $y=4$

㉠에 $y=4$를 대입하면

$3^x+12=21$, $3^x=9$, $x=2$

$\therefore x=2, y=4$

04 주어진 연립일차방정식 $\begin{cases} 7x-4y=3c & \cdots\cdots ㉠ \\ 2y-3x=c & \cdots\cdots ㉡ \end{cases}$ 에서

미지수 y를 소거하기 위해 ㉠＋㉡$\times 2$를 하면

$7x-4y+2(2y-3x)=3c+2c$이므로 $x=5c$

또한, 상수 c를 소거하기 위해 ㉠－㉡$\times 3$을 하면

$7x-4y-3(2y-3x)=3c-3c$

$16x-10y=0$, $y=\dfrac{8}{5}x$

즉, $x=5c$에서 $y=\dfrac{8}{5}x=8c$이므로 $a=5c$, $b=8c$

이때 a, b, c의 최소공배수가 280이고, $280=2^3\times 5\times 7$이므로

$a=5\times 7$, $b=2^3\times 7$, $c=7$

$\therefore \dfrac{a+b+c}{14}=\dfrac{7(5+8+1)}{14}=7$

05 m, n에 대한 연립방정식 $\begin{cases} m-2n=1 \\ -2n+3m=-5 \end{cases}$ 에서

$m-2n=1$, $m=2n+1$이고 이를 $-2n+3m=-5$에 대입

하면

$-2n+3(2n+1)=-5$, $4n+3=-5$, $n=-2$

즉, $n=-2$이면 $m=2\times(-2)+1=-3$

순서쌍 $(-3, -2)$가 $2ax+7y=b$를 만족하므로

$-6a-14=b$ $\cdots\cdots ㉠$

순서쌍 $(-2, -3)$이 $bx-ay=3$을 만족하므로

$-2b+3a=3$ $\cdots\cdots ㉡$

㉠을 ㉡에 대입하면

$-2(-6a-14)+3a=3$

$12a+28+3a=3$, $15a=-25$, $a=-\dfrac{5}{3}$

따라서 ㉠에 $a=-\dfrac{5}{3}$를 대입하면

$$b = -6 \times \left(-\frac{5}{3}\right) - 14 = 10 - 14 = -4$$

$$\therefore b - 3a = -4 - 3 \times \left(-\frac{5}{3}\right) = 1$$

06 $x > 0$, $y < 0$에서 $xy < 0$

이때 $xy + ab > 0$, 즉 $ab > -xy > 0$을 만족하는 두 정수 a, b를 구해야 한다.

주어진 연립방정식 $\begin{cases} 9x + 2ay = 1 & \cdots\cdots \text{㉠} \\ -ay = 2bx + 6 & \cdots\cdots \text{㉡} \end{cases}$에서

㉡은 $ay = -2bx - 6$이므로 이를 ㉠에 대입하면

$$9x - 4bx - 12 = 1$$

$(9 - 4b)x = 13$이므로 $x = \dfrac{13}{9 - 4b}$

이때 x는 양의 정수이므로 x의 값으로 가능한 값은 13의 양의 약수 1, 13이다.

즉, 가능한 b의 값은 -1, 2의 2가지이다.

(i) $b = -1$일 때

$x = \dfrac{13}{13} = 1$이므로 ㉡에 대입하면

$$-ay = -2 + 6, \; ay = -4$$

이때 y는 음의 정수이므로 $a > 0$

따라서 $ab < 0$이므로 $xy + ab > 0$을 만족시키는 순서쌍 (a, b)가 존재하지 않는다.

(ii) $b = 2$일 때

$x = \dfrac{13}{1} = 13$이므로 ㉡에 대입하면

$$-ay = 52 + 6, \; ay = -58$$

이때 y는 음의 정수이므로 가능한 a, y의 값은 다음과 같다.

a	1	2	29	58
y	-58	-29	-2	-1

이때 $xy + ab > 0$을 만족시키는 경우는

$a = 29$, $y = -2$와 $a = 58$, $y = -1$이다.

따라서 $xy + ab > 0$을 만족시키는 순서쌍 (a, b)는 $(29, -2)$, $(58, -1)$의 2개이다.

(i), (ii)에 의하여 구하는 순서쌍의 개수는 2이다.

Level 4 본문 62~63쪽

01 6 **02** -5, $-\dfrac{25}{4}$ **03** $\dfrac{5}{3}$ **04** $-\dfrac{10}{9}$ **05** 27

06 2

01 **풀이전략** $A = B = C$ 꼴의 연립방정식은 $\begin{cases} A = B \\ A = C \end{cases}$, $\begin{cases} A = B \\ B = C \end{cases}$, $\begin{cases} A = C \\ B = C \end{cases}$의 꼴로 바꾸어 푼다. 이때 연립방정식의 해가 모두 정수이므로 $|x|$, $|y|$의 값은 모두 0 또는 자연수임을 이용한다.

주어진 연립방정식은 $\begin{cases} 2|x| + k|y| - 3 = 7 \\ |x| - 3|y| + 8 = 7 \end{cases}$으로 나타낼 수 있고 각 일차방정식을 간단히 정리하면

$$\begin{cases} 2|x| + k|y| = 10 & \cdots\cdots \text{㉠} \\ |x| - 3|y| = -1 & \cdots\cdots \text{㉡} \end{cases}$$

㉠$-$㉡$\times 2$를 하면 $(k + 6)|y| = 12$이고 $k + 6 > 0$이므로

$$|y| = \frac{12}{k + 6}$$

이때 정수 y에 대해 $|y|$는 0 또는 자연수이고 $\dfrac{12}{k + 6} > 0$이므로

$|y|$로 가능한 값은 12의 약수인 1, 2, 3, 4, 6, 12뿐이다.

또한, ㉡에서 $|x| - 3|y| = -1$이므로 $|y|$의 값이 자연수이면 $|x|$의 값도 자연수이다.

따라서 $k + 6$의 값은 12의 약수 1, 2, 3, 4, 6, 12이므로 k의 값은 -5, -4, -3, -2, 0, 6의 6개이다.

02 **풀이전략** x의 절댓값이 y의 절댓값의 2배이므로 $|x| = 2|y|$이다. 즉, $x = 2y$인 경우와 $x = -2y$인 경우로 나누어 상수 a의 값을 구한다.

$5x - ay = 3a$에서 $(y + 3)a = 5x$, $a = \dfrac{5x}{y + 3}$

연립방정식의 해 (x, y)가 $|x| = 2|y|$이므로 x, y의 관계는 $x = 2y$ 또는 $x = -2y$ 둘 중 하나이다.

(i) $x = 2y$일 때

$3x + 4y = -10$에 $x = 2y$를 대입하면

$$6y + 4y = -10, \; 10y = -10, \; y = -1$$

즉, $x = -2$이므로 $a = \dfrac{5 \times (-2)}{-1 + 3} = -5$

(ii) $x = -2y$일 때

$3x + 4y = -10$에 $x = -2y$를 대입하면

$$-6y + 4y = -10, \; -2y = -10, \; y = 5$$

즉, $x = -10$이므로

$$a = \frac{5 \times (-10)}{5 + 3} = -\frac{50}{8} = -\frac{25}{4}$$

따라서 (ⅰ), (ⅱ)에 의하여 가능한 상수 a의 값은 모두 -5, $-\dfrac{25}{4}$이다.

실수하기 쉬운 부분 짚어보기

[$|x|=2|y|$가 $x=2y$ 또는 $x=-2y$ 둘 중 하나인 이유]

x, y 중 어느 하나라도 0이면 $|x|=2|y|$에 의해 $x=y=0$이 되므로 주어진 연립방정식에서 $3x+4y=-10$을 만족시키지 않는다.

따라서 x, y는 둘 다 0이 될 수 없다.

$|x|=\begin{cases} x & (x>0) \\ -x & (x<0) \end{cases}$, $|y|=\begin{cases} y & (y>0) \\ -y & (y<0) \end{cases}$

따라서 x, y의 관계를 나타내기 위해 $|x|=2|y|$에서 절댓값 기호를 없애면 다음 표와 같다.

	$y>0$	$y<0$
$x>0$	$x=2y$	$x=-2y$
$x<0$	$-x=2y$	$-x=-2y$

즉, x, y의 관계는 $x=2y$이거나 $x=-2y$ 둘 중 하나이다.

---

03 **풀이전략** 연립방정식의 각 일차방정식을 적절히 변형하여 $\dfrac{1}{x}+\dfrac{1}{y}+\dfrac{1}{z}$의 값과 $x-y+z$의 값을 구한다.

$x\left(\dfrac{1}{y}+\dfrac{1}{z}\right)-y\left(\dfrac{1}{z}+\dfrac{1}{x}\right)+z\left(\dfrac{1}{x}+\dfrac{1}{y}\right)=\dfrac{10}{3}$에서

$\dfrac{z-y}{x}+\dfrac{x+z}{y}+\dfrac{x-y}{z}=\dfrac{10}{3}$

이를 변형하면

$\left(\dfrac{z-y}{x}+1\right)+\left(\dfrac{x+z}{y}-1\right)+\left(\dfrac{x-y}{z}+1\right)=\dfrac{10}{3}+1$

$\dfrac{x-y+z}{x}+\dfrac{x-y+z}{y}+\dfrac{x-y+z}{z}=\dfrac{13}{3}$

즉, $(x-y+z)\left(\dfrac{1}{x}+\dfrac{1}{y}+\dfrac{1}{z}\right)=\dfrac{13}{3}$에서

$\dfrac{1}{x}+\dfrac{1}{y}+\dfrac{1}{z}=\dfrac{13}{3(x-y+z)}$

이때 $5(xy+yz+zx)=13xyz$의 양변을 xyz로 나누면

$5\left(\dfrac{1}{x}+\dfrac{1}{y}+\dfrac{1}{z}\right)=13$이므로 $\dfrac{1}{x}+\dfrac{1}{y}+\dfrac{1}{z}=\dfrac{13}{5}$

따라서 $\dfrac{13}{3(x-y+z)}=\dfrac{13}{5}$에서 $x-y+z=\dfrac{5}{3}$이고

연립방정식의 해가 (a, b, c)이므로

$a-b+c=\dfrac{5}{3}$

---

04 **풀이전략** 연립방정식 $\begin{cases} ax+by=c \\ a'x+b'y=c' \end{cases}$에서

해가 무수히 많으면 $\dfrac{a}{a'}=\dfrac{b}{b'}=\dfrac{c}{c'}$를 만족하고, 해가 없으면 $\dfrac{a}{a'}=\dfrac{b}{b'}\neq\dfrac{c}{c'}$를 만족한다.

주어진 연립방정식

$\begin{cases} ax+0.\dot{3}y=0.5 & \cdots\cdots ㉠ \\ 3(ay+2)-x(b+1)=3(x-2ay-1)+b(y-x) & \cdots\cdots ㉡ \end{cases}$

에서 $0.\dot{3}=\dfrac{3}{9}=\dfrac{1}{3}$, $0.5=\dfrac{1}{2}$이므로

㉠$\times 6$을 하면 $6ax+2y=3$

㉡의 식을 정리하면 $4x+(b-9a)y=9$

즉, 연립방정식 $\begin{cases} 6ax+2y=3 \\ 4x+(b-9a)y=9 \end{cases}$의 해가 무수히 많으므로

$\dfrac{6a}{4}=\dfrac{2}{b-9a}=\dfrac{3}{9}$

따라서 $\dfrac{3a}{2}=\dfrac{1}{3}$에서 $a=\dfrac{2}{9}$

$\dfrac{2}{b-9a}=\dfrac{1}{3}$에서 $b-9a=6$, $b=9\times\dfrac{2}{9}+6=8$

이때 연립방정식 $\dfrac{2}{9}(2x+y-1)=\dfrac{3x-y+8}{9}=ky+1$은

$\begin{cases} \dfrac{2}{9}(2x+y-1)=\dfrac{3x-y+8}{9} & \cdots\cdots ㉢ \\ \dfrac{3x-y+8}{9}=ky+1 & \cdots\cdots ㉣ \end{cases}$ 과 같으므로

㉢$\times 9$를 하면

$4x+2y-2=3x-y+8$, $x+3y=10$

㉣$\times 9$를 하면

$3x-y+8=9ky+9$, $3x+(-1-9k)y=1$

즉, $\begin{cases} x+3y=10 \\ 3x+(-1-9k)y=1 \end{cases}$ 해가 없으므로

$\dfrac{1}{3}=\dfrac{3}{-1-9k}\neq 10$에서 $-1-9k=9$

$\therefore k=-\dfrac{10}{9}$

다른 풀이

연립방정식 $\begin{cases} \dfrac{2}{9}(2x+y-1)=\dfrac{3x-y+8}{9} \\ \dfrac{2}{9}(2x+y-1)=ky+1 \end{cases}$ 을 풀어도

$k=-\dfrac{10}{9}$을 구할 수 있다.

---

05 **풀이전략** $\dfrac{a+b}{a-5b}=-2$에서 a, b 사이의 관계를 찾고, 이를 이용하여 연립방정식을 간단하게 변형하여 푼다.

$\dfrac{a+b}{a-5b}=-2$에서 $a+b=-2(a-5b)$, $3a=9b$, $a=3b$

주어진 연립방정식에 $a=3b$를 대입하여 식을 정리하면

$\begin{cases} (4b+1)x+2(4b+1)y=5b & \cdots\cdots ㉠ \\ 5(b+2)x-(-2b+4)y=6b & \cdots\cdots ㉡ \end{cases}$

이 연립방정식은 해가 없고,

㉠에서 $(x$의 계수$):(y$의 계수$)=1:2$이므로

㉡에서 $5(b+2):(2b-4)=1:2$이어야 한다.

즉, $2b-4=10b+20$, $8b=-24$, $b=-3$

따라서 $a=-9$이므로 $ab=27$

06 풀이전략 $x\geq2$일 때와 $x<2$일 때로 나누어 $x\triangle2$의 식을 찾고, 마찬가지로 $y\leq-5$일 때와 $y>-5$일 때로 나누어 $(-5)\triangle y$의 식을 찾아 경우에 따른 연립방정식의 해를 구한다.

$$x\triangle2=\begin{cases}2x-x+2-1=x+1 & (x\geq2)\\ 2x+x-2+1=3x-1 & (x<2)\end{cases}$$

$$(-5)\triangle y=\begin{cases}-5y+5+y-1=-4y+4 & (y\leq-5)\\ -5y-5-y+1=-6y-4 & (y>-5)\end{cases}$$

(i) $x\geq2$, $y\leq-5$일 때,

연립방정식 $\begin{cases}x+1-y=5\\ 2x-4y+4=10\end{cases}$

즉, $\begin{cases}x-y=4 & \cdots\cdots ㉠\\ x-2y=3 & \cdots\cdots ㉡\end{cases}$ 이고 ㉠$-$㉡을 하면 $y=1$

이때 y의 값이 $y\leq-5$의 범위에 맞지 않으므로 해가 존재하지 않는다.

(ii) $x\geq2$, $y>-5$일 때,

연립방정식 $\begin{cases}x+1-y=5\\ 2x-6y-4=10\end{cases}$

즉, $\begin{cases}x-y=4 & \cdots\cdots ㉠\\ x-3y=7 & \cdots\cdots ㉡\end{cases}$ 이고 ㉠$-$㉡을 하면

$2y=-3$이므로 $y=-\dfrac{3}{2}$

㉠에 $y=-\dfrac{3}{2}$을 대입하면

$x=4-\dfrac{3}{2}=\dfrac{5}{2}$

이때 x, y의 값은 주어진 범위에 포함되므로

$\left(\dfrac{5}{2},\,-\dfrac{3}{2}\right)$은 주어진 연립방정식을 만족시킨다.

(iii) $x<2$, $y\leq-5$일 때,

연립방정식 $\begin{cases}3x-1-y=5\\ 2x-4y+4=10\end{cases}$

즉, $\begin{cases}3x-y=6 & \cdots\cdots ㉢\\ x-2y=3 & \cdots\cdots ㉡\end{cases}$ 이고 ㉢$\times2-$㉡을 하면

$5x=9$이므로 $x=\dfrac{9}{5}$

㉢에 $x=\dfrac{9}{5}$를 대입하면

$y=3\times\dfrac{9}{5}-6=-\dfrac{3}{5}$

이때 y의 값이 $y\leq-5$의 범위에 맞지 않으므로 해가 존재하지 않는다.

(iv) $x<2$, $y>-5$일 때,

연립방정식 $\begin{cases}3x-1-y=5\\ 2x-6y-4=10\end{cases}$

즉, $\begin{cases}3x-y=6 & \cdots\cdots ㉣\\ x-3y=7 & \cdots\cdots ㉢\end{cases}$ 이고 ㉣$\times3-$㉢을 하면

$8x=11$이므로 $x=\dfrac{11}{8}$

$x=\dfrac{11}{8}$을 ㉣에 대입하면

$y=3\times\dfrac{11}{8}-6=-\dfrac{15}{8}$이므로 $y=-\dfrac{15}{8}$

이때 x, y의 값은 주어진 범위에 포함되므로

$\left(\dfrac{11}{8},\,-\dfrac{15}{8}\right)$는 주어진 연립방정식을 만족시킨다.

따라서 (i)~(iv)에 의하여 주어진 연립방정식을 만족시키는 순서쌍은 $\left(\dfrac{5}{2},\,-\dfrac{3}{2}\right)$, $\left(\dfrac{11}{8},\,-\dfrac{15}{8}\right)$의 2개이다.

5 연립방정식의 활용

Level ①

본문 66~69쪽

01 38 　**02** ③ 　**03** ③ 　**04** ⑤ 　**05** ④ 　**06** ① 　**07** ④

08 ② 　**09** (1) $x+y=450$, $\dfrac{6}{100}x+\dfrac{2}{100}y=17$ 　(2) 남학생 수 : 212,

여학생 수 : 255 　**10** ② 　**11** ① 　**12** 7 km 　**13** ③ 　**14** 300 g

15 ① 　**16** ⑤

---

01 처음 수의 십의 자리의 숫자를 x, 일의 자리의 숫자를 y라 하면

$$\begin{cases} x+y=11 \\ 10y+x=2(10x+y)+7 \end{cases}$$

위 식을 정리하면

$$\begin{cases} x+y=11 & \cdots\cdots \ \text{㉠} \\ 19x-8y=-7 & \cdots\cdots \ \text{㉡} \end{cases}$$

㉠$\times 8+$㉡을 하면

$27x=81$ 　$\therefore x=3$

$x=3$을 ㉠에 대입하면 $y=8$

따라서 처음 수는 38이다.

02 큰 수, 작은 수를 각각 x, y라 하면

$$\begin{cases} x=y\times 4+1 \\ x+5=6\times y \end{cases}$$

위 식을 정리하면 $\begin{cases} x=4y+1 & \cdots\cdots \ \text{㉠} \\ x=6y-5 & \cdots\cdots \ \text{㉡} \end{cases}$

㉠을 ㉡에 대입하면

$4y+1=6y-5$, $2y=6$ 　$\therefore y=3$

$y=3$을 ㉠에 대입하면 $x=13$

03 현재 어머니의 나이를 x살, 딸의 나이를 y살이라 하면

$$\begin{cases} x=y+24 \\ x+20=2(y+20)-11 \end{cases}$$

위 식을 간단히 하면

$$\begin{cases} x=y+24 & \cdots\cdots \ \text{㉠} \\ x=2y+9 & \cdots\cdots \ \text{㉡} \end{cases}$$

㉠을 ㉡에 대입하면

$y+24=2y+9$ 　$\therefore y=15$

$y=15$를 ㉠에 대입하면 $x=39$

따라서 현재 어머니의 나이는 39살이다.

04 민섭이와 정렬이가 이긴 횟수를 각각 x, y라 하면

$$\begin{cases} 2x-y=13 & \cdots\cdots \ \text{㉠} \\ 2y-x=1 & \cdots\cdots \ \text{㉡} \end{cases}$$

㉠$+$㉡$\times 2$를 하면

$3y=15$ 　$\therefore y=5$

$y=5$를 ㉡에 대입하면 $x=9$

따라서 민섭이가 이긴 횟수는 9이다.

함정 피하기

> 가위바위보 게임에서 비기는 경우는 없으므로 민섭이가 x회 이겼을 때 정렬이는 x회 지고, 정렬이가 y회 이겼을 때 민섭이는 y회 진다.

05 A의 중간고사 수학 점수를 x점, 기말고사 수학 점수를 y점이라 하면 B의 중간고사 수학 점수는 $(2x-35)$점, 기말고사 수학 점수는 $(y+10)$점이다.

$$\begin{cases} \dfrac{x+y}{2}=70 \\ \dfrac{(2x-35)+(y+10)}{2}=85 \end{cases} \text{에서}$$

$$\begin{cases} x+y=140 & \cdots\cdots \ \text{㉠} \\ 2x+y=195 & \cdots\cdots \ \text{㉡} \end{cases}$$

㉠$-$㉡을 하면

$-x=-55$ 　$\therefore x=55$

$x=55$를 ㉠에 대입하면 $y=85$

따라서 A의 1학기 기말고사 수학 점수는 85점이다.

06 성금 1000원을 낸 학생 수를 x, 2000원을 낸 학생 수를 y라 하면

$$\begin{cases} 1000x+2000y=40000 \\ 1600(x+y)=40000 \end{cases} \text{에서}$$

$$\begin{cases} x+2y=40 & \cdots\cdots \ \text{㉠} \\ x+y=25 & \cdots\cdots \ \text{㉡} \end{cases}$$

㉠$-$㉡을 하면 $y=15$

$y=15$를 ㉡에 대입하면 $x=10$

따라서 1000원을 낸 학생 수는 10이다.

07 3000원인 물건 x개, 5000원인 물건 y개를 구입했다고 하면

$\begin{cases} 3000x + 5000y = 70000 \\ \left(\dfrac{10}{100} \times 3000\right)x + \left(\dfrac{20}{100} \times 5000\right)y = 11000 \end{cases}$

에서 $\begin{cases} 3x + 5y = 70 & \cdots\cdots ㉠ \\ 3x + 10y = 110 & \cdots\cdots ㉡ \end{cases}$

㉠−㉡을 하면 $-5y = -40$ ∴ $y = 8$

$y = 8$을 ㉠에 대입하면 $x = 10$

따라서 원가 3000원인 물건은 10개이다.

08 지난 주의 A, B상품의 판매액을 각각 x원, y원이라고 하면

$x + y = 900000 \qquad \cdots\cdots ㉠$

또, 이번 주의 A상품의 판매 증가액은 $0.05x$, B상품의 판매 감소액은 $0.02y$이므로

$\dfrac{5}{100}x - \dfrac{2}{100}y = 17000$

즉, $5x - 2y = 1700000 \qquad \cdots\cdots ㉡$

㉡+㉠×2를 하면 $7x = 3500000$ ∴ $x = 500000$

㉠에 $x = 500000$을 대입하면 $y = 400000$

따라서 이번 주의 A상품의 판매액은

$x + \dfrac{5}{100}x = 1.05x = 1.05 \times 500000 = 525000$ (원)

09 (1) $\begin{cases} x + y = 450 & \cdots\cdots ㉠ \\ \dfrac{6}{100}x + \dfrac{2}{100}y = 17 & \cdots\cdots ㉡ \end{cases}$

(2) ㉡×50을 하면

$\begin{cases} x + y = 450 & \cdots\cdots ㉠ \\ 3x + y = 850 & \cdots\cdots ㉢ \end{cases}$

㉠−㉢을 하면 $-2x = -400$ ∴ $x = 200$

$x = 200$을 ㉠에 대입하면 $y = 250$

∴ (올해의 남학생 수)$= x + \dfrac{6}{100}x = 1.06x$

$= 1.06 \times 200 = 212$

(올해의 여학생 수)$= y + \dfrac{2}{100}y = 1.02y$

$= 1.02 \times 250 = 255$

실수하기 쉬운 부분 짚어보기

비교하는 상황을 표로 그려 정리하면 다음과 같다.

	작년	올해
남학생 수(명)	x	$x + \dfrac{6}{100}x$
여학생 수(명)	y	$y + \dfrac{2}{100}y$
합계	450	$450 + 17$

10 전체 일의 양을 1로 놓고, A, B가 하루에 하는 일의 양을 각각 x, y라고 하자. A가 4일 동안, B가 10일 동안 일을 하면 일을 끝낼 수 있으므로

$4x + 10y = 1 \qquad \cdots\cdots ㉠$

A, B가 동시에 하면 6일만에 일을 끝낼 수 있으므로

$6x + 6y = 1 \qquad \cdots\cdots ㉡$

㉠×3−㉡×2를 하면

$18y = 1, \; y = \dfrac{1}{18}$

㉠에 $y = \dfrac{1}{18}$을 대입하면 $x = \dfrac{1}{9}$

따라서 각각 혼자서 일을 하면 A는 9일, B는 18일이 걸린다.

11 올라갈 때 거리를 x km, 내려올 때 거리를 y km라고 하면

$\begin{cases} x + y = 10 & \cdots\cdots ㉠ \\ \dfrac{x}{3} + \dfrac{y}{5} = \dfrac{7}{3} & \cdots\cdots ㉡ \end{cases}$

㉠×3−㉡×15를 하면

$-2x = -5$ ∴ $x = \dfrac{5}{2}$

$x = \dfrac{5}{2}$를 ㉠에 대입하면 $y = \dfrac{15}{2}$

따라서 올라갈 때의 거리는 2.5 km이다.

12 형이 달린 거리를 x km, 동생이가 달린 거리를 y km라고 하면

$x + y = 12 \qquad \cdots\cdots ㉠$

형과 동생이 동시에 마주보고 출발하여 만났으므로 달린 시간이 같다.

$(시간) = \dfrac{(거리)}{(속력)} = \dfrac{x}{7} = \dfrac{y}{5} \qquad \cdots\cdots ㉡$

㉠×5−㉡×35를 하면

$12y = 60$ ∴ $y = 5$

$y = 5$를 ㉠에 대입하면 $x = 7$

따라서 형이 달린 거리는 7 km이다.

13 기차의 길이를 x m, 속력을 초속 y m라고 하면 기차가 터널과 다리를 지나간 거리는 각각 $(900 + x)$m, $(500 + x)$m이다.

즉, $\begin{cases} 900 + x = 42y & \cdots\cdots ㉠ \\ 500 + x = 26y & \cdots\cdots ㉡ \end{cases}$

㉠−㉡을 하면 $400 = 16y, \; y = 25$

$y=25$를 ㉠에 대입하면

$900+x=1050$, $x=150$

따라서 기차의 길이는 150 m, 속력은 초속 25 m이다.

14 10 %의 설탕물을 x g, 15 %의 설탕물을 y g 섞었다고 하면

$\begin{cases} x+y=500 \\ \dfrac{10}{100}\times x+\dfrac{15}{100}\times y=\dfrac{12}{100}\times 500 \end{cases}$ 에서

$\begin{cases} x+y=500 & \cdots\cdots\ ㉠ \\ 2x+3y=1200 & \cdots\cdots\ ㉡ \end{cases}$

㉠×2−㉡을 하면

$-y=-200$ $\therefore y=200$

$y=200$을 ㉠에 대입하면 $x=300$

따라서 10 %의 설탕물 300 g이 필요하다.

15 구리 400 g, 주석 500 g을 포함한 새로운 합금을 만들 때 필요한 합금 A의 양을 x g, 합금 B의 양을 y g이라고 하면

$\begin{cases} \dfrac{25}{100}x+\dfrac{10}{100}y=400 \\ \dfrac{10}{100}x+\dfrac{20}{100}y=500 \end{cases}$ 에서

$\begin{cases} 5x+2y=8000 & \cdots\cdots\ ㉠ \\ x+2y=5000 & \cdots\cdots\ ㉡ \end{cases}$

㉠−㉡을 하면 $4x=3000$ $\therefore x=750$

$x=750$을 ㉡에 대입하면 $y=2125$

따라서 합금 A는 750 g이 필요하다.

16 세로의 길이를 x cm, 가로의 길이를 y cm라고 하면

$\begin{cases} y=x+6 \\ 2(x+y)=52 \end{cases}$ 에서

$\begin{cases} y=x+6 & \cdots\cdots\ ㉠ \\ x+y=26 & \cdots\cdots\ ㉡ \end{cases}$

㉠을 ㉡에 대입하면

$x+x+6=26$, $x=10$

$x=10$을 ㉠에 대입하면 $y=16$

따라서 직사각형의 넓이는

$10\times16=160(\text{cm}^2)$

 본문 70~73쪽

01 16000원 **02** ① **03** ③ **04** ④ **05** ② **06** 20점

07 ④ **08** A 제품 개수 : 702, B 제품 개수 : 624 **09** ①

10 1시간 40분 **11** 시속 4 km

12 A의 농도 : 6 %, B의 농도 : 24 %

13 ⑴ 10 % 소금물의 양 : 275 g, 14 % 소금물의 양 : 75 g ⑵ 27.5 g

14 ⑤ **15** 364 cm² **16** 54 cm²

01 명희와 진희가 처음에 가지고 있던 돈을 각각 x원, y원이라 하면

$\begin{cases} \dfrac{3}{4}x+\dfrac{2}{3}y=18000 \\ \dfrac{1}{4}x-\dfrac{1}{3}y=1000 \end{cases}$ 에서 $\begin{cases} 9x+8y=216000 & \cdots\cdots\ ㉠ \\ 3x-4y=12000 & \cdots\cdots\ ㉡ \end{cases}$

㉠−㉡×3을 하여 연립방정식을 풀면

$x=16000$, $y=9000$

따라서 명희가 처음에 가지고 있던 돈은 16000원이다.

02 $\begin{cases} A=5B+2 \\ 33B=6A+12 \end{cases}$ 에서 $\begin{cases} A-5B=2 & \cdots\cdots\ ㉠ \\ -6A+33B=12 & \cdots\cdots\ ㉡ \end{cases}$

㉠×6+㉡을 하여 연립방정식을 풀면

$A=42$, $B=8$

$\therefore A-B=42-8=34$

다른 풀이

$33B=6A+12$에 $A=5B+2$를 대입하여 연립방정식을 풀면

$33B=30B+24$, $3B=24$ $\therefore B=8$

$\therefore A=5\times8+2=42$

03 큰 수를 x, 작은 수를 y라 하면

$\begin{cases} x\times\dfrac{2}{10}+y\times\dfrac{3}{10}=19 \\ x\times\dfrac{3}{10}+y\times\dfrac{2}{10}=21 \end{cases}$ 에서 $\begin{cases} 2x+3y=190 & \cdots\cdots\ ㉠ \\ 3x+2y=210 & \cdots\cdots\ ㉡ \end{cases}$

㉠×3−㉡×2를 하여 연립방정식을 풀면

$x=50$, $y=30$

$\therefore$ (큰 수와 작은 수의 합)$=x+y=50+30=80$

실수하기 쉬운 부분 짚어보기

어떤 비율을 소수로 나타낼 때, 소수 첫째 자리를 '할', 소수 둘째 자리를 '푼', 소수 셋째 자리를 '리'라고 한다.

즉, 소수 0.237을 할푼리로 읽으면 '2할 3푼 7리'라고 읽는다.

따라서 문제에서 주어진 2할은 $0.2=\dfrac{2}{10}$와 같고, 3할은 $0.3=\dfrac{3}{10}$과 같다.

04 남학생 수를 x, 여학생 수를 y라 하면

$$\begin{cases} x+y=350 \\ \dfrac{1}{10}x+\dfrac{1}{5}y=\dfrac{1}{7}\times350 \end{cases} \text{에서} \begin{cases} x+y=350 & \cdots\cdots \text{㉠} \\ x+2y=500 & \cdots\cdots \text{㉡} \end{cases}$$

㉠－㉡을 하여 연립방정식을 풀면 $x=200$, $y=150$

따라서 이 학급의 여학생 수는 150이다.

05 전체 참가 학생 수를 x, 텐트의 수를 y라고 하면

$$x=8y+20 \qquad \cdots\cdots \text{㉠}$$

전체 텐트의 수 y 중에서 $\dfrac{3}{4}$은 8명씩, $\dfrac{1}{4}$은 9명씩 배정되었으므로

$$x=8\times\dfrac{3}{4}y+9\times\dfrac{1}{4}y \qquad \cdots\cdots \text{㉡}$$

㉠, ㉡을 연립하여 풀면

$$8y+20=8\times\dfrac{3}{4}y+9\times\dfrac{1}{4}y$$

$$\dfrac{1}{4}y=20 \qquad \therefore y=80$$

$y=80$을 ㉠에 대입하면 $x=660$

따라서 참가한 학생 수는 660, 텐트의 수는 80이다.

06 A학교 학생들의 평균 점수를 x점, B학교 학생들의 평균 점수를 y점이라 하면

$$\begin{cases} y=x+4 \\ y+5=2x-7 \end{cases} \text{에서} \begin{cases} y=x+4 & \cdots\cdots \text{㉠} \\ y=2x-12 & \cdots\cdots \text{㉡} \end{cases}$$

㉠, ㉡을 연립하여 풀면 $x=16$, $y=20$

따라서 C학교 학생들의 평균 점수는 B학교보다 5점 높으므로 25점이다.

$\therefore$ (응시자 전체의 평균 점수)

$$=\dfrac{25\times16+35\times20+20\times25}{25+35+20}$$

$$=\dfrac{1600}{80}=20(\text{점})$$

$(\text{평균})=\dfrac{(\text{각 자료의 총합})}{(\text{자료의 수})}$ 이므로 A, B, C학교의 학생들이 받은 점수의 총합은 각각 $25\times16(\text{점})$, $35\times20(\text{점})$, $20\times25(\text{점})$이다.

07 할인하기 전의 수영장과 헬스장 월 회원 이용료를 각각 x원, y원이라 하면

$$\begin{cases} x+y=150000 \\ \dfrac{10}{100}x+\dfrac{30}{100}y=29000 \end{cases} \text{에서} \begin{cases} x+y=150000 & \cdots\cdots \text{㉠} \\ x+3y=290000 & \cdots\cdots \text{㉡} \end{cases}$$

㉠－㉡을 하여 연립방정식을 풀면

$x=80000$, $y=70000$

$\therefore$ (할인된 후 수영장의 월 회원 이용료)

$$=80000-80000\times\dfrac{10}{100}=72000(\text{원})$$

(10 % 할인된 후 수영장의 월 이용료)

＝(할인되기 전 수영장의 월 이용료의 90 %)

$$=80000\times\dfrac{90}{100}=72000(\text{원})$$

08 2월에 생산한 A 제품의 개수를 x, B 제품의 개수를 y라고 하면

$$\begin{cases} x+y=1000+1000\times\dfrac{30}{100} \\ -\dfrac{10}{100}x+\dfrac{20}{100}y=26 \end{cases} \text{에서} \begin{cases} x+y=1300 & \cdots\cdots \text{㉠} \\ -x+2y=260 & \cdots\cdots \text{㉡} \end{cases}$$

㉠＋㉡을 하여 연립방정식을 풀면 $x=780$, $y=520$

따라서 3월에 생산한 A 제품은 지난 달에 비해 10 % 감소하였으므로 그 개수는

$$780-780\times\dfrac{10}{100}=702$$

B 제품은 지난 달에 비해 20 % 증가하였으므로 그 개수는

$$520+520\times\dfrac{20}{100}=624$$

1월에 생산한 A, B 제품의 수를 각각 a, b라고 하면

	1월	2월	3월
A	a	$1.3a$	$1.3a\times0.9$
B	b	$1.3b$	$1.3b\times1.2$

$$\begin{cases} a+b=1000 \\ -1.3a\times0.1+1.3b\times0.2=26 \end{cases} \text{에서 연립방정식을 풀어 3월}$$

에 생산한 A, B 제품의 개수를 구할 수 있다.

09 수영장에 가득 차 있는 물의 양을 1이라 하고, A, B펌프로 1시간 동안 뺄 수 있는 물의 양을 각각 x, y라 하면

$$\begin{cases} 10x+10y=1 \\ \dfrac{5}{2}x+15y=1 \end{cases} \text{에서} \begin{cases} 10x+10y=1 & \cdots\cdots \text{㉠} \\ 5x+30y=2 & \cdots\cdots \text{㉡} \end{cases}$$

㉠－㉡×2를 하여 연립방정식을 풀면

$$x=\dfrac{1}{25}, \; y=\dfrac{3}{50}$$

따라서 A펌프로만 물을 빼는 데 25시간이 걸린다.

10 준형이의 속력을 시속 x km, 민선이의 속력을 시속 y km라 하면

반대 방향으로 돌아서 만날 때

(준형이가 걸은 거리)+(민선이가 걸은 거리)=(한 바퀴)

같은 방향으로 돌아서 만날 때

(준형이가 걸은 거리)−(민선이가 걸은 거리)=(한 바퀴)

즉, $\begin{cases} \dfrac{1}{2}x+\dfrac{1}{2}y=1.8 \\ \dfrac{3}{2}x-\dfrac{3}{2}y=1.8 \end{cases}$ 에서 $\begin{cases} x+y=3.6 & \cdots\cdots\ \text{㉠} \\ 3x-3y=3.6 & \cdots\cdots\ \text{㉡} \end{cases}$

㉠+㉡÷3을 하여 연립방정식을 풀면 $x=2.4$, $y=1.2$

따라서 준형이의 속력이 시속 2.4 km이므로 4 km 떨어진 민선

이네 집을 가는 데 걸리는 시간은 $\dfrac{4}{2.4}=\dfrac{5}{3}$(시간)

즉, 1시간 40분 걸린다.

11 정지한 물에서의 배의 속력을 시속 x km, 강물의 속력을 시속 y km라 하면

(i) (강물을 거슬러 올라갈 때의 배의 속력)

   =(정지한 물에서 배의 속력)−(강물의 속력)

   $=x-y$

(ii) (내려올 때의 배의 속력)

   =(정지한 물에서 배의 속력)+(강물의 속력)

   $=x+y$

즉, $\begin{cases} 3(x-y)=30 \\ \dfrac{5}{3}(x+y)=30 \end{cases}$ 에서 $\begin{cases} x-y=10 & \cdots\cdots\ \text{㉠} \\ x+y=18 & \cdots\cdots\ \text{㉡} \end{cases}$

㉠+㉡을 하여 연립방정식을 풀면 $x=14$, $y=4$

따라서 강물의 속력은 시속 4 km이다.

12 소금물 A의 농도를 x %, 소금물 B의 농도를 y %라 하면

$\begin{cases} \dfrac{x}{100}\times 300+\dfrac{y}{100}\times 300=\dfrac{15}{100}\times 600 \\ \dfrac{x}{100}\times 400+\dfrac{y}{100}\times 200=\dfrac{12}{100}\times 600 \end{cases}$

에서 $\begin{cases} x+y=30 & \cdots\cdots\ \text{㉠} \\ 2x+y=36 & \cdots\cdots\ \text{㉡} \end{cases}$

㉠−㉡을 하여 연립방정식을 풀면

$x=6$, $y=24$

따라서 소금물 A의 농도는 6 %, 소금물 B의 농도는 24 %이다.

13 덜어낸 10 %의 소금물의 양을 x g, 섞은 14 %의 소금물의 양을 y g이라 하면

$\begin{cases} 500-x+y=300 \\ \dfrac{10}{100}(500-x)+\dfrac{14}{100}y=\dfrac{11}{100}\times 300 \end{cases}$ 에서

$\begin{cases} x-y=200 & \cdots\cdots\ \text{㉠} \\ 5x-7y=850 & \cdots\cdots\ \text{㉡} \end{cases}$

㉠×5−㉡을 하여 연립방정식을 풀면 $x=275$, $y=75$

(1) 덜어낸 10 %의 소금물의 양은 275 g이고, 섞은 14 %의 소금물의 양은 75 g이다.

(2) (덜어낸 10 % 소금물에 들어 있는 소금의 양)

   $=\dfrac{10}{100}\times 275=27.5$(g)

14 섭취해야 할 식품 A의 양을 x g, 식품 B의 양을 y g이라고 하면

$\begin{cases} \dfrac{3}{100}x+\dfrac{2}{100}y=30 \\ \dfrac{4}{100}x+\dfrac{3}{100}y=43 \end{cases}$ 에서

$\begin{cases} 3x+2y=3000 & \cdots\cdots\ \text{㉠} \\ 4x+3y=4300 & \cdots\cdots\ \text{㉡} \end{cases}$

㉠×3−㉡×2를 하여 연립방정식을 풀면 $x=400$, $y=900$

따라서 식품 A의 양은 400 g, 식품 B의 양은 900 g을 섭취하면 된다.

15 처음 직사각형의 가로의 길이를 x cm, 세로의 길이를 y cm라 하면

$\begin{cases} 2x+2y=80 \\ x+2(y+10)=74 \end{cases}$ 에서 $\begin{cases} x+y=40 & \cdots\cdots\ \text{㉠} \\ x+2y=54 & \cdots\cdots\ \text{㉡} \end{cases}$

㉠−㉡을 하여 연립방정식을 풀면

$x=26$, $y=14$

∴ (처음 직사각형의 넓이)$=26\times 14=364$(cm²)

16 타일 한 장의 긴 변의 길이를 x cm, 짧은 변의 길이를 y cm라고 하면 $\overline{AB}=\overline{DC}$이므로

$\begin{cases} 4x=6y \\ 6x+8y=102 \end{cases}$

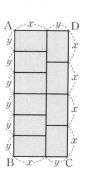

에서 $\begin{cases} 2x-3y=0 & \cdots\cdots\ \text{㉠} \\ 3x+4y=51 & \cdots\cdots\ \text{㉡} \end{cases}$

㉠×3−㉡×2를 하여 연립방정식을 풀면

$x=9$, $y=6$

따라서 처음 타일 한 장의 넓이는

$xy=9\times 6=54$(cm²)

Level ③
본문 74~76쪽

01 (1) 남자 지원자 수 : 120, 여자 지원자 수 : 90 (2) 50

02 9 **03** $\frac{30}{48}$ **04** 5분 **05** 16분 **06** 40 g **07** 20분

08 15.75 km

---

01 (1) 입사 지원자 수가 210명이고 남녀의 비가 4 : 3이므로

(남자 지원자 수)$=210 \times \frac{4}{4+3}=120$

(여자 지원자 수)$=210 \times \frac{3}{4+3}=90$

(2) 합격자의 남녀의 비가 5:3이므로 합격한 남자, 여자의 수를 각각 $5x$명, $3x$명이라 하고, 불합격자의 남녀의 비가 2:3이 므로 불합격한 남자, 여자의 수를 각각 $2y$명, $3y$명이라고 하면

$\begin{cases} 5x+2y=120 & \cdots\cdots\ \text{㉠} \\ 3x+3y=90 & \cdots\cdots\ \text{㉡} \end{cases}$

㉠$\times 3-$㉡$\times 2$를 하여 연립방정식을 풀면

$x=20, \ y=10$

따라서 불합격자의 수는

$2y+3y=5y=5 \times 10=50$

02 이날 판매한 샤프의 개수를 a, 볼펜의 개수를 b라 하면

샤프의 정가는 $4000+4000 \times \frac{5}{10}=4000 \times \frac{15}{10}=6000$(원),

볼펜의 정가는 $5000+5000 \times \frac{4}{10}=5000 \times \frac{14}{10}=7000$(원)

이고 모두 판매할 때 매출액이 58000원이므로

$6000a+7000b=58000$

즉, $6a+7b=58$ $\cdots\cdots$ ㉠

할인가로 판매했을 때의 이익이 3400원이므로

$\left(6000 \times \frac{70}{100}-4000\right)a+\left(7000 \times \frac{80}{100}-5000\right) \times b$
$=3400$

즉, $a+3b=17$ $\cdots\cdots$ ㉡

㉠$-$㉡$\times 6$을 하여 연립방정식을 풀면

$a=5, \ b=4$

따라서 판매한 샤프와 볼펜 두 상품의 개수의 합은 $5+4=9$

03 어떤 분수를 $\frac{x}{y}$라 하면

$\frac{x}{y}=\frac{5}{8}$이고, $\frac{3x-20}{y-8}=\frac{7}{4}$이다.

$\begin{cases} 8x=5y \\ 4(3x-20)=7(y-8) \end{cases}$ 에서 $\begin{cases} 8x-5y=0 & \cdots\cdots\ \text{㉠} \\ 12x-7y=24 & \cdots\cdots\ \text{㉡} \end{cases}$

㉠$\times 3-$㉡$\times 2$를 하여 연립방정식을 풀면

$x=30, \ y=48$

따라서 처음 분수는 $\frac{30}{48}$이다.

다른 풀이

어떤 분수를 기약분수로 고치면 $\frac{5}{8}$이므로 처음 분수를

$\frac{5x}{8x}(x \neq 0)$라 하면

$\frac{5x \times 3-20}{8x-8}=\frac{7}{4}$에서 $x=6$

따라서 처음 분수는 $\frac{5x}{8x}=\frac{5 \times 6}{8 \times 6}=\frac{30}{48}$

04 A, B기계가 1분 동안 만들 수 있는 부속품의 개수를 각각 x, y라 하면

$\begin{cases} (4x+y) \times 5=200 \\ (3x+2y) \times 4=200 \end{cases}$ 에서 $\begin{cases} 4x+y=40 & \cdots\cdots\ \text{㉠} \\ 3x+2y=50 & \cdots\cdots\ \text{㉡} \end{cases}$

㉠$\times 2-$㉡을 하여 연립방정식을 풀면

$x=6, \ y=16$

A기계 2대와 B기계 2대를 동시에 사용할 때 부속품 220개를 만드는 데 걸리는 시간을 a분이라 하면

$(2 \times 6+2 \times 16) \times a=220$

$\therefore a=5$

따라서 걸리는 시간은 5분이다.

05 A, B호스로 1분 동안 채울 수 있는 물의 양을 각각 x L, y L라 하면

$\begin{cases} 8x+10y=320 \\ 5(x+y)+7x=320-40 \end{cases}$ 에서

$\begin{cases} 4x+5y=160 & \cdots\cdots\ \text{㉠} \\ 12x+5y=280 & \cdots\cdots\ \text{㉡} \end{cases}$

㉡$-$㉠을 하여 연립방정식을 풀면

$x=15, \ y=20$

따라서 B호스만을 사용하여 빈 물통을 채우는 데 걸리는 시간은

$\frac{320}{20}=16$(분)

06 6%의 설탕물의 양과 더 넣은 물의 양을 각각 $5x$ g, x g이라 하고, 10%의 설탕물의 양을 y g이라 하면

$$\begin{cases} 5x+y+x=400 \\ \dfrac{6}{100}\times 5x+\dfrac{10}{100}\times y=\dfrac{7}{100}\times 400 \end{cases}$$

에서 $\begin{cases} 6x+y=400 \quad\cdots\cdots\ \text{㉠} \\ 3x+y=280 \quad\cdots\cdots\ \text{㉡} \end{cases}$

㉡을 ㉠에 대입하여 연립방정식을 풀면 $x=40$, $y=160$
따라서 더 넣은 물의 양은 40 g이다.

실수하기 쉬운 부분 짚어보기

물을 추가하면 설탕의 양은 변함 없고 설탕물의 양만 늘어난다.
따라서 설탕의 양은 총 $(6\times 5x+10\times y)$ g,
설탕물의 양은 총 $(5x+y+x)$ g이므로

$(\text{농도})=\dfrac{(\text{설탕의 양})}{(\text{설탕물의 양})}\times 100(\%)$에서

$\dfrac{30x+10y}{6x+y}=7$, $30x+10y=7(6x+y)$ $\therefore y=4x$

즉, $\begin{cases} 6x+y=400 \\ y=4x \end{cases}$를 연립하여 풀 수도 있다.

---

07 규현이의 속력을 분속 x m, 정미의 속력을 분속 y m라 하면

$x:y=500:200$이므로 $x=\dfrac{5}{2}y$

$16x+16y=2800$에서 $x+y=175$

즉, $\begin{cases} x=\dfrac{5}{2}y \quad\cdots\cdots\ \text{㉠} \\ x+y=175 \quad\cdots\cdots\ \text{㉡} \end{cases}$

㉠을 ㉡에 대입하여 연립방정식을 풀면 $x=125$, $y=50$
따라서 규현이의 속력은 분속 125 m, 정미의 속력은 분속 50 m이다. 호숫가를 걷다가 다시 처음으로 만나는 데 걸리는 시간을 a분 후라고 하면
$(\text{규현이가 간 거리})-(\text{정미가 간 거리})=1500$
즉, 1바퀴 차이가 나야 하므로
$125a-50a=1500$, $75a=1500$ $\therefore a=20$
따라서 20분 후에 다시 처음으로 만난다.

---

08 등산로 입구에서 정상까지의 거리를 x km, 정상에서 출구까지의 거리를 y km라고 하면 입구에서 정상을 지나 출구까지 가는 데
태홍이는 $\left(\dfrac{x}{4}+\dfrac{1}{2}+\dfrac{y}{3}\right)$시간,

현선이는 $\dfrac{x+y}{4.5}$시간, 즉 $\dfrac{2(x+y)}{9}$시간이 걸렸다.

현선이는 $\dfrac{3}{2}$시간 늦게 출발하였으므로

$\dfrac{x}{4}+\dfrac{1}{2}+\dfrac{y}{3}=\dfrac{2(x+y)}{9}+\dfrac{3}{2}$, 즉 $x+4y=36$ $\cdots\cdots$ ㉠

또, 입구에서 정상까지의 거리가 정상에서 출구까지의 거리의

$\dfrac{4}{3}$배이므로 $x=\dfrac{4}{3}y$, 즉 $3x-4y=0$ $\cdots\cdots$ ㉡

㉠+㉡을 하여 연립방정식을 풀면 $x=9$, $y=\dfrac{27}{4}$

따라서 등산로 전체 거리는

$9+\dfrac{27}{4}=\dfrac{63}{4}=15.75(\text{km})$

Level 4 본문 77~79쪽

01 618 **02** 60점 **03** 쥬스 판매 가격 : 650원, 쥬스의 개수 : 500
04 합금 A : 150 g, 합금 B : 400 g **05** 585 **06** 오전 9시 31분
07 5 km **08** A의 소금물의 농도 : 6 %, B의 소금물의 농도 : 12 %

---

01 **풀이전략** 세 자리 자연수의 백의 자리 숫자를 x, 십의 자리 숫자를 y, 일의 자리 숫자를 z라 하고 조건에 맞게 식을 세운다.

세 자리 자연수의 백의 자리 숫자를 x, 십의 자리 숫자를 y, 일의 자리 숫자를 z라 하면
조건 (다)에 의하여
$(100z+10y+x)-(100x+10y+z)=198$
$99z-99x=198$, $99(z-x)=198$
$\therefore z-x=2$ $\cdots\cdots$ ㉠
이때 $z-x=2$이므로 x는 가장 큰 수가 아니다.

(i) z가 가장 큰 수라고 하면 y는 가장 작은 수이므로
$z-y=7$ $\therefore y=z-7$ $\cdots\cdots$ ㉡
㉠에서 $x=z-2$ $\cdots\cdots$ ㉢
조건 (가)에서 $x+y+z=15$이므로 여기에 ㉡, ㉢을 대입하면
$z-2+z-7+z=15$
$3z=24$ $\therefore z=8$
$z=8$을 ㉡, ㉢에 대입하면 $x=6$, $y=1$
따라서 세 자리의 양의 정수는 618이다.

(ii) y가 가장 큰 수라고 하면 x는 가장 작은 수이므로
$y-x=7$ $\therefore y=x+7$ $\cdots\cdots$ ㉣
㉠에서 $z=x+2$ $\cdots\cdots$ ㉤
조건 (가)에서 $x+y+z=15$이므로 여기에 ㉣, ㉤을 대입하면
$x+x+7+x+2=15$
$3x=6$ $\therefore x=2$
$x=2$를 ㉣, ㉤에 대입하면 $y=9$, $z=4$

따라서 세 자리의 양의 정수는 294이다.
(i), (ii)에서 가장 큰 수는 618이다.

02 **풀이전략** (평균 점수)=
$$\frac{(\text{합격자 평균 점수})\times(\text{합격자 수})+(\text{불합격자 평균 점수})\times(\text{불합격자 수})}{(\text{전체 학생 수})}$$

불합격자의 수는 $50\times\dfrac{20}{100}=10$

합격자의 수는 $50-10=40$

합격자의 평균 점수를 x점, 불합격자의 평균 점수를 y점이라 하면

$(\text{전체 평균 점수})=\dfrac{40x+10y}{50}=\dfrac{4x+y}{5}$ (점)

$(\text{가장 낮은 합격 점수})=\dfrac{4x+y}{5}+2=x-5=2y$

이므로

$\begin{cases} \dfrac{4x+y}{5}+2=x-5 \\ x-5=2y \end{cases}$

에서

$\begin{cases} x-y=35 & \cdots\cdots ㉠ \\ x-2y=5 & \cdots\cdots ㉡ \end{cases}$

㉠$-$㉡을 하여 연립방정식을 풀면

$x=65,\ y=30$

따라서 가장 낮은 합격 점수는 $2y=2\times30=60$(점)

03 **풀이전략** 쥬스 한 팩 원가가 A원일 때,
$(\text{3할의 이익을 붙인 판매가})=A+A\times\dfrac{3}{10}=A(1+0.3)=1.3A$(원)

한 팩에 원가가 x원짜리 쥬스를 y개 판매하였다고 하면

$(\text{판매 가격})=x+x\times\dfrac{3}{10}=1.3x$(원)

$(\text{할인가})=1.3x\times\dfrac{9}{10}=1.17x$(원)

이므로

$\begin{cases} 1.3x\times(y-200)+1.17x\times200=xy+62000 \\ 1.3xy=xy+75000 \end{cases}$

에서

$\begin{cases} 0.3xy-26x=62000 & \cdots\cdots ㉠ \\ 0.3xy=75000 & \cdots\cdots ㉡ \end{cases}$

㉡을 ㉠에 대입하여 연립방정식을 풀면

$x=500,\ y=500$

따라서 쥬스 한 팩의 판매 가격은 $1.3\times500=650$(원),
판매한 쥬스의 개수는 500이다.

04 **풀이전략** 필요한 합금 A, B의 양을 각각 $x\,g$, $y\,g$이라 놓고 구리의 양에 관한 식과 아연의 양에 관한 식을 각각 세운다.

필요한 합금 A, B의 양을 각각 $x\,g$, $y\,g$이라고 하면 합금 A의 구리의 양은 전체 양의 $\dfrac{1}{3}$보다 60 g이 많으므로 $\left(\dfrac{1}{3}x+60\right)g$,

아연은 전체 양의 $\dfrac{3}{5}$보다 50 g이 적으므로 $\left(\dfrac{3}{5}x-50\right)g$이다.

또한, 합금 B의 구리와 아연의 비가 3：2이므로 구리와 아연의 양은 각각 $\dfrac{3}{5}y\,g$, $\dfrac{2}{5}y\,g$이다.

또, 두 A, B 합금을 녹여서 구리와 아연을 7：4의 비율로 합금 550 g을 만들어야 하므로 새로운 합금의 구리와 아연의 양은 각 각 $550\times\dfrac{7}{11}=350(g)$, $550\times\dfrac{4}{11}=200(g)$이다.

즉, $\begin{cases} \dfrac{1}{3}x+60+\dfrac{3}{5}y=350 \\ \dfrac{3}{5}x-50+\dfrac{2}{5}y=200 \end{cases}$ 에서

$\begin{cases} 5x+9y=4350 & \cdots\cdots ㉠ \\ 3x+2y=1250 & \cdots\cdots ㉡ \end{cases}$

㉠$\times3-$㉡$\times5$를 하여 연립방정식을 풀면

$x=150,\ y=400$

따라서 합금 A는 150 g, 합금 B는 400 g이 필요하다.

05 **풀이전략** 지난달에 두 공장에서 만든 A제품의 개수를 x, B제품의 개수를 y라 놓고 이번 달 제품의 수에 대한 식을 세운다.

지난달에 오산, 평택에 있는 각 공장에서 만든 A제품의 개수를 x, B제품의 개수를 y라 하면

$\begin{cases} -\dfrac{15}{100}x+\dfrac{40}{100}y=35 \\ \dfrac{10}{100}x-50=-(x+y)\times\dfrac{4}{100} \end{cases}$

에서 $\begin{cases} -3x+8y=700 & \cdots\cdots ㉠ \\ 7x+2y=2500 & \cdots\cdots ㉡ \end{cases}$

㉠$-$㉡$\times4$를 하여 연립방정식을 풀면

$x=300,\ y=200$

지난달에 각 공장에서 만든 A제품의 개수가 300이므로
이번 달에 오산 공장에서 만든 A제품의 개수는

$300\times\left(1-\dfrac{15}{100}\right)=255$

이번 달에 평택 공장에서 만든 A제품의 개수는

$300\times\left(1+\dfrac{10}{100}\right)=330$

따라서 이번 달에 두 공장에서 생산된 A제품의 개수의 합은
$255+330=585$

06 **풀이전략** 집에서 출발한 민진이와 학교에서 출발한 버스가 만나는 것은 민진이와 버스의 이동 거리의 합이 전체 거리와 같다고 놓고 식을 세운다.

민진이의 속력을 분속 x m, 버스의 속력을 분속 y m라 하면

$\begin{cases} 15x+15y=20250 \\ (15+9)x=(15+9-21)y \end{cases}$

에서

$\begin{cases} x+y=1350 & \cdots\cdots \text{㉠} \\ 8x=y & \cdots\cdots \text{㉡} \end{cases}$

㉡을 ㉠에 대입하여 연립방정식을 풀면

$x=150$, $y=1200$

따라서 민진이의 속력은 분속 150 m, 버스의 속력은 분속 1200 m이다.

집에서 오전 9시에 출발한 민진이가 학교에서 오전 9시 18분에 출발한 버스와 9시 a분에 만난다고 하면

$150a+1200(a-18)=20250$

$1350a=41850$, $a=31$

따라서 오전 9시 31분에 만난다.

함정 피하기

학교와 집 사이를 일정한 속력으로 운행하는 버스가 집에서 출발했는지, 학교에서 출발했는지 유의해야 한다.

07 **풀이전략** ① (올라갈 때 보트의 속력)
= (정지한 물에서의 보트의 속력) − (강물의 속력)
② (내려올 때 보트의 속력)
= (정지한 물에서의 보트의 속력) + (강물의 속력)

보트의 속력을 시속 x km, 흐르는 강물의 속력을 시속 y km라 고 하면

$\begin{cases} 4(x+y)=40 \\ 8(x-y)=48 \end{cases}$ 에서 $\begin{cases} x+y=10 & \cdots\cdots \text{㉠} \\ x-y=6 & \cdots\cdots \text{㉡} \end{cases}$

㉠+㉡을 하여 연립방정식을 풀면

$x=8$, $y=2$

따라서 보트의 속력은 시속 8 km, 흐르는 강물의 속력은 시속 2 km이다.

출발 지점에서 보트를 타고 하류를 k km 내려갔다가 돌아온

다고 하면

내려갈 때의 속력은 시속 $8+2=10(\text{km})$

올라갈 때의 속력은 시속 $8-2=6(\text{km})$

이고, 왕복하는 데 1시간 20분이 걸리므로

$\dfrac{k}{10}+\dfrac{k}{6}=\dfrac{4}{3}$ $\therefore k=5$

따라서 출발 지점에서 보트를 타고 하류로 5 km를 내려갔다가 돌아오면 된다.

08 **풀이전략** 소금물을 덜어서 섞으면 소금의 양은 변화가 없고 물의 양만 변화가 있으므로 소금의 양을 이용하여 식을 세운다.

두 용기 A, B에 들어 있는 소금물의 농도를 각각 $x\%$, $y\%$라 하면

(소금의 양) = $\dfrac{(\text{농도})}{100} \times (\text{소금물의 양})$이므로

$\begin{cases} \dfrac{x}{100} \times 1000 + \dfrac{y}{100} \times 200 = \dfrac{7}{100} \times 1200 \\ \dfrac{x}{100} \times 600 + \left(\dfrac{x}{100} \times 400 + \dfrac{y}{100} \times 800\right) \times \dfrac{4}{12} = \dfrac{7.6}{100} \times 1000 \end{cases}$

에서

$\begin{cases} 5x+y=42 & \cdots\cdots \text{㉠} \\ 11x+4y=114 & \cdots\cdots \text{㉡} \end{cases}$

㉠$\times 4$−㉡을 하여 연립방정식을 풀면

$x=6$, $y=12$

따라서 처음 비커 A의 소금물의 농도는 6 %, 비커 B의 소금물의 농도는 12 %이다.

대단원 마무리 Level 종합 본문 80~81쪽

01 ① **02** 39 m **03** ① **04** 8일 **05** 8 **06** 27 **07** −6

08 20표

01 $-2(ax+5) \geq ax+2$에서

$-2ax-10 \geq ax+2$, $-3ax \geq 12$

$a<0$일 때 $-3a>0$이므로 $-3ax \geq 12$의 양변을 $-3a$로 나누어도 부등호의 방향은 바뀌지 않는다.

즉, $x \geq \dfrac{12}{-3a}$ $\therefore x \geq -\dfrac{4}{a}$

02 울타리의 세로의 길이를 a m라고 하면 가로의 길이는 $(a-15)$ m이다. 이때 오이와 당근밭을 구별하는 울타리의 길이는 가로의 길이와 같아야 한다.

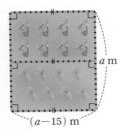

a m

$(a-15)$ m

이때 총 울타리의 길이를 구하면

$3(a-15)+2a=5a-45$

이 길이가 150 m를 넘을 수 없으므로

$5a-45\leq150,\ 5a\leq195$ $\therefore a\leq39$

따라서 농부가 가지고 있는 재료로 울타리를 칠 때, 세로의 최대 길이는 39 m이다.

03 $1-8ax>5x+12$에서 $(5+8a)x<-11$

$(5+8a)x<-11$의 해가 $x>1$과 같아야 하므로

$(5+8a)x<-11$의 양변을 x의 계수 $5+8a$로 나눌 때, 부등호의 방향이 바뀌어야 한다.

즉, $5+8a<0$이므로 $x>-\dfrac{11}{5+8a}$

또한, $-\dfrac{11}{5+8a}=1$이어야 하므로

$5+8a=-11,\ 8a=-16$ $\therefore a=-2$

04 전체 일의 양을 1로 놓고, A, B 두 사람이 하루에 할 수 있는 일의 양을 각각 x, y라 하면

$\begin{cases} 3x+5y=1 & \cdots\cdots \text{㉠} \\ 7x+y=1 & \cdots\cdots \text{㉡} \end{cases}$

㉡$\times5-$㉠을 하면 $32x=4,\ x=\dfrac{1}{8}$

$x=\dfrac{1}{8}$을 ㉡에 대입하면 $y=\dfrac{1}{8}$

따라서 이 일을 B가 혼자 한다면 8일이 걸린다.

05 은채가 주어진 연립방정식 $\begin{cases} ax+by=-5 & \cdots\cdots \text{㉠} \\ -2x+3y=2c & \cdots\cdots \text{㉡} \end{cases}$ 를 푸는 과정에서 c만 잘못 보았으므로 a, b는 바르게 보았다.

그러므로 ㉠에 $x=-1,\ y=2$를 대입하면

$-a+2b=-5$ $\cdots\cdots$ ㉢

또한, 바르게 구해서 얻은 해 $x=5,\ y=-1$을 ㉠에 대입하면

$5a-b=-5$ $\cdots\cdots$ ㉣

㉢$+$㉣$\times2$를 하면 $9a=-15,\ a=-\dfrac{5}{3}$이고

이를 ㉣에 대입하면 $b=-\dfrac{25}{3}+5=-\dfrac{10}{3}$

이때 $x=5,\ y=-1$을 ㉡에 대입하면

$-10-3=2c,\ c=-\dfrac{13}{2}$

$\therefore a+b-2c=-\dfrac{5}{3}-\dfrac{10}{3}-2\times\left(-\dfrac{13}{2}\right)$

$=-5+13=8$

06 $-7\leq a\leq-5$에서 각 변에 4를 더하면

$-3\leq a+4\leq-1$

$-1\leq\dfrac{1}{a+4}\leq-\dfrac{1}{3}$이므로 각 변에 9를 곱하면

$-9\leq\dfrac{9}{a+4}\leq-3$

즉, 이 부등식을 만족하는 $\dfrac{9}{a+4}$의 값 중에서 가장 큰 정수는 -3이고 가장 작은 정수는 -9이다.

따라서 두 정수의 곱은 $(-3)\times(-9)=27$

07 연립일차방정식 $\begin{cases} -2ax+3y=7 & \cdots\cdots \text{㉠} \\ x+6y=a & \cdots\cdots \text{㉡} \end{cases}$ 에서

㉠$\times2-$㉡을 하면

$(-4ax+6y)-(x+6y)=14-a$

$(4a+1)x=a-14,\ x=\dfrac{a-14}{4a+1}$

이때 $x=1$이므로 $\dfrac{a-14}{4a+1}=1$

$a-14=4a+1,\ 3a=-15,\ a=-5$

$x=1,\ y=b,\ a=-5$를 ㉡에 대입하면

$1+6b=-5$ $\therefore b=-1$

$\therefore a+b=-5+(-1)=-6$

08 총 70표 중에서 현재까지 개표가 진행된 표는 갑, 을, 병, 정 4명의 표를 모두 더한 $14+3+12+4=33$(표)

즉, 남은 표는 $70-33=37$(표)

지금부터 병이 얻는 표의 수를 x라고 하면 병이 부장으로 선출되기 위해서는 앞으로 갑이 병이 얻는 표의 수인 x를 제외한 나머지 $(37-x)$표를 다 얻는다고 하더라도 갑이 얻은 표의 수보다 병이 얻은 표의 수가 더 많아야 한다.

즉, $12+x>14+(37-x)$를 만족해야 하므로

$2x>39,\ x>\dfrac{39}{2}=19.5$

따라서 병이 동아리 부장으로 선출되기 위해서는 지금부터 적어도 20표 이상을 얻어야 한다.

6 일차함수와 그 그래프

Level ①

본문 84~87쪽

01 ㄴ, ㄷ, ㄹ　　**02** ①　　**03** ⑤　　**04** ㄱ, ㅁ, ㅂ　　**05** -4

06 ⑤　　**07** -2　　**08** ④　　**09** $y=-\dfrac{1}{2}x+2$　　**10** ③　　**11** ①

12 제1사분면　　**13** $-\dfrac{7}{3}$　　**14** $-\dfrac{5}{8}$　　**15** ④　　**16** ㄴ, ㄷ

---

01 ㄱ. $x=2$이면 2보다 큰 자연수가 무수히 많아 y의 값이 하나로 정해지지 않으므로 y는 x의 함수가 아니다.
ㅁ. 자연수의 배수는 무수히 많아 y의 값이 하나로 정해지지 않으므로 y는 x의 함수가 아니다.
따라서 y가 x의 함수인 것은 ㄴ, ㄷ, ㄹ이다.

02 $f(2)=-1$이므로
$f(2)=a\times2+3=-1$, $2a=-4$
$\therefore a=-2$

03 $y=-\dfrac{1}{3}x+2$에 $y=-2$, -1, 0, 1을 각각 대입하면
$-2=-\dfrac{1}{3}x+2$　　$\therefore x=12$
$-1=-\dfrac{1}{3}x+2$　　$\therefore x=9$
$0=-\dfrac{1}{3}x+2$　　$\therefore x=6$
$1=-\dfrac{1}{3}x+2$　　$\therefore x=3$

04 y가 x에 대한 일차함수이면 $y=ax+b\ (a\neq0)$인 꼴이므로 일차함수가 아닌 것을 고르면 ㄱ, ㅁ, ㅂ이다.

05 일차함수 $y=-3x$의 그래프를 y축의 방향으로 2만큼 평행이동한 그래프가 나타내는 일차함수의 식은 $y=-3x+2$
이 그래프가 점 $(2, p)$를 지나므로
$p=-3\times2+2=-4$

06 기울기가 3이므로 $f(x)=3x+b$라 하자.
$f(-2)=-8$이므로
$-8=-6+b$　　$\therefore b=-2$
따라서 일차함수 $y=f(x)$는 $f(x)=3x-2$이므로
$f(k)=7$에서 $7=3k-2$
$\therefore k=3$

07 $y=-2x+4$에서 $x=0$일 때, $y=4$이므로
y절편은 4이다.
$y=\dfrac{1}{2}x+m$에서 $y=0$일 때, $x=-2m$이므로
x절편은 $-2m$이다.
따라서 $4=-2m$이므로 $m=-2$

08 ㄱ. x절편은 $y=0$일 때 $0=\dfrac{3}{2}x-9$, $x=6$이므로 6이고,
y절편은 $x=0$일 때 $y=-9$이므로 -9이다.
ㄴ. 기울기가 $\dfrac{3}{2}$이므로 x의 값이 4만큼 증가하면 y의 값은 6만큼 증가한다.
ㄷ. 그래프는 제2사분면을 지나지 않는다.
ㄹ. 기울기가 $\dfrac{3}{2}$이므로 일차함수 $y=-\dfrac{3}{2}x$의 그래프와 평행한 직선이 아니다.
ㅁ. y축의 방향으로 4만큼 평행이동하면
$y=\dfrac{3}{2}x-9+4=\dfrac{3}{2}x-5$의 그래프와 일치한다.
따라서 옳은 것은 ㄷ, ㅁ이다.

09 일차함수 $y=-\dfrac{1}{3}x+2$, $y=x-4$의 그래프와 각각 y축, x축에서 만나므로 구하는 직선은 두 점 $(0, 2)$, $(4, 0)$을 지난다.
즉, (두 점을 지나는 직선의 기울기)$=\dfrac{0-2}{4-0}=-\dfrac{1}{2}$
이고, y절편은 2이므로
이 직선을 그래프로 하는 일차함수의 식은
$y=-\dfrac{1}{2}x+2$이다.

10 ㄱ. 기울기가 -2이고, y절편이 4인 직선은 $y=-2x+4$이다.
ㄴ. 기울기가 2이므로 $y=2x+b$라 놓으면, 점 $(-1, 4)$를 지나므로

$4=2\times(-1)+b$

$\therefore b=6$

따라서 이 직선을 그래프로 하는 일차함수의 식은

$y=2x+6$이다.

ㄷ. (기울기)$=\dfrac{-1-3}{2-(-1)}=-\dfrac{4}{3}$

이므로 $y=-\dfrac{4}{3}x+b$로 놓으면 점 $(-1, 3)$을 지나므로

$3=-\dfrac{4}{3}\times(-1)+b$ $\therefore b=\dfrac{5}{3}$

따라서 이 직선을 그래프로 하는 일차함수의 식은

$y=-\dfrac{4}{3}x+\dfrac{5}{3}$이다.

ㄹ. 두 점 $(3, 0)$, $(-1, 4)$를 지나는 직선이므로

(기울기)$=\dfrac{0-4}{3-(-1)}=-1$

이므로 $y=-x+b$로 놓으면 점 $(3, 0)$을 지나므로

$0=-3+b$, $b=3$

따라서 이 직선을 그래프로 하는 일차함수의 식은

$y=-x+3$이다.

따라서 옳은 것은 ㄱ, ㄹ이다.

11 오른쪽 아래로 향하는 직선이므로 $-a<0$에서 $a>0$

y절편이 음수이므로 $-b<0$에서 $b>0$

즉, $a>0$, $b>0$

12 $mn<0$에서

$m>0$, $n<0$ 또는

$m<0$, $n>0$

이때 $m>n$이므로 $m>0$, $n<0$

따라서 $y=-mx+n$의 그래프는 오른쪽 그림과 같으므로 제1사분면을 지나지 않는다.

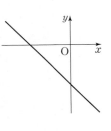

13 주어진 그래프는 점 $(-8, 0)$과 점 $(1, 3)$을 지나므로 직선의 기울기는

$\dfrac{3-0}{1-(-8)}=\dfrac{1}{3}$ $\therefore a=\dfrac{1}{3}$

즉, $y=\dfrac{1}{3}x+b$이므로 $3=\dfrac{1}{3}\times1+b$ $\therefore b=\dfrac{8}{3}$

$\therefore a-b=\dfrac{1}{3}-\dfrac{8}{3}=-\dfrac{7}{3}$

14 일차함수 $y=ax+5$의 그래프의 y절편은 5이므로

$B(0, 5)$에서 $\overline{OB}=5$

(삼각형 OAB의 넓이)$=\dfrac{1}{2}\times\overline{OA}\times5=20$

이므로 $\overline{OA}=8$

따라서 점 A의 좌표는 $(8, 0)$이고 $y=ax+5$의 그래프는 점 A를 지나므로 $0=8a+5$

$\therefore a=-\dfrac{5}{8}$

15 $y=\dfrac{2}{3}x+2$에서 x절편, y절편을 구하면

(x절편)$=-3$, (y절편)$=2$

즉, $A(0, 2)$, $B(-3, 0)$

이때 두 직선 $y=-x+b$, $y=\dfrac{2}{3}x+2$는 y축 위에서 만나므로 y절편이 같다.

즉, $y=-x+b$에서 $b=2$이므로 $y=-x+2$이고, 이때 x절편은 2이므로 $C(2, 0)$

$\therefore$ ($\triangle$ABC의 넓이)$=\dfrac{1}{2}\times(3+2)\times2=5$

16 기울기가 같고 y절편이 같지 않은 두 직선이 서로 평행하므로 ㄴ과 ㄷ이다.

ㅁ을 정리하면 $y=-\dfrac{1}{2}(5x-2)=-\dfrac{5}{2}x+1$이고,

이것은 ㄱ과 같으므로 두 그래프는 일치한다.

Level 2
본문 88~91쪽

01 풀이 참조, ㄷ, ㄹ **02** ① **03** ③ **04** $-4, 12$ **05** -8

06 $a=-1, b=\dfrac{2}{3}$ **07** ⑤ **08** ③

09 제1사분면, 제2사분면, 제4사분면 **10** $\dfrac{1}{3}$ **11** ③ **12** 3

13 ④ **14** $a=\dfrac{5}{6}, b=5$ **15** ① **16** ④

01 ㄱ. (직사각형의 넓이)$=$(가로의 길이)$\times$(세로의 길이)

이므로

$24=x\times y$, $y=\dfrac{24}{x}$ (일차함수가 아니다.)

ㄴ. (원기둥의 겉넓이)$=$(옆넓이)$+$(밑넓이)$\times2$

이므로

$y=2\pi x \times x + \pi x^2 \times 2 = 4\pi x^2$ (일차함수가 아니다.)

ㄷ. $y=1800+1500x$ (일차함수이다.)

ㄹ. $y=300-3x$ (일차함수이다.)

ㅁ. (정 x각형의 한 외각의 크기) $=\dfrac{360°}{x}$ 이므로

$y=\dfrac{360}{x}$ (일차함수가 아니다.)

따라서 일차함수인 것은 ㄷ, ㄹ이다.

02 $f(x)=ax+2$ 에서

$f(2)=2a+2$, $f(1)=a+2$, $f(0)=2$, $f(-1)=-a+2$

이고, 모든 함숫값들의 합이 -2 이므로

$(2a+2)+(a+2)+2+(-a+2)=-2$

$2a+8=-2$ $\quad \therefore a=-5$

03 일차함수 $y=3x+m$ 은 x의 값이 증가할 때 y의 값도 증가하므로

$x=0$ 일 때, $3\times 0+m \geq -3$ $\quad \therefore m \geq -3$

$x=3$ 일 때, $3\times 3+m \leq 9$ $\quad \therefore m \leq 0$

$\therefore -3 \leq m \leq 0$

함정 피하기

일차함수 $y=3x+m$ 은 기울기가 양수이므로 x의 값이 증가할 때 y의 값도 증가한다. 따라서 $0\leq x \leq 3$의 범위에서 $x=0$ 일 때 함숫값이 가장 작고, $x=3$ 일 때 함숫값이 가장 크다.

04 $y=2x+4$ 에서 x절편을 구하면 $0=2x+4$, $x=-2$ 이므로 x절편은 -2 이다.

따라서 x축과 만나는 점은 A$(-2, 0)$

이때 두 일차함수는 서로 평행하므로 $a=2$

즉, $y=2x+b$ 이다.

이때 x절편은 $0=2x+b$, $x=-\dfrac{b}{2}$ 이므로 x절편은 $-\dfrac{b}{2}$ 이다.

따라서 x축과 만나는 점은 B$\left(-\dfrac{b}{2}, 0\right)$

$\overline{AB}=4$ 이므로 $-\dfrac{b}{2}=2$ 또는 $-\dfrac{b}{2}=-6$

$\therefore b=-4$, $b=12$

실수하기 쉬운 부분 짚어보기

x축과 만나는 두 점 A, B의 좌표를 각각 A$(p, 0)$, B$(q, 0)$ 이라 할 때, $\overline{AB}=4$ 에서 $|p-q|=4$ 이므로 $p-q=4$ 또는 $q-p=4$ 두 경우를 모두 고려해야 한다.

05 일차함수 $y=ax-4$ 의 그래프가 점 $(2, 4)$ 를 지나므로

$4=2a-4$ 에서 $a=4$

따라서 $y=4x-4$ 의 그래프를 y축의 방향으로 b만큼 평행이동한 그래프의 식은 $y=4x-4+b$

이 그래프가 점 $(1, -2)$ 를 지나므로 대입하면

$-2=4-4+b$ $\quad \therefore b=-2$

$\therefore ab=4\times(-2)=-8$

06 두 점 $(a, -1)$, $(4a, 2)$ 를 지나는 직선의 기울기가 -1 이므로

$\dfrac{2-(-1)}{4a-a}=-1$, $\dfrac{3}{3a}=-1$ $\quad \therefore a=-1$

즉, 직선 $y=-x-3b$ 가 점 $(-1, -1)$ 을 지나므로

$-1=1-3b$ $\quad \therefore b=\dfrac{2}{3}$

07 일차함수 $y=2x+k$ 의 그래프를 y축의 방향으로 -3만큼 평행이동하면

$y=2x+k-3$

이 그래프의 y절편이 n 이므로

$n=k-3$ $\quad$ ……㉠

$y=2x+k-3$ 에 $y=0$ 을 대입하면

$0=2x+k-3$, $x=\dfrac{3-k}{2}$

이때 이 그래프의 x절편이 m 이므로

$m=\dfrac{3-k}{2}$ $\quad$ ……㉡

이때 $m+n=2$ 이므로 ㉠, ㉡에서

$\dfrac{3-k}{2}+k-3=2$, $3-k+2k-6=4$

$\therefore k=7$

08 일차함수 $y=mx+n$ 의 그래프가 $y=-x+3$ 의 그래프와 평행하므로 $m=-1$

일차함수 $y=2x-4$ 의 그래프의 x절편이 2 이므로 일차함수 $y=-x+n$ 의 그래프의 x절편도 2 이다.

즉, $0=-2+n$ 이므로 $n=2$

$\therefore m+n=(-1)+2=1$

09 일차함수 $y=-ax+b$ 의 그래프의 기울기는 양수이고, y절편은 음수이므로 $-a>0$, $b<0$ 이다.

즉, $a<0$, $b<0$이다.

따라서 일차함수 $y=ax-b$의 그래프
에서

(기울기)$=a<0$, (y절편)$=-b>0$
이므로

$y=ax-b$의 그래프는 제1사분면,
제2사분면, 제4사분면을 지난다.

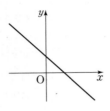

10 일차함수 $y=ax-3$의 그래프가 y축과 만나는 점 B의 좌표는
$(0, -3)$이므로 $\overline{OB}=3$
$\overline{OA}=3\overline{OB}=9$이므로 A$(9, 0)$
즉, $y=ax-3$의 그래프가 점 A$(9, 0)$을 지나므로
$9a-3=0$　∴ $a=\dfrac{1}{3}$

다른 풀이

일차함수 $y=ax-3$의 그래프의 기울기는 x의 값의 증가량에
대한 y의 값의 증가량의 비이므로

$a=\dfrac{\overline{OB}}{\overline{OA}}=\dfrac{\overline{OB}}{3\overline{OB}}=\dfrac{1}{3}$

11 세 점 $(-2, -6)$, $(3, 4)$, $(6, p)$가 한 직선 위에 있으므로
두 점 $(-2, -6)$, $(3, 4)$를 지나는 직선의 기울기와 두 점
$(-2, -6)$, $(6, p)$를 지나는 직선의 기울기는 같다.

즉, $\dfrac{4-(-6)}{3-(-2)}=\dfrac{p-(-6)}{6-(-2)}$이므로

$2=\dfrac{p+6}{8}$, $p+6=16$　∴ $p=10$

12 좌표평면에 두 일차함수 $y=\dfrac{1}{3}x+1$, $y=x+3$의 그래프를 그
리면 다음과 같다.

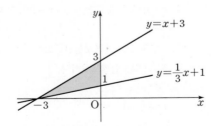

따라서 두 일차함수의 그래프와 y축으로 둘러싸인 삼각형의 넓
이는

$\dfrac{1}{2}\times 2\times 3=3$

13 일차함수 $y=ax-b$의 그래프의 기울기와 y절편은 각각 양수이
므로 $a>0$, $-b>0$, 즉 $a>0$, $b<0$이다.

일차함수의 그래프가 제1사분면을 지나
지 않으려면 오른쪽 그림과 같이 기울기
가 음수이고, y절편도 음수이어야 한다.

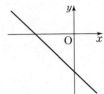

① $-a<0$, $-b>0$

② $-b>0$, $a>0$

③ $ab<0$, $-b>0$

④ $\dfrac{b}{a}<0$, $-a<0$

⑤ $\dfrac{a}{b}<0$, $-ab>0$

따라서 제1사분면을 지나지 않는 것은 ④이다.

14 일차함수 $y=\dfrac{1}{3}x+2$의 그래프의 x절편이 -6, y절편이 2이므
로
A$(-6, 0)$, C$(0, 2)$
일차함수 $y=ax+b$의 그래프의 y절편이 b이므로 B$(0, b)$
즉, $\triangle$ABC에서 밑변의 길이는 $\overline{BC}=b-2$이고, 높이는
$\overline{AO}=6$이므로 $\triangle$ABC의 넓이는

$\dfrac{1}{2}\times(b-2)\times 6=9$　∴ $b=5$

즉, 일차함수 $y=ax+5$의 그래프가 점 A$(-6, 0)$을 지나므로
$0=-6a+5$

∴ $a=\dfrac{5}{6}$

15 명진이는 기울기를 잘못 보고 그렸으므로
명진이가 그린 그래프의 y절편은 옳다.

직선의 기울기는 $\dfrac{-3-3}{2-(-1)}=-2$에서

직선의 방정식은 $y=-2x+b$이므로
이 식에 점 $(-1, 3)$을 대입하면
$3=-2\times(-1)+b$　∴ $b=1$
화영이는 y절편을 잘못 보고 그렸으므로
화영이가 그린 직선의 기울기는 옳다.

직선의 기울기는 $\dfrac{5-(-1)}{3-5}=-3$이므로 $a=-3$

따라서 처음 일차함수의 식은 $y=-3x+1$이다.
이때 점 $(2, m)$이 직선 $y=-3x+1$ 위에 있으므로
$m=-6+1=-5$

16 일차함수 $y=-3x+6$의 그래프와 x축, y축으로 둘러싸인 도형을 y축을 축으로 하여 1회전 시켰을 때 생기는 입체도형은 아래 그림과 같이 원뿔이 된다.

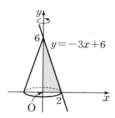

따라서 구하는 입체도형의 부피는

$$\frac{1}{3}\times\pi\times2^2\times6=8\pi$$

본문 92~93쪽

01 제4사분면 **02** ⑤ **03** ① **04** $y=\dfrac{5}{4}x-\dfrac{15}{4}$ **05** 2

06 $-\dfrac{2}{5}$ **07** $-\dfrac{7}{3}\le p\le\dfrac{14}{3}$ **08** 2

01 주어진 그래프의 기울기가 음수이므로 $\dfrac{b}{a}<0$

y절편이 음수이므로 $-\dfrac{c}{b}<0$

따라서 $\dfrac{b}{a}<0$, $\dfrac{c}{b}>0$이므로 a, b는 서로 다른 부호이고 b, c는 같은 부호이다.

즉, b, c는 같은 부호이므로 $\dfrac{c}{b}>0$이고, a, c는 서로 다른 부호이므로 $\dfrac{a}{c}<0$, 즉 $-\dfrac{a}{c}>0$이다.

따라서 일차함수 $y=\dfrac{c}{b}x-\dfrac{a}{c}$의 그래프는 기울기가 양수이고, y절편이 양수이므로 제4사분면을 지나지 않는다.

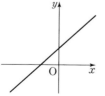

실수하기 쉬운 부분 짚어보기

a, b, c의 부호는 다음 두 경우뿐이다.

	a	b	c
(i)	+	−	−
(ii)	−	+	+

02 $f(3)=\left(\dfrac{1}{3}p-1\right)\times3+p=9$이므로

$2p-3=9$ $\therefore p=6$

따라서 $f(x)=\left(\dfrac{1}{3}\times6-1\right)x+6=x+6$이므로

$f(2)=2+6=8$, $f(-1)=-1+6=5$

즉, $2f(2)-f(-1)=f(q)$에서

$2\times8-5=q+6$

$\therefore q=5$

03 두 점 $A(-3, -1)$, $B(-2, 4)$를 양 끝 점으로 하는 선분과 각 점을 지나는 함수 $y=ax+1$의 그래프를 그리면 다음과 같다.

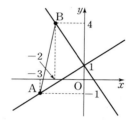

이때 $y=ax+1$의 그래프에서 y절편이 1이므로 점 $(0, 1)$을 지난다.

두 점 $(0, 1)$, $(-3, -1)$을 지나는 직선의 기울기는

$\dfrac{-1-1}{-3-0}=\dfrac{2}{3}$이고

두 점 $(0, 1)$, $(-2, 4)$를 지나는 직선의 기울기는

$\dfrac{4-1}{-2-0}=-\dfrac{3}{2}$이다.

따라서 함수 $y=ax+1$의 그래프가 두 점 A, B를 양 끝 점으로 하는 선분과 만나는 직선의 기울기 a의 값의 범위는

$-\dfrac{3}{2}\le a\le\dfrac{2}{3}$

함정 피하기

함수 $y=ax+1$의 그래프는 a의 값과 관계없이 항상 점 $(0, 1)$을 지나는 직선이므로 이를 이용하여 가능한 a의 값을 찾아본다.

04 $\triangle ABD$와 $\triangle ADC$는 높이가 같고 넓이의 비가 1 : 2이므로 밑변의 길이의 비는 1 : 2이다.

즉, $\overline{BD} : \overline{DC}=1 : 2$

이때 $\overline{BC}=9$이므로

$\overline{BD}=9\times\dfrac{1}{3}=3$

에서 점 D의 좌표는 $(3, 0)$이다.

따라서 직선 AD는 두 점 $(-1, -5)$, $(3, 0)$을 지나므로 이

직선을 그래프로 하는 일차함수의 식을 $y=ax+b$라고 하면

$$a=\frac{0-(-5)}{3-(-1)}=\frac{5}{4}$$

즉, $y=\frac{5}{4}x+b$의 그래프가 점 $(3, 0)$을 지나므로

$$0=\frac{5}{4}\times3+b \qquad \therefore b=-\frac{15}{4}$$

따라서 구하는 일차함수의 식은 $y=\frac{5}{4}x-\frac{15}{4}$

> **실수하기 쉬운 부분 짚어보기**
>
> (삼각형의 넓이)$=\frac{1}{2}\times$(밑변의 길이)$\times$(높이)
> 이므로 두 삼각형의 높이가 같을 때 두 삼각형의 넓이의 비는
> 밑변의 길이의 비와 같다.

05 세 점 $(0, 6)$, $(p, 8)$, $(q, 0)$을 지나는 일차함수 $y=ax+b$의 그래프의 기울기가 음수이므로 $p<0$, $q>0$이다.
따라서 그래프는 다음 그림과 같아야 한다.

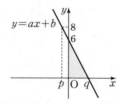

이 그래프와 x축, y축으로 둘러싸인 도형은 밑변의 길이가 q이고, 높이가 6인 직각삼각형이므로

$$\frac{1}{2}\times q\times6=9 \qquad \therefore q=3$$

따라서 함수 $y=ax+b$의 그래프는 두 점 $(3, 0)$, $(0, 6)$을 지나므로

$$a=\frac{6-0}{0-3}=-2, \quad b=6$$

$$\therefore y=-2x+6$$

이 함수의 그래프가 점 $(p, 8)$을 지나므로

$$8=-2p+6 \qquad \therefore p=-1$$

$$\therefore p+q=(-1)+3=2$$

06 정사각형 AOCB의 넓이가 $5\times5=25$이므로

$$(\square\text{AODE의 넓이})=25\times\frac{3}{5}=15$$

$y=ax+2$의 그래프의 y절편은 2이므로 $D(0, 2)$
$\overline{AE}=m$이라 하면 $\square$AODE의 넓이는

$$\frac{1}{2}\times(2+m)\times5=15 \qquad \therefore m=4$$

$$\therefore E(-5, 4)$$

따라서 $y=ax+2$의 그래프가 점 $E(-5, 4)$를 지나므로

$$4=-5a+2 \qquad \therefore a=-\frac{2}{5}$$

07

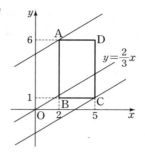

위의 그림과 같이 일차함수 $y=\frac{2}{3}x$의 그래프는 원점을 지나는 직선이다.

이때 $y=\frac{2}{3}x+p$의 그래프에서 y절편 p의 값은 그래프가 점 A를 지날 때 가장 크고, 점 C를 지날 때 가장 작다.

일차함수 $y=\frac{2}{3}x+p$의 그래프가
점 $A(2, 6)$을 지날 때,

$$6=\frac{2}{3}\times2+p \qquad \therefore p=\frac{14}{3}$$

점 $C(5, 1)$을 지날 때,

$$1=\frac{2}{3}\times5+p \qquad \therefore p=-\frac{7}{3}$$

따라서 p의 값의 범위는 $-\frac{7}{3}\leq p\leq\frac{14}{3}$

08

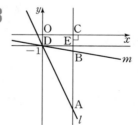

위의 그림과 같이 점 $(0, -1)$을 점 D라 하고, 점 D를 지나면서 x축에 평행한 직선이 $\overline{AC}$와 만나는 점을 E라고 하면,
조건에 의해 $\overline{AB}=2\overline{OC}=2\overline{DE}$
이때 두 직선 l, m의 기울기를 각각 구하면

$$(\text{직선 } l \text{의 기울기})=-\frac{\overline{AE}}{\overline{DE}}$$

$$(\text{직선 } m \text{의 기울기})=-\frac{\overline{BE}}{\overline{DE}}$$

따라서 두 직선 l, m의 기울기의 차는

$$-\frac{\overline{BE}}{\overline{DE}}-\left(-\frac{\overline{AE}}{\overline{DE}}\right)=\frac{\overline{AE}}{\overline{DE}}-\frac{\overline{BE}}{\overline{DE}}=\frac{\overline{AE}-\overline{BE}}{\overline{DE}}$$

$$=\frac{\overline{AB}}{\overline{DE}}=\frac{2\overline{DE}}{\overline{DE}}=2$$

01 -9　**02** $1 \le m < 4$　**03** (1) $y=x-6,\ y=-x-6$　(2) 12, 24

04 -1　**05** $y=-x$　**06** 1　**07** 16　**08** $-5 \le a \le \dfrac{11}{2}$

01　**풀이전략** $f(kx)=x-a$일 때, $f(-1)$의 값은 $kx=-1$에서 $x=-\dfrac{1}{k}$이므로 $f(-1)=f\left(k \times \left(-\dfrac{1}{k}\right)\right)=-\dfrac{1}{k}-a$이다.

$f(-1)$의 값을 구하면

$f\left(\dfrac{1}{3}x\right)=x-4$에서

$\dfrac{1}{3}x=-1$일 때 $x=-3$이므로

$f(-1)=f\left(\dfrac{1}{3} \times (-3)\right)=-3-4=-7$

$h(3)$의 값을 구하면

$h(x-1)=-\dfrac{1}{2}x$에서

$x-1=3$일 때 $x=4$이므로

$h(3)=h(4-1)=-\dfrac{1}{2} \times 4=-2$

$\therefore f(-1)+h(3)=-7+(-2)=-9$

02　**풀이전략** 일차함수 $y=ax+b$의 그래프가 제4사분면을 지나지 않기 위한 기울기 a와 y절편 b의 부호를 고려한다.

$y=\left(-\dfrac{1}{4}m+1\right)x+3m-3$의 그래프가 제4사분면을 지나지 않으려면

$(기울기)=-\dfrac{1}{4}m+1>0$　$\therefore m<4$

$(y절편)=3m-3 \ge 0$　$\therefore m \ge 1$

$\therefore 1 \le m < 4$

함정 피하기

기울기가 양수이고 원점을 지나는 직선인 일차함수 $y=ax\ (a>0)$ 꼴의 그래프도 제4사분면을 지나지 않음을 유의해야 한다.

03　**풀이전략** 일차함수 $y=ax+b$의 그래프의 기울기가 $a>0$인 경우와 $a<0$인 경우를 모두 고려하여 삼각형의 넓이를 모두 구한다.

두 조건 (가), (나)를 만족시키는 두 일차함수 $y=-3x-6$, $y=ax+b$의 그래프는 다음 그림과 같고 $y=ax+b$의 그래프는 기울기 a의 값의 부호에 따라 두 가지 경우가 생긴다.

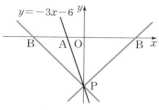

(1) 함수 $y=-3x-6$의 그래프의 y절편이 -6이므로
　P$(0,\ -6)$이고, $y=ax+b$의 그래프의 y절편도 -6이므로
　$b=-6$　$\therefore y=ax-6$

　함수 $y=-3x-6$의 그래프의 x절편은 -2이므로
　$\overline{\text{AO}}=2$이고, $\overline{\text{AO}} : \overline{\text{BO}}=1 : 3$이므로 $\overline{\text{BO}}=6$이다.

　즉, $y=ax-6$의 그래프의 x절편이 6 또는 -6이므로
　각 직선의 기울기 a를 구하면

　(i) B$(6,\ 0)$, P$(0,\ -6)$일 때

　　$a=\dfrac{-6-0}{0-6}=1$

　　$\therefore y=x-6$

　(ii) B$(-6,\ 0)$, P$(0,\ -6)$일 때

　　$a=\dfrac{-6-0}{0-(-6)}=-1$

　　$\therefore y=-x-6$

(2)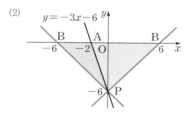

　(i) 점 B가 $(6,\ 0)$일 때

　　$(\triangle \text{APB의 넓이})=\dfrac{1}{2} \times \overline{\text{AB}} \times \overline{\text{OP}}=\dfrac{1}{2} \times 8 \times 6=24$

　(ii) 점 B가 $(-6,\ 0)$일 때

　　$(\triangle \text{APB의 넓이})=\dfrac{1}{2} \times \overline{\text{AB}} \times \overline{\text{OP}}=\dfrac{1}{2} \times 4 \times 6=12$

04　**풀이전략** 두 점 $(x_1,\ y_1)$, $(x_2,\ y_2)$를 지나는 일차함수 $f(x)=ax+b$에서 $(기울기)=\dfrac{y_2-y_1}{x_2-x_1}=\dfrac{f(x_2)-f(x_1)}{x_2-x_1}$

이때 x좌표와 y좌표의 순서를 맞추어 계산한다.

$\dfrac{f(7)-f(3)}{2}=\dfrac{f(7)-f(3)}{4} \times 2=\dfrac{f(7)-f(3)}{7-3} \times 2=-6$

이므로 $\dfrac{f(7)-f(3)}{7-3}=-3$

즉, 기울기가 -3이므로 $a=-3$

$f(x)=-3x+b$이므로

$f(1)=-3+b=-5$에서 $b=-2$

$\therefore a-b=-3-(-2)=-1$

다른 풀이

$f(7)=7a+b,\ f(3)=3a+b$이므로

$\dfrac{f(7)-f(3)}{2}=\dfrac{7a+b-3a-b}{2}=2a=-6$ $\quad\therefore a=-3$

즉, $f(x)=-3x+b$이므로 $f(1)=-5$에서

$-5=-3+b$ $\quad\therefore b=-2$

05 **풀이전략** 어떤 직선이 직사각형의 넓이를 이등분하려면 그 직선은 직사각형의 두 대각선의 교점을 지나야 한다.

두 직사각형의 넓이를 동시에 이등분하려면 두 대각선의 교점을 모두 지나야 한다.

제2사분면 위에 있는 직사각형의 두 대각선의 교점의 좌표는

$\left(\dfrac{-2+(-4)}{2},\ \dfrac{1+5}{2}\right)$, 즉 $(-3,\ 3)$

제4사분면 위에 있는 직사각형의 두 대각선의 교점의 좌표는

$\left(\dfrac{2+6}{2},\ \dfrac{-3+(-5)}{2}\right)$, 즉 $(4,\ -4)$

따라서 두 점 $(-3,\ 3)$, $(4,\ -4)$를 지나는 일차함수의 기울기는

$\dfrac{-4-3}{4-(-3)}=\dfrac{-7}{7}=-1$

즉, $y=-x+b$에 점 $(-3,\ 3)$을 대입하면

$3=3+b$ $\quad\therefore b=0$

따라서 일차함수의 식은 $y=-x$이다.

06 **풀이전략** 세 점 A, B, C가 같은 직선 위에 있을 때는 두 직선 AB와 AC의 기울기가 서로 같음을 이용한다.

세 점 A, B, C가 같은 직선 위에 있으면 두 점 A, B를 지나는 직선의 기울기와 두 점 A, C를 지나는 직선의 기울기가 같다.

$(\text{두 점 A, B를 지나는 직선의 기울기})=\dfrac{\dfrac{1}{6}-m-\dfrac{1}{3}}{-m-\dfrac{1}{2}-2}$

$=\dfrac{-m-\dfrac{1}{6}}{-m-\dfrac{5}{2}}$

분모, 분자에 -6을 곱하면 $\dfrac{6m+1}{6m+15}$

$(\text{두 점 A, C를 지나는 직선의 기울기})=\dfrac{m+1-m-\dfrac{1}{3}}{4-2}$

$=\dfrac{1}{3}$

즉, $\dfrac{6m+1}{6m+15}=\dfrac{1}{3}$이므로

$3(6m+1)=6m+15$

$18m+3=6m+15,\ 12m=12$

$\therefore m=1$

07 **풀이전략** 점 A의 x좌표가 $a(a<0)$일 때, 점 $\text{A}\left(a,\ \dfrac{1}{2}a\right)$이므로 정사각형 ABCD의 각 꼭짓점의 좌표를 a를 이용하여 나타낸다.

점 $\text{A}\left(a,\ \dfrac{1}{2}a\right)$라고 하면 $\text{D}\left(0,\ \dfrac{1}{2}a\right)$

이때 $\overline{\text{AD}}=\overline{\text{AB}}=|a|$이어야 하므로

$\text{B}\left(a,\ \dfrac{3}{2}a\right),\ \text{C}\left(0,\ \dfrac{3}{2}a\right)$

$y=-2x-14$의 그래프가 점 B를 지나므로

$x=a,\ y=\dfrac{3}{2}a$를 대입하면

$\dfrac{3}{2}a=-2a-14,\ \dfrac{7}{2}a=-14$ $\quad\therefore a=-4$

따라서 정사각형 ABCD의 한 변의 길이는 4이고, 이때의 넓이는 $4\times4=16$

08 **풀이전략** 주어진 일차함수의 그래프의 기울기가 음수이므로 x의 값이 증가할 때 y의 값은 감소함을 유의하여 함숫값의 범위를 구한다.

일차함수 $y=-3x-2a+1$의 그래프의 기울기가 음수이므로

x의 값의 범위가 $-4\leq x\leq3$일 때 함숫값의 범위는

$x=-4$일 때, $y=-3\times(-4)-2a+1=-2a+13$

$x=3$일 때, $y=-3\times3-2a+1=-2a-8$

즉, $-2a-8\leq y\leq-2a+13$

이때 함숫값에 2가 포함되려면

$-2a-8\leq2$이고 $2\leq-2a+13$이어야 한다.

$-2a-8\leq2$에서 $a\geq-5$

$2\leq-2a+13$에서 $a\leq\dfrac{11}{2}$

$\therefore -5\leq a\leq\dfrac{11}{2}$

일차함수의 활용

 본문 98~101쪽

01 (1) 19 ℃ (2) 1500 m **02** ⑤ **03** ③ **04** ④

05 10분 **06** ③ **07** ⑤ **08** ③ **09** $y=-0.001x+15$

10 ③ **11** ④ **12** (1) 풀이 참조 (2) $y=2x+1$ (3) 41 **13** ④

14 ① **15** ① **16** 12시간

---

01 높이에 따른 기온의 변화를 보면 100 m씩 높아질 때마다 기온이 0.6 ℃씩 내려가므로 1 m 높아지면

$0.6×\dfrac{1}{100}=0.006(℃)$씩 내려간다.

따라서 x와 y 사이의 관계식은

$y=-0.006x+25$

(1) $x=1000$을 위의 식에 대입하면 $y=19$

따라서 19 ℃이다.

(2) $y=16$을 위의 식에 대입하면 $x=1500$

따라서 1500 m이다.

02 공기를 빼기 시작한 지 x분 후, 이때의 공기의 부피를 y L라고 하자.

공기의 부피가 매분 12 L씩 줄어들므로

x와 y 사이의 관계식은

$y=-12x+150$

이 식에 $y=0$을 대입하면

$0=-12x+150$, $y=12.5$

따라서 공기를 빼기 시작한 지 12.5분이 지났을 때 진공 상태가 된다.

03 이 자동차가 1 km 주행하는 데 소모되는 연료의 양은 $\dfrac{1}{16}$ L이고, 연료를 가득 채우고 1008 km를 주행한 후에 연료가 완전히 소모되었으므로 연료 탱크에 가득 채운 연료의 양은

$\dfrac{1}{16}×1008=63(L)$

$∴ y=-\dfrac{1}{16}x+63$

04 그래프가 두 점 $(10, 0)$, $(26, 8)$을 지나므로 기울기는

$\dfrac{8-0}{26-10}=\dfrac{8}{16}=\dfrac{1}{2}$

이때 x와 y 사이의 관계식은 $y=\dfrac{1}{2}x+b$

이 식에 $x=10$, $y=0$을 대입하면 $b=-5$

$∴ y=\dfrac{1}{2}x-5$

$y=\dfrac{1}{2}x-5$에 $y=5$를 대입하면

$5=\dfrac{1}{2}x-5$ $∴ x=20$

따라서 민선이가 출발한 지 20분 후에 동생이 5 km 떨어진 곳을 지나므로 걸린 시간은 $20-10=10$(분)

05 2분에 8 L씩 물을 채우므로 1분에 4 L씩 물이 채워진다.

x분 후에 물통의 물의 양이 y L이므로

$y=20+4x$

$y=60$일 때, $60=20+4x$, $x=10$

따라서 물통을 가득 채우는 데 10분이 걸린다.

06 소리의 속력은 기온이 10 ℃ 올라갈 때마다 초속 6 m씩 일정하게 증가하므로 기온이 1 ℃ 올라갈 때마다 초속 $\dfrac{6}{10}=0.6(m)$씩 일정하게 증가한다.

기온이 0 ℃일 때의 소리의 속력은 초속 331 m이므로

$y=0.6x+331$

속력이 초속 340 m일 때의 기온은 $y=340$을 대입하면

$340=0.6x+331$ $∴ x=15$

따라서 소리의 속력이 초속 340 m일 때의 기온은 15 ℃이다.

07 점 P가 점 B를 출발한 지 x초 후의 선분 BP의 길이는 $2x$ cm이므로

△ABP의 넓이 y cm²는

$y=\dfrac{1}{2}×2x×10$ $∴ y=10x$

이 식에 $y=80$을 대입하면

$80=10x$ $∴ x=8$

따라서 △ABP의 넓이가 80 cm²가 되는 것은 점 P가 점 B를 출발한 지 8초 후이다.

08 점 P가 점 A를 출발한 지 x초 후의 사각형 APCD의 넓이를 $y\ \text{cm}^2$라고 하자.

x초 후의 선분 AP의 길이는 $\dfrac{3}{2}x\ \text{cm}$이므로 사각형 APCD의 넓이 $y\ \text{cm}^2$는

$y=\dfrac{1}{2}\times\left(\dfrac{3}{2}x+10\right)\times12$, 즉 $y=9x+60\left(0\le x\le\dfrac{20}{3}\right)$

이 식에 $y=96$을 대입하면

$96=9x+60$ $\quad\therefore x=4$

따라서 사각형 APCD의 넓이가 $96\ \text{cm}^2$가 되는 것은 점 P가 점 A를 출발한 지 4초 후이다.

09 무게가 600 g인 물체를 올려놓았을 때 저울의 높이가 0.6 cm 내려가므로 물체가 1 g 증가할 때마다 $\dfrac{0.6}{600}=0.001(\text{cm})$씩 일정하게 감소한다.

처음 높이가 15 cm이므로 $y=-0.001x+15$

10 x초 동안 규진이가 달린 거리는 $5x\ \text{m}$, 지현이가 달린 거리는 $6x\ \text{m}$이므로

x초 후에 두 사람 사이의 거리를 $y\ \text{m}$라고 할 때,

$y=40+5x-6x$

$\therefore y=40-x$

규진이와 지현이가 만나는 것은 두 사람 사이의 거리가 0 m일 때이므로

$y=0$일 때, $0=40-x$ $\quad\therefore x=40$

따라서 지현이가 규진이를 따라잡을 때까지 걸린 시간은 40초이다.

11 기체의 온도를 $x\ ℃$, 이때의 기체의 부피를 $y\ \text{mL}$라고 하면 온도가 275 ℃ 올라갈 때, 부피가 $40-15=25(\text{mL})$ 늘어나므로 이 기체의 온도가 1 ℃ 올라갈 때 부피는 $\dfrac{25}{275}=\dfrac{1}{11}(\text{mL})$ 늘어난다.

또 $x=0$일 때, $y=15$이므로 x와 y 사이의 관계식은

$y=\dfrac{1}{11}x+15$

부피가 70 mL가 되는 때의 온도는 $y=70$을 대입하면

$70=\dfrac{1}{11}x+15,\ x=605$

따라서 기체의 부피가 70 mL가 되는 때의 온도는 605 ℃이다.

12 (1)

x	1	2	3	4	…
y	3	5	7	9	…

(2) 정삼각형 x개를 만들기 위해 필요한 성냥개비의 개수를 y라고 할 때, 정삼각형 1개를 만들 때 성냥개비 3개가 필요하고 정삼각형이 1개 늘어날 때마다 성냥개비가 2개씩 더 필요하다.

즉, $y=3+2(x-1)=2x+1$

(3) $x=20$을 식에 대입하면 $y=2\times20+1=41$

따라서 정삼각형 20개를 만들 때 필요한 성냥개비의 개수는 41이다.

13 양초의 길이가 1분에 6 mm, 즉 0.6 cm씩 줄어들므로 x분 후에는 $0.6x\ \text{cm}$가 줄어든다.

즉, $y=24-0.6x$

양초의 길이가 처음 길이의 $\dfrac{1}{4}$이 되는 것은

$y=24\times\dfrac{1}{4}=6$일 때이므로 위의 식에 $y=6$을 대입하면

$6=24-0.6x$ $\quad\therefore x=30$

따라서 양초의 길이가 처음 길이의 $\dfrac{1}{4}$이 되는 것은 30분 후이다.

14 x분 후 접시의 무게 $y\ \text{kg}$은

A접시의 무게는 $y=2x+2$

B접시의 무게는 $y=14-x$

즉, $\begin{cases}y=2x+2\\y=14-x\end{cases}$를 연립하여 풀면 $x=4,\ y=10$

따라서 4분 후에 양쪽 접시 위의 무게가 10 kg으로 같아져서 양팔 저울이 수평을 이룬다.

15 A물통에서 2분마다 4 L씩 물이 흘러나오므로 1분마다 2 L씩 물이 흘러나온다.

물이 흘러나온 지 x분 후에 남아 있는 물의 양이 $y\ \text{L}$이므로

$y=32-2x$

B물통에서 2분마다 6 L씩 물이 흘러나오므로 1분마다 3 L씩 물이 흘러나온다.

물이 흘러나온 지 x분 후에 남아 있는 물의 양이 $y\ \text{L}$이므로

$y=44-3x$

즉, $\begin{cases} y=32-2x \\ y=44-3x \end{cases}$ 를 연립하여 풀면 $x=12$, $y=8$

따라서 12분 후에 물의 양이 8 L로 같아진다.

16 명원이가 걷기 시작하고 x시간 후의 거리가 y km이므로
희원이의 시간에 따른 이동 거리를 나타내는 직선의 방정식은
$$y=\frac{3}{2}x+6$$
명원이의 시간에 따른 이동 거리를 나타내는 직선의 방정식은
$$y=2x$$
두 사람이 만날 때는 y의 값이 같으므로
$$\frac{3}{2}x+6=2x, \quad -\frac{1}{2}x=-6 \qquad \therefore x=12$$
따라서 두 사람이 만나는 데까지 걸리는 시간은 12시간이다.

01 12.5초   **02** ④   **03** 8초   **04** ⑤

05 (1) 자전거로 이동할 때의 속력 : 분속 0.4 km,

걸어서 이동할 때의 속력 : 분속 $\frac{1}{15}$ km   (2) 25분   **06** ④

07 ③   **08** 3시

---

01 x초 후 엘리베이터의 높이를 y m라고 하면
올라가는 엘리베이터의 높이는 $y=3x$
내려오는 엘리베이터의 높이는 $y=100-5x$
이때 두 엘리베이터가 같은 위치를 지날 때는 높이가 같으므로
$$3x=100-5x, \quad 8x=100 \qquad \therefore x=12.5$$
따라서 12.5초 후에 두 엘리베이터는 같은 위치에 있다.

02 지표면으로부터의 높이가 x km일 때, 대기의 온도를 y °C라고
하자.
주어진 그래프가 두 점 $(0,\ 10)$, $(10,\ -45)$를 지나므로
$$(기울기)=\frac{-45-10}{10-0}=-\frac{11}{2}$$
이때 y절편이 10이므로 x와 y 사이의 관계식은
$$y=-\frac{11}{2}x+10$$

이 식에 $x=6$을 대입하면
$$y=-\frac{11}{2}\times6+10, \quad y=-23$$
따라서 지면으로부터의 높이가 6 km일 때, 대기의 온도는
-23 °C이다.

03 1초에 3 cm씩 움직이므로 x초 후의 $\overline{BP}$의 길이는 $3x$ cm이다.
$$\therefore \overline{PC}=30-3x\,(\text{cm})$$
x초 후의 사각형 APCD의 넓이를 y cm²라고 하면
$$y=\frac{1}{2}\times(30+30-3x)\times12$$
$$\therefore y=-18x+360$$
이때 $y=216$을 대입하면
$$216=-18x+360 \qquad \therefore x=8$$
따라서 사각형 APCD의 넓이가 216 cm²가 되는 것은 8초 후
이다.

04 점 P는 1초에 $\frac{3}{2}$ cm씩 움직이므로 x초 후에는 $\frac{3}{2}x$ cm씩 움직
인다. 점 P가 점 B를 출발한 지 x초 후의 삼각형 ABP와 삼각
형 DPC의 넓이의 합을 y cm²라 하면
$$y=\frac{1}{2}\times\frac{3}{2}x\times10+\frac{1}{2}\times\left(20-\frac{3}{2}x\right)\times8$$
즉, $y=\frac{3}{2}x+80$

이때 $y=98$을 대입하면 $98=\frac{3}{2}x+80 \qquad \therefore x=12$
따라서 점 P가 점 B를 출발한 지 12초 후에 두 삼각형의 넓이의
합이 98 cm²가 된다.

05 (1) $(속력)=\dfrac{(거리)}{(시간)}$이므로

자전거의 속력은 분속 $\dfrac{6}{15}=0.4\,(\text{km})$

걸어간 속력은 분속 $\dfrac{8-6}{45-15}=\dfrac{2}{30}=\dfrac{1}{15}\,(\text{km})$

(2) $(시간)=\dfrac{(거리)}{(속력)}$이므로

자전거로만 갔을 때 걸린 시간은 $\dfrac{8}{0.4}=20\,(\text{분})$

이므로 도착한 시각은 자전거로만 갔을 때의 도착 시각보다

$45-20=25\,(\text{분})$ 늦게 도착하였다.

06 ② x와 y 사이의 관계식은 $y=60-\dfrac{6}{5}x$이다.

④ 매분 타 없어지는 양초의 길이는

$$\dfrac{(양초의\ 길이)}{(시간)}=\dfrac{60}{50}=1.2(cm)$$

⑤ 45분 후 양초의 길이는

$x=45$를 $y=60-\dfrac{6}{5}x$에 대입하면

$$y=60-\dfrac{6}{5}\times45=6(cm)$$

따라서 옳지 않은 것은 ④이다.

07 ① 수액의 총 양은 $3\times300=5\times180=900(mL)$이다.

② 두 점 $(0,\ 300)$, $(180,\ 0)$을 지나므로

$$(기울기)=\dfrac{0-300}{180-0}=-\dfrac{5}{3}$$

따라서 x와 y 사이의 관계식은

$$y=-\dfrac{5}{3}x+300,\ 즉\ 5x+3y-900=0$$

③ $\begin{cases} 5x+3y-900=0 \\ x+y=240 \end{cases}$ 의 연립방정식을 풀면

$$x=90,\ y=150$$

④ $5x+3y-900=0$에 $x=120$을 대입하면 $y=100$

따라서 주사액을 다 맞으려면 $5\,mL$씩 2시간을 맞은 후 $3\,mL$씩 100분, 즉 1시간 40분을 더 맞으면 된다.

⑤ $5x+3y-900=0$에 $y=180$을 대입하면 $x=72$

따라서 주사액을 다 맞으려면 $5\,mL$씩 72분, 즉 1시간 12분을 더 맞아야 한다.

따라서 주사액을 다 맞는 데 걸린 총 시간은

$$(3시간)+(1시간\ 12분)=(4시간\ 12분)$$

따라서 옳지 않은 것은 ③이다.

> **실수하기 쉬운 부분 짚어보기**
>
> 영양제 수액의 총량을 $A\,mL$라 하면 $5x+3y=A$이고, 주어진 그래프에서 x절편, y절편은 각각 180, 300이므로 $A=900$, 즉 수액은 총 $900\,mL$이다.

08 제품 A의 생산량을 나타낸 직선은 두 점 $(0,\ 100)$, $(5,\ 400)$을 지나므로

$$(기울기)=\dfrac{400-100}{5-0}=60$$

따라서 제품 A에 대한 일차함수의 식은

$$y=60x+100 \qquad \cdots\cdots \text{㉠}$$

제품 B의 생산량을 나타낸 직선은 원점과 점 $(5,\ 800)$을 지나므로

$$(기울기)=\dfrac{800-0}{5-0}=160$$

따라서 제품 B에 대한 일차함수의 식은

$$y=160x \qquad \cdots\cdots \text{㉡}$$

㉠, ㉡을 연립하여 풀면

$$60x+100=160x$$

$$\therefore\ x=1,\ y=160$$

따라서 두 제품 A, B의 총 생산량이 같아지는 것은 2시에서 1시간이 지난 시간이므로 3시이다.

Level ③　　　본문 104~106쪽

01 (1) $y=45-\dfrac{1}{14}x\ (0\le x\le630)$　(2) 23 L

02 (1) 36분, 4.8 km　(2) $13\dfrac{1}{3}$분　**03** (1) $y=-\dfrac{27}{2}x+108$　(2) 10 cm

04 801기압　**05** 55 km　**06** 오후 12시 10분

07 (1) $y=\dfrac{1}{20}x+6000$　(2) 30000원　**08** $y=5x+1,\ 151$

---

01 (1) 자동차에 기름이 가득 채워졌을 때의 양을 $a\,L$라고 하면

$$\dfrac{1}{5}a+33=\dfrac{3}{4}a$$

양변에 20을 곱하여 정리하면 $4a+660=15a$　$\therefore\ a=60$

따라서 현재 기름의 양은

$$\dfrac{1}{5}\times60+33=45(L)$$

이 자동차가 $1\,L$의 기름으로 $14\,km$를 주행하므로 $1\,km$를 주행할 때 드는 기름의 양은 $\dfrac{1}{14}\,L$이다.

$$\therefore\ y=45-\dfrac{1}{14}x\ (0\le x\le630)$$

(2) 서울에서 대전까지 왕복했으므로 위 식에 $x=308$을 대입하면

$$y=45-\dfrac{1}{14}\times308=23$$

따라서 남은 기름의 양은 23 L이다.

02 (1) 형이 출발하고 x분 동안 간 거리를 y km라 하면

형은 두 점 $(0, 0)$, $(60, 8)$을 지나므로 직선의 기울기는

$(기울기) = \dfrac{8-0}{60-0} = \dfrac{2}{15}$

$\therefore y = \dfrac{2}{15}x$ ...... ㉠

동생은 두 점 $(20, 0)$, $(30, 3)$을 지나므로 직선의 기울기는

$(기울기) = \dfrac{3-0}{30-20} = \dfrac{3}{10}$

즉, $y = \dfrac{3}{10}x + b$에 점 $(20, 0)$을 대입하면

$0 = \dfrac{3}{10} \times 20 + b$, $b = -6$

$\therefore y = \dfrac{3}{10}x - 6$ ...... ㉡

㉠, ㉡을 연립하여 풀면 $x = 36$, $y = 4.8$

따라서 형이 출발하고 36분 후 집으로부터 4.8 km 떨어진 곳에서 동생이 형을 따라잡는다.

(2) 동생이 역에 도착하는 시간은

$y = \dfrac{3}{10}x - 6$에 $y = 8$을 대입하면 되므로

$8 = \dfrac{3}{10}x - 6$, $\dfrac{3}{10}x = 14$, $x = \dfrac{140}{3}$

이때 두 사람이 역까지 가는 데 걸린 시간 차는

$60 - \dfrac{140}{3} = \dfrac{40}{3}$(분)

따라서 동생이 $\dfrac{40}{3}$ 분, 즉 $13\dfrac{1}{3}$분 먼저 역에 도착하였다.

03 (1) $\overline{AP} = 2x$ (cm), $\overline{PD} = (12 - 2x)$ cm이고

$\overline{BQ} = \dfrac{1}{2}x$ (cm)이므로

사각형 PBQD의 넓이는

$\dfrac{1}{2} \times \left(\dfrac{1}{2}x + 12 - 2x \right) \times 18 = -\dfrac{27}{2}x + 108$

즉, $y = -\dfrac{27}{2}x + 108$

(2) $y = 54$를 $y = -\dfrac{27}{2}x + 108$에 대입하면

$54 = -\dfrac{27}{2}x + 108$

$\therefore x = 4$

$\therefore \overline{QC} = 12 - \dfrac{1}{2} \times 4 = 10$(cm)

04 물속에서 소리의 속력은 초속 1600 m이므로 x초 후 소리가 이동한 거리를 y m라 하면

$y = 1600x$

이때 $x = 5$를 대입하면

$y = 1600 \times 5 = 8000$(m)

따라서 잠수정은 8000 m 깊이에 있다.

수심이 10 m 깊어질 때마다 1기압씩 높아지므로 1 m 깊어질 때마다 $\dfrac{1}{10}$기압씩 높아진다. 또 해수면에서 대기압은 1기압이므로 수심이 x m 깊어질 때마다 수압이 y기압 높아진다고 하면

$y = \dfrac{1}{10}x + 1$

이 식에 $x = 8000$을 대입하면

$y = \dfrac{1}{10} \times 8000 + 1 = 801$(기압)

05 두 사람이 만날 때는 두 사람의 거리 차가 0일 때이므로

$y = 0$을 $y = 5000 - 25x$에 대입하면

$25x = 5000$ $\therefore x = 200$

즉, 현석이가 출발한 후 200분이 되었을 때 두 사람의 거리의 차가 0이므로 200분 후에 두 사람이 동시에 도착 지점에 도착하였다.

또한 $x = 0$일 때 $y = 5000$이므로 상선이가 혼자 20분간 달린 거리가 5000 m이므로 $(속력) = \dfrac{(거리)}{(시간)}$에서 상선이의 속력은

분속 $\dfrac{5000}{20} = 250$(m)

따라서 상선이가 달린 총 시간이 $200 + 20 = 220$(분)이므로 마라톤 연습을 한 전체 거리는

$(거리) = (속력) \times (시간)$

$= 250 \times 220$

$= 55000$(m) $= 55$(km)

06 물탱크에 총 b L의 물이 들어있다고 하자. 물탱크의 물이 1분에 2 L씩 줄어들고 있으므로 물을 x분 뺐을 때 물탱크에 남아 있는 물의 양을 y L라고 하면

$y = -2x + b$

$x = 60$일 때 $y = 460$이므로

$460 = -2 \times 60 + b$, $b = 580$

$\therefore y = -2x + 580$

$y = 0$일 때, $0 = -2x + 580$에서 $x = 290$

따라서 물탱크를 다 비우는 데 290분, 즉 4시간 50분이 걸리므로 오후 5시에서 4시간 50분 전인 오후 12시 10분에 물탱크를 비우기 시작하였다.

07 (1) 직선이 두 점 $(0, 6000)$, $(2000, 6100)$을 지나므로 기울기
는

$$\frac{6100-6000}{2000-0}=\frac{1}{20}$$

y절편이 6000이므로 구하는 일차함수의 식은

$$y=\frac{1}{20}x+6000$$

(2) $y=\frac{1}{20}x+6000$에 $y=7500$을 대입하면

$$7500=\frac{1}{20}x+6000$$

$$\frac{1}{20}x=1500, \ x=30000$$

따라서 추가로 30000원을 더 내야 한다.

08

x(정육각형의 개수)	1	2	3	4	⋯
y(선분의 개수)	6	11	16	21	⋯

위의 표에서 정육각형 1개를 만들려면 선분이 6개가 필요하고
x의 값이 1씩 증가할 때 y의 값은 5씩 증가하므로

$$y=6+5(x-1)$$

$$\therefore \ y=5x+1$$

따라서 정육각형 30개를 그리는 데 필요한 선분의 개수는
$x=30$일 때이므로

$$y=5\times 30+1=151$$

Level 4 본문 107~109쪽

01 8시간 **02** 3초, 13초, 23초 **03** 오후 2시 27분 30초

04 2시간 20분 **05** 2배 **06** 39 m³ **07** 160 cm² **08** $\frac{9}{2}$

01 풀이전략 준영이와 예은이 사이의 거리가 2 km가 되는 것과 준영이가 예
은이를 추월하는 두 과정을 나누어 식을 세운다.

주어진 그래프에서 (속력)$=\dfrac{(거리)}{(시간)}$이므로 속력은 직선의 기울기

와 같다.

따라서 준영이의 속력은 시속 $\dfrac{5}{2}=2.5(\text{km})$, 예은이의 속력은

시속 $\dfrac{9}{3}=3(\text{km})$이다.

준영이와 예은이 사이의 거리가 2 km가 되는 것은 두 그래프의
y의 값의 차가 2가 될 때이므로 두 사람이 출발한 지 x시간 후라
고 하면

$$3x-2.5x=2 \qquad \therefore \ x=4$$

따라서 출발한 지 4시간 후부터 준영이의 속력은
시속 $2.5+1=3.5(\text{km})$가 되므로 준영이가 속도를 올리고부터
예은이를 추월하는 데 걸리는 시간은

$$\frac{(거리)}{(속력)}=\frac{2}{3.5-3}=4(시간)$$

따라서 준영이가 예은이를 추월하게 되는 것은 출발한 지
$4+4=8(시간)$ 후이다.

02 풀이전략 삼각형의 넓이는 점 P의 위치가 세 변 BC, CD, DA를 지날 때
로 나누어 각각 구한다.

(i) 점 P가 점 B를 출발한 지 x초 후에 이동한 거리는 $3x$ cm이
므로 △ABP의 넓이는

$$\triangle ABP=\frac{1}{2}\times 30\times 3x=45x$$

$$\therefore \ y=45x \ (0<x\le 10)$$

이때 $45x=135$에서 $x=3$이므로 3초 후 △ABP의 넓이는
$135 \ \text{cm}^2$이다.

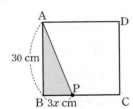

(ii) △BCP의 넓이는

$$\triangle BCP=\frac{1}{2}\times 30\times (3x-30)$$

$$=45x-450$$

$$\therefore \ y=45x-450 \ (10<x\le 20)$$

이때 $45x-450=135$에서 $x=13$이므로 13초 후 △BCP
의 넓이는 $135 \ \text{cm}^2$이다.

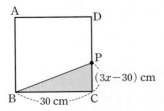

(iii) △CDP의 넓이는

$$\triangle CDP = \frac{1}{2} \times 30 \times (3x-60)$$
$$= 45x - 900 \ (20 < x \le 30)$$

이때 $45x-900=135$에서 $x=23$이므로 23초 후 △CDP의 넓이는 135 cm²이다.

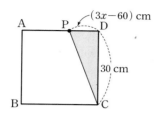

따라서 삼각형의 넓이가 135 cm²가 되는 것은 점 P가 점 B에서 출발한 지 3초 후, 13초 후, 23초 후이다.

03 규정이가 출발하고 걸린 시간을 x로 놓을 것인지 영민이가 출발하고 걸린 시간을 x로 놓을 것인지를 유의하여 식을 세운다

오후 1시부터 x분 동안 간 거리를 y km라 하자.

규정이가 간 거리를 나타내는 직선의 방정식을 $y=ax+1$이라 할 때

$$a = \frac{3-1}{50-0} = \frac{1}{25}$$

$$\therefore y = \frac{1}{25}x + 1 \quad \cdots\cdots \ \bigcirc$$

영민이가 간 거리를 나타내는 직선의 방정식을 $y=bx+c$라 할 때

$$b = \frac{2-0}{50-20} = \frac{1}{15}$$

이때 $y=\frac{1}{15}x+c$에 $x=20$, $y=0$을 대입하면 $c=-\frac{4}{3}$

$$\therefore y = \frac{1}{15}x - \frac{4}{3} \quad \cdots\cdots \ \bigcirc$$

$\bigcirc$, $\bigcirc$을 연립하여 풀면

$$x = \frac{175}{2}, \ y = \frac{9}{2}$$

따라서 두 사람이 만나는 시각은 오후 1시에서 $\frac{175}{2}$분, 즉 87.5분이 지난 시간이므로 오후 2시 27분 30초이다.

04 물의 양이 m분 동안 k L 만큼 나오면 1분에 나오는 물의 양이 $\frac{k}{m}$ L임을 이용하여 식을 세운다.

A수도에서는 4분에 3 L씩 물이 흘러나오므로 1분에 $\frac{3}{4}$ L씩 흘러나오고, B수도에서는 5분에 4 L씩 물이 흘러나오므로 1분에 $\frac{4}{5}$ L씩 흘러나온다.

A, B 두 개의 수도로 물을 채울 때, 물을 채우기 시작한 지 x분 후의 물의 양을 y L라 하면

$$y = \left(\frac{3}{4} + \frac{4}{5}\right)x + 10$$

$$\therefore y = \frac{31}{20}x + 10$$

$y=41$을 $y=\frac{31}{20}x+10$에 대입하면

$$41 = \frac{31}{20}x + 10 \quad \therefore x = 20$$

따라서 41 L를 채우는 데 20분이 걸린다.

41 L를 채운 후 A수도만을 사용하여 물을 채우기 시작한 지 x분 후의 물의 양을 y L라 하면

$$y = \frac{3}{4}x + 41$$

$y=131$을 $y=\frac{3}{4}x+41$에 대입하면

$$131 = \frac{3}{4}x + 41 \quad \therefore x = 120$$

따라서 $20+120=140$(분), 즉 2시간 20분 후에 물탱크에 물이 가득 찬다.

05 그래프의 기울기가 변하는 지점이 저울추가 있어 물이 증가하는 비율이 달라지는 것임을 생각하여 식을 세운다.

물의 높이의 변화가 처음으로 달라지는 시간은 처음부터 4분 후이므로 저울추 A의 높이는 8 cm이고, 저울추 B까지의 높이는 12 cm이다.

따라서 저울추 B의 높이는 $12-8=4$(cm)이다.

저울추 A, B가 없는 12분에서 24분 사이에 늘어난 물의 높이는 4 cm이므로 $24-12=12$, 즉 물은 12분 동안 전체 부피의 $\frac{1}{4}$을 채울 수 있다.

높이가 16 cm인 원기둥 모양의 물통의 부피를 V, 저울추 A의 부피를 a, B의 부피를 b라 하면

$$\frac{V}{4} : 12 = \left(\frac{V}{2} - a\right) : 4 \quad \therefore a = \frac{5}{12}V$$

$$\frac{V}{4} : 12 = \left(\frac{V}{4} - b\right) : 8 \quad \therefore b = \frac{1}{12}V$$

즉, $a+b = \frac{5}{12}V + \frac{1}{12}V = \frac{1}{2}V$

따라서 두 저울추 A, B가 없을 때, 원기둥 모양의 물통에 부을 수 있는 물의 최대 부피는 두 저울추의 부피의 합의 2배이다.

06 풀이전략 x의 범위를 $0<x\le12$, $x>12$로 경우를 나누어 생각해 본다.

도시가스 사용량을 x m³, 요금을 y원이라고 하면

$0<x\le12$일 때,

$y=1000+750x$

$x>12$일 때,

$y=1000+750\times12+746\times(x-12)$

즉, $\begin{cases} y=750x+1000 \ (0<x\le12) \\ y=746x+1048 \ (x>12) \end{cases}$

이때 $x=12$를 $y=750x+1000$에 대입하면

$y=10000$

즉, 도시가스 요금이 30000원을 넘는 경우는 사용량이 12 m³ 초과인 경우이다.

따라서 $746x+1048>30000$이므로

$x>38.80\cdots$

즉, 사용량이 39 m³ 이상일 때 요금이 30000원을 넘는다.

07 풀이전략 사다리꼴 PBCQ가 등변사다리꼴이 되기 위해 $\overline{AP}=\overline{QD}$를 이용한다.

x초 후 $\overline{AP}=0.5x=\dfrac{1}{2}x$이고 $\overline{AQ}=2x$이므로

$\overline{QD}=\overline{AD}-\overline{AQ}=20-2x$

사다리꼴 PBCQ가 등변사다리꼴이 되려면 $\overline{AP}=\overline{QD}$이어야 한다.

즉, $\dfrac{1}{2}x=20-2x$ $\qquad \therefore x=8$

따라서 8초 후에 사다리꼴 PBCQ가 등변사다리꼴이 된다.

$\overline{PQ}=\overline{AQ}-\overline{AP}=2x-\dfrac{1}{2}x=\dfrac{3}{2}x$이므로

사다리꼴 PBCQ의 넓이를 y cm²라고 하면

$y=\dfrac{1}{2}\times\left(\dfrac{3}{2}x+20\right)\times10=\dfrac{15}{2}x+100$

$\therefore y=\dfrac{15}{2}x+100$

$y=\dfrac{15}{2}x+100$에 $x=8$을 대입하면

$y=\dfrac{15}{2}\times8+100=160$

따라서 사다리꼴 PBCQ가 등변사다리꼴이 되었을 때의 넓이는 160 cm²이다.

08 풀이전략 네 일차함수 $y=-x+4$, $y=-3x+8$, $y=2x+7$, $y=x+5$의 그래프를 그리고, 그래프를 이용하여 함숫값 중 가장 작은 수를 구한다.

네 일차함수 $y=-x+4$, $y=-3x+8$, $y=2x+7$, $y=x+5$의 그래프를 그리면 다음과 같다.

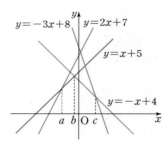

$f(x)=[-x+4, \ -3x+8, \ 2x+7, \ x+5]$의 그래프는 가장 작은 수를 나타낸다.

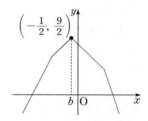

한편, 두 일차함수 $y=-x+4$와 $y=x+5$의 그래프의 교점의 좌표는 $\left(-\dfrac{1}{2}, \dfrac{9}{2}\right)$이고 가장 큰 함숫값 $f(x)$는 $\dfrac{9}{2}$이므로

$f(x)\le\dfrac{9}{2}$가 성립한다.

즉, $p\ge\dfrac{9}{2}$이므로 p의 값 중에서 가장 작은 수는 $\dfrac{9}{2}$이다.

실수하기 쉬운 부분 짚어보기

함숫값은 각 x의 값에 대하여
$-x+4$, $-3x+8$, $2x+7$, $x+5$ 중 가장 작은 값이므로
$\quad x<a$일 때 $\quad f(x)=2x+7$
$a\le x<b$일 때 $\quad f(x)=x+5$
$b\le x<c$일 때 $\quad f(x)=-x+4$
$\quad x\ge c$일 때 $\quad f(x)=-3x+8$

8 일차함수와 일차방정식의 관계

Level ① 본문 112~115쪽

01 ④   **02** -5 **03** ⑤   **04** (1) $A(1, 4)$ (2) $B(-1, 0)$, $C(3, 0)$

(3) 8   **05** ②   **06** ④   **07** ①   **08** ①   **09** ③   **10** -2

11 10   **12** ③   **13** ①   **14** ④   **15** -4 **16** ④

---

01 교점이 $(1, 2)$이므로 연립방정식 $\begin{cases} ax-y=-1 \\ 2x+by=4 \end{cases}$ 에 각각 대입

하면 $\begin{cases} a-2=-1 \\ 2+2b=4 \end{cases}$ 에서 $a=1$, $b=1$

$\therefore a+b=2$

02 일차방정식 $-x+py-2=0$의 그래프가 점 $(1, -1)$을 지나

므로 $x=1$, $y=-1$을 대입하면

$-1-p-2=0$ $\therefore p=-3$

$-x-3y-2=0$의 그래프가 점 $(4, q)$를 지나므로 대입하면

$-4-3q-2=0$ $\therefore q=-2$

$\therefore p+q=-3+(-2)=-5$

03 ① $x=\frac{1}{2}$을 대입하면 $y=\frac{1}{2}$이므로

점 $\left(\frac{1}{2}, \frac{1}{2} \right)$을 지난다.

② $4x-2y-1=0$에서 y를 x의 식으로 나타내면

$y=2x-\frac{1}{2}$이다. 따라서 제2사분면을 지나지 않는다.

③ 기울기가 2, y절편은 $-\frac{1}{2}$이다.

⑤ 기울기가 2로 같고 y절편이 다르므로 서로 평행하다.

따라서 옳은 것은 ⑤이다.

04 (1) 두 직선의 교점의 좌표는 연립방정식 $\begin{cases} y=2x+2 \\ y=-2x+6 \end{cases}$ 의 해와

같으므로 연립방정식을 풀면 $x=1$, $y=4$

따라서 두 직선의 교점 A의 좌표는 $(1, 4)$이다.

(2) 직선 $y=2x+2$의 x절편은 -1이므로 점 B의 좌표는

$(-1, 0)$이다.

직선 $y=-2x+6$의 x절편은 3이므로 점 C의 좌표는

$(3, 0)$이다.

(3) $B(-1, 0)$, $C(3, 0)$이므로

$\overline{BC}=3-(-1)=4$

$A(1, 4)$이므로 $\triangle ABC$의 넓이는

$\frac{1}{2} \times 4 \times 4 = 8$

05 두 점 $(-4, 0)$, $(0, -2)$는 그래프 위의 점이므로

주어진 일차방정식에 각각 대입하면

$-4a+2=0$, $-2b+2=0$ $\therefore a=\frac{1}{2}$, $b=1$

따라서 일차방정식은 $\frac{1}{2}x+y+2=0$이다.

여기에 두 점 $(-6, m)$, $(n, -4)$를 대입하면

$-3+m+2=0$, $\frac{1}{2}n-4+2=0$ $\therefore m=1$, $n=4$

$\therefore m+n=5$

06 $ax-y-b=0$에서 $y=ax-b$

이때 직선이 오른쪽 아래로 향하므로 $a<0$

y절편이 음수이므로 $-b<0$, 즉 $b>0$

07 $2y-x-2p=0$에서 $y=\frac{1}{2}x+p$

이때 $y=\frac{1}{2}x+p$의 그래프가 선분 AB와 만나기 위해서는 그

래프의 y절편이 점 A를 지날 때보다 크지 않고, 점 B를 지날 때

보다 작지 않아야 한다.

직선 $y=\frac{1}{2}x+p$가 점 $A(-2, 6)$을 지날 때

$6=\frac{1}{2} \times (-2)+p$ $\therefore p=7$

직선 $y=\frac{1}{2}x+p$가 점 $B(8, 1)$을 지날 때

$1=\frac{1}{2} \times 8+p$ $\therefore p=-3$

$\therefore -3 \leq p \leq 7$

08 일차방정식 $ax-by-6=0$의 그래프가 x축에 평행하고

제3, 4사분면을 지날 때에는 $y=k \, (k<0)$의 꼴이어야 하므로

$a=0$

즉, $-by-6=0$에서 $y=-\frac{6}{b}$이므로 $-\frac{6}{b}<0$

$\therefore b>0$

09 보기의 일차방정식을 일차함수의 식 $y=ax+b$의 꼴로 나타내면 다음과 같다.

ㄱ. $y=-2x-3$ ㄴ. $y=\dfrac{1}{2}x+5$

ㄷ. $y=\dfrac{1}{2}x+2$ ㄹ. $y=\dfrac{1}{2}x+\dfrac{1}{2}$

ㅁ. $y=x+\dfrac{1}{4}$ ㅂ. $y=\dfrac{1}{2}x-\dfrac{3}{4}$

따라서 일차함수 $y=\dfrac{1}{2}x+5$의 그래프와 교점이 없는 것은 기울기가 같고 y절편이 달라야 하므로 ㄷ, ㄹ, ㅂ의 3개이다.

다른 풀이

$y=\dfrac{1}{2}x+5$를 다시 쓰면 $x-2y+10=0$과 같다.

즉, 보기의 $ax+by+c=0$ 꼴의 방정식에 대하여

$\dfrac{a}{1}=\dfrac{b}{-2}\neq\dfrac{c}{10}$를 만족시키는 일차방정식을 찾으면

ㄷ, ㄹ, ㅂ이다.

10 $-ax+by-2=0$, 즉 $y=\dfrac{a}{b}x+\dfrac{2}{b}$의 그래프를 y축의 방향으로 -3만큼 평행이동한 그래프의 식은

$y=\dfrac{a}{b}x+\dfrac{2}{b}-3$

한편, 두 점 $(1,-4)$, $(-1,-3)$을 지나는 직선의 방정식을 구하면

$(기울기)=\dfrac{-3-(-4)}{-1-1}=-\dfrac{1}{2}$

즉, $y=-\dfrac{1}{2}x+p$에 점 $(1,-4)$를 대입하면

$-4=-\dfrac{1}{2}\times1+p$ $\therefore p=-\dfrac{7}{2}$

$\therefore y=-\dfrac{1}{2}x-\dfrac{7}{2}$

따라서 $y=\dfrac{a}{b}x+\dfrac{2}{b}-3$과 $y=-\dfrac{1}{2}x-\dfrac{7}{2}$의 그래프가 일치하므로

$\dfrac{a}{b}=-\dfrac{1}{2}$, $\dfrac{2}{b}-3=-\dfrac{7}{2}$에서 $a=2$, $b=-4$

$\therefore a+b=-2$

11 두 직선의 교점이 무수히 많을 때, 두 직선은 일치하므로

$2x-3y=6$의 양변에 -2를 곱하면

$-4x+6y=-12$

이 식이 $-ax+by=-12$와 일치하므로 $a=4$, $b=6$

$\therefore a+b=10$

12 $x-2y=-4$, $4x-y=5$를 연립하여 풀면 $x=2$, $y=3$

이때 세 직선이 한 점에서 만나므로 점 $(2,3)$은 $mx+ny=2$ 위의 점이어야 한다.

즉, $2m+3n=2$

$\therefore m+\dfrac{3}{2}n=1$

13 $ax+4y=8$에서 $y=-\dfrac{a}{4}x+2$

$3x+4y=1$에서 $y=-\dfrac{3}{4}x+\dfrac{1}{4}$

이때 두 직선의 교점이 존재하지 않으려면 그래프가 서로 평행해야 하므로 기울기는 같고 y절편은 달라야 한다.

즉, $-\dfrac{a}{4}=-\dfrac{3}{4}$에서 $a=3$

14 두 점의 좌표는 각각 $A(2,2)$, $B(-3,1)$이므로 두 점을 지나는 직선의 기울기는 $\dfrac{1-2}{-3-2}=\dfrac{1}{5}$

즉, $y=\dfrac{1}{5}x+b$에 $x=2$, $y=2$를 대입하면

$2=\dfrac{2}{5}+b$ $\therefore b=\dfrac{8}{5}$

따라서 구하는 직선의 방정식은

$y=\dfrac{1}{5}x+\dfrac{8}{5}$, 즉 $x-5y+8=0$이다.

15 두 점 $(3,-1)$, $(-1,3)$을 지나는 직선을 그래프로 하는 일차함수의 식을 $y=ax+b$라고 하면

$a=\dfrac{3-(-1)}{-1-3}=-1$

즉, $y=-x+b$의 그래프가 점 $(3,-1)$을 지나므로

$-1=-1\times3+b$ $\therefore b=2$

$\therefore y=-x+2$

따라서 주어진 연립방정식의 해는 세 일차함수

$2x+y=3$, $ax-y=-5$, $y=-x+2$의 그래프의 교점이므로

연립방정식 $\begin{cases}2x+y=3\\y=-x+2\end{cases}$를 풀면 $x=1$, $y=1$

즉, 점 $(1,1)$의 좌표를 $ax-y=-5$에 대입하면

$a-1=-5$ $\therefore a=-4$

16 주어진 직선의 방정식은 $x=4$, 즉 $x-4=0$

$ax-by=2$에서 $2ax-2by-4=0$

따라서 $2a=1$, $-2b=0$이므로 $a=\dfrac{1}{2}$, $b=0$

$\therefore a+b=\dfrac{1}{2}$

01 ③　02 12　03 제2사분면　04 9　05 132　06 −1

07 (1) x절편 : 3, y절편 : 12　(2) 18　08 −2　09 4　10 ①

11 3　12 2배　13 ①　14 4　15 9　16 ③

01 두 일차방정식 $-x-3y=9$, $x+y=5$를 연립하여 풀면
$x=12$, $y=-7$
즉, 두 그래프의 교점의 좌표는 $(12, -7)$이다.
이때 점 $(12, -7)$이 $y=mx+5$의 그래프 위에 있으므로 대입
하면 $-7=12m+5$　∴ $m=-1$

02 일차함수 $y=-2x+m$의 그래프의 x절편이 $\dfrac{m}{2}$, y절편이 m
이므로 $\mathrm{D}\left(\dfrac{m}{2}, 0\right)$, $\mathrm{A}(0, m)$
일차함수 $y=\dfrac{1}{2}x+n$의 그래프의 x절편이 $-2n$, y절편이 n이
므로 $\mathrm{C}(-2n, 0)$, $\mathrm{B}(0, n)$
이때 $\overline{\mathrm{AB}} : \overline{\mathrm{BO}}=4 : 1$이므로 $4\overline{\mathrm{BO}}=\overline{\mathrm{AB}}$
즉, $4n=m-n$에서 $m=5n$　……㉠
$\overline{\mathrm{CD}}=9$이므로
$\dfrac{m}{2}-(-2n)=9$에서 $m+4n=18$　……㉡
㉠, ㉡을 연립하여 풀면 $m=10$, $n=2$
∴ $m+n=12$

03 $-x+ay+b=0$, 즉 $y=\dfrac{1}{a}x-\dfrac{b}{a}$
의 그래프가 제4사분면을 지나지
으므로 오른쪽 그림과 같이 직선의 기
울기는 양수이고, y절편도 양수이어
야 한다.
즉, $\dfrac{1}{a}>0$, $-\dfrac{b}{a}>0$이므로
$a>0$, $b<0$이다.
따라서 $y=ax+b$의 그래프는 오른쪽
그림과 같으므로 제2사분면을 지나지
않는다.

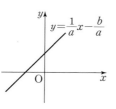

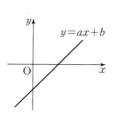

04 세 점 $\mathrm{A}(-2, 4)$, $\mathrm{B}(-4, -2)$, $\mathrm{C}(6, 1)$을 꼭짓점으로 하는
$\triangle\mathrm{ABC}$는 아래 그림과 같다.

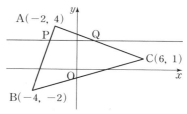

이때 $\overline{\mathrm{PQ}}$의 길이가 가장 크려면 직선이 점 C를 지나야 하므로
이 직선의 방정식은 $y=1$이다. 즉, 점 Q의 좌표는 $(6, 1)$이다.
한편, 두 점 A, B를 지나는 직선의 방정식은
(기울기)$=\dfrac{-2-4}{-4-(-2)}=3$
즉, $y=3x+b$에서 점 $\mathrm{A}(-2, 4)$를 대입하면
$4=-6+b$, $b=10$
∴ $y=3x+10$
이때 점 P는 두 직선 $y=1$과 $y=3x+10$의 교점이므로
$y=1$을 $y=3x+10$에 대입하면
$1=3x+10$, $x=-3$
∴ $\mathrm{P}(-3, 1)$
따라서 $\overline{\mathrm{PQ}}$의 길이 중 가장 큰 값은
$\overline{\mathrm{PQ}}=6-(-3)=9$

05 $2x+y-12=0$, 즉 $y=-2x+12$에서 x절편은 6, y절편은
12이므로
$\mathrm{B}(6, 0)$, $\mathrm{C}(0, 12)$
$3x-y+30=0$, 즉 $y=3x+30$에서 x절편은 -10이므로
$\mathrm{A}(-10, 0)$
점 D의 y좌표는 점 C의 y좌표와 같으므로 $\mathrm{D}(a, 12)$로 놓으면
점 D는 $y=3x+30$ 위의 점이므로
$12=3a+30$　∴ $a=-6$
∴ $\mathrm{A}(-6, 12)$
∴ (사다리꼴 ABCD의 넓이)$=\dfrac{1}{2}\times(16+6)\times12=132$

06 세 직선 중 어느 두 직선의 기울기도 같지 않으므로 세 직선에
의하여 삼각형이 만들어지지 않는 경우는 세 직선이 한 점에서
만날 때이다.
연립방정식 $\begin{cases}5x-y+3=0\\x-y-5=0\end{cases}$을 풀면 $x=-2$, $y=-7$
직선 $4x-y-a=0$이 점 $(-2, -7)$을 지나므로
$-8+7-a=0$　∴ $a=-1$

$a \neq -1$인 경우에는 다음과 같이 삼각형이 만들어진다.

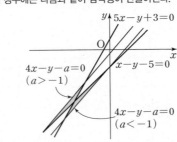

$k=4$일 때 직선 $y=-2$는 오른쪽 그림과 같다.

따라서 $C(0, -2)$이므로 삼각형 ABC의 넓이는

$\dfrac{1}{2} \times 5 \times 6 = 15$

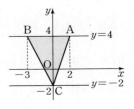

상수 k에 대하여 $y=-\dfrac{1}{2}k$의 우변은 상수이므로 직선 $y=-\dfrac{1}{2}k$는 x축에 평행하다.

---

07 (1) $4x+y-12=0$에 $y=0$을 대입하면 $4x-12=0$
즉, $x=3$이므로 x절편은 3이다.
$4x+y-12=0$에 $x=0$을 대입하면 $y-12=0$
즉, $y=12$이므로 y절편은 12이다.

(2) 일차방정식 $4x+y-12=0$의 그래프는 오른쪽 그림과 같으므로 구하는 삼각형의 넓이는

$\dfrac{1}{2} \times 3 \times 12 = 18$

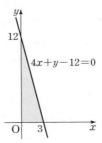

08 점 $(2, -3)$을 지나고 x축에 평행한 직선의 방정식은
$y=-3$ $\therefore y+3=0$
두 일차방정식 $y+3=0$과 $-(m+1)x+(n-1)y-6=0$의 그래프가 일치하므로

$m+1=0, \dfrac{n-1}{1}=\dfrac{-6}{3}$

따라서 $m=-1, n=-1$이므로
$m+n=-1+(-1)=-2$

09 주어진 두 일차방정식의 그래프의 교점의 좌표가 $(3, 2)$이므로
두 일차방정식 $-x+ay=3, bx-y=1$에 각각 대입하면
$-3+2a=3$ $\therefore a=3$
$3b-2=1$ $\therefore b=1$
$\therefore a+b=3+1=4$

10 직선 $y=-\dfrac{1}{2}k$는 x축에 평행하므로 두 점 $A(2, 4)$,
$B(-3, k)$를 지나는 직선도 x축에 평행하다.

---

11 $y=x+4, y=-\dfrac{1}{2}x-2,$
$x=-2$의 그래프는 오른쪽 그림과 같다.
$y=x+4$에 $x=-2$를 대입하면 $y=2$
즉, $P(-2, 2)$

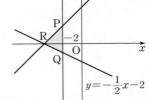

$y=-\dfrac{1}{2}x-2$에 $x=-2$를 대입하면 $y=-1$
즉, $Q(-2, -1)$
$y=x+4$와 $y=-\dfrac{1}{2}x-2$를 연립하여 풀면
$x=-4, y=0$
즉, $R(-4, 0)$

$\therefore \triangle PQR = \dfrac{1}{2} \times \{2-(-1)\} \times \{(-2)-(-4)\}$
$= \dfrac{1}{2} \times 3 \times 2 = 3$

12 $x+3y+3=0$에서
$y=0$일 때 $x=-3$이므로 $A(-3, 0)$
$x=0$일 때 $y=-1$이므로 $C(0, -1)$
또한 $x+y+3=0$에서 $x=0$일 때 $y=-3$이므로 $D(0, -3)$
따라서 $A(-3, 0), C(0, -1), D(0, -3)$이므로

$\triangle ADC = \dfrac{1}{2} \times 2 \times 3 = 3$

한편, 연립방정식 $\begin{cases} x-3y=3 \\ x+y=-3 \end{cases}$의 해를 구하면

$x=-\dfrac{3}{2}, y=-\dfrac{3}{2}$

즉, $B\left(-\dfrac{3}{2}, -\dfrac{3}{2}\right)$

$\therefore \triangle BDC = \dfrac{1}{2} \times 2 \times \dfrac{3}{2} = \dfrac{3}{2}$

따라서 삼각형 ADC의 넓이는 삼각형 BDC의 넓이의 2배이다.

13 민섭이는 기울기를 잘못 보고 그렸으므로 민섭이가 그린 직선의 y절편은 옳다.

즉, 직선의 기울기는 $\dfrac{3-(-7)}{1-(-1)}=5$

즉, $y=5x+b$에 점 $(1, 3)$을 대입하면 $b=-2$

따라서 $y=5x-2$이므로 y절편은 -2이다.

상윤이는 y절편을 잘못 보고 그렸으므로 상윤이가 그린 직선의 기울기는 옳다.

즉, 직선의 기울기는 $\dfrac{5-1}{3-1}=2$

따라서 처음의 일차방정식은

$y=2x-2$, 즉 $2x-y-2=0$이다.

$\therefore a=2, b=-1$

이때 점 $(2, k)$가 직선 $2x-y-2=0$ 위에 있으므로

$4-k-2=0$　$\therefore k=2$

$\therefore a+b+k=2-1+2=3$

14 $ax-y+b=0$, 즉 $y=ax+b$의 그래프는 직선 l과 평행하므로

그 기울기는 직선 l의 기울기인 $-\dfrac{1}{3}$과 같고, 직선 m의

y절편은 -4이므로 그 직선의 y절편은 -4이다.

즉, $y=ax+b$에서 $a=-\dfrac{1}{3}$, $b=-4$이므로

$3ab=3\times\left(-\dfrac{1}{3}\right)\times(-4)=4$

15 해가 무수히 많으므로 두 그래프는 일치한다.

즉, $\dfrac{9}{b}=\dfrac{-6}{2}=\dfrac{a}{1}$

$\dfrac{9}{b}=\dfrac{-6}{2}$에서 $-6b=18$　$\therefore b=-3$

$\dfrac{-6}{2}=\dfrac{a}{1}$에서 $2a=-6$　$\therefore a=-3$

$\therefore ab=(-3)\times(-3)=9$

16 주어진 보기의 연립방정식에서 y를 x의 식으로 나타내면 다음과 같다.

① $\begin{cases} y=2x-2 \\ y=-x+1 \end{cases}$
② $\begin{cases} y=-\dfrac{1}{3}x+\dfrac{5}{3} \\ y=\dfrac{1}{3}x-\dfrac{5}{3} \end{cases}$

③ $\begin{cases} y=x+4 \\ y=x+2 \end{cases}$
④ $\begin{cases} y=3x+1 \\ y=2x-\dfrac{8}{3} \end{cases}$

⑤ $\begin{cases} y=\dfrac{1}{5}x-2 \\ y=-\dfrac{1}{5}x+\dfrac{2}{5} \end{cases}$

이때 ③의 두 직선이 평행하므로 해가 없다.

Level ③　본문 120~122쪽

01 ③　**02** 제3사분면　**03** 30　**04** 32　**05** 3　**06** 4

07 ③　**08** $\dfrac{7}{2}$

---

01 $2x+3y-6=0$에서 $y=-\dfrac{2}{3}x+2$이고,

이 그래프는 두 점 $(3, 0)$, $(0, 2)$를 지난다.

이 그래프와 $x-y-a=0$
의 그래프가 제1사분면에
서 만나므로 오른쪽 그림과
같이 두 직선 $y=x+2$,
$y=x-3$ 사이에 있어야
한다.

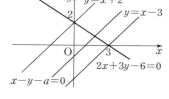

$y=x-a$에서

(i) $y=x-a$의 그래프가 점 $(0, 2)$를 지날 때

$x=0$, $y=2$를 $y=x-a$에 대입하면

$a=-2$

(ii) $y=x-a$의 그래프가 점 $(3, 0)$을 지날 때

$x=3$, $y=0$을 $y=x-a$에 대입하면

$0=3-a$　$\therefore a=3$

(i), (ii)에서 $-2<a<3$

02 연립방정식 $\begin{cases} y=ax-b & \cdots\cdots ㉠ \\ y=bx-a & \cdots\cdots ㉡ \end{cases}$ 에서

㉠-㉡을 하면

$(a-b)x-b+a=0$, $(a-b)x=-(a-b)$

이때 두 직선은 기울기가 서로 다르므로 $a\neq b$, 즉 $a-b\neq 0$이므로

$x=\dfrac{-(a-b)}{a-b}=-1$

$x=-1$을 ㉠에 대입하면 두 직선의 교점은 $(-1, -a-b)$

이때 점 (a, b)가 제1사분면의 점이므로 $a>0$, $b>0$

$\therefore -a-b<0$

따라서 두 직선의 교점 $(-1, -a-b)$는 제3사분면 위의 점이다.

03 연립방정식 $\begin{cases} -x+2y-4=0 \\ x+y-a=0 \end{cases}$ 을 풀면

$x=\dfrac{-4+2a}{3}$, $y=\dfrac{4+a}{3}$

$\therefore Q\left(\dfrac{-4+2a}{3}, \dfrac{4+a}{3}\right)$

이때 점 A$(-4, 0)$, B$(0, 2)$이므로

$\triangle AOB = \frac{1}{2} \times 4 \times 2 = 4$

한편, 점 P의 좌표는 $(0, a)$이고 $\triangle POQ$의 넓이가 $\triangle AOB$의 넓이의 $\frac{5}{2}$배이므로

$\triangle POQ = \frac{1}{2} \times a \times \left(\frac{-4+2a}{3} \right) = 4 \times \frac{5}{2} = 10$

$\therefore a^2 - 2a = 30$

04 $\square ABDC$는 평행사변형이므로 두 점 A, B를 지나는 직선 $2x+y-4=0$과 두 점 C, D를 지나는 직선 $mx+2y-n=0$의 기울기는 서로 같다.

$2x+y-4=0$에서 $y=-2x+4$

$mx+2y-n=0$에서 $y=-\frac{m}{2}x+\frac{n}{2}$

즉, $-\frac{m}{2}=-2$이므로 $m=4$ ······ ㉠

그런데 $n>0$이므로 직선 $y=-\frac{m}{2}x+\frac{n}{2}$의 y절편은 양수이다.

따라서 두 점 C, D를 지나는 직선 $mx+2y-n=0$은 다음 그림과 같다.

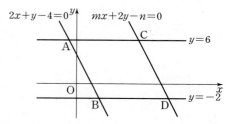

이때 점 B는 두 직선 $2x+y-4=0$과 $y=-2$의 교점이므로 점 B의 좌표는 $(3, -2)$이다.

또, 사각형 ABDC는 넓이가 40이고 높이가 8이므로 $\overline{BD}=5$이어야 한다.

따라서 점 D의 좌표는 $(8, -2)$이다.

직선 $4x+2y-n=0$이 점 D$(8, -2)$를 지나므로

$4 \times 8 + 2 \times (-2) - n = 0$ $\therefore n=28$

$\therefore m+n = 4+28 = 32$

05 $-2x+y-6=0$, 즉 $y=2x+6$의 y절편은 6이므로 점 B의 좌표는 $(0, 6)$이다.

$ax+by=a$에 $y=0$을 대입하면 $x=1$

즉, 점 D의 좌표는 $(1, 0)$이다.

한편, 일차방정식 $ax+by=a$와 $y=2x+6$의 교점이 P이므로

$x=-1$을 $y=2x+6$에 대입하면 $y=4$

즉, 점 P의 좌표는 $(-1, 4)$이다.

따라서 $ax+by=a$에 점 $(-1, 4)$의 좌표를 대입하면

$-a+4b=a$, $a=2b$

즉, $ax+by=a$는 $2bx+by=2b$, $2x+y=2$이므로 점 C의 좌표는 $(0, 2)$이다.

따라서 구하는 색칠한 부분의 넓이는 $\triangle BPC$의 넓이와 $\triangle COD$의 넓이의 합이므로

$\frac{1}{2} \times 1 \times 4 + \frac{1}{2} \times 1 \times 2 = 2+1 = 3$

06 $3ax-(b+6)y+2=0$의 그래프가 직선 $x=5$와 평행하므로 $b+6=0$, $b=-6$

즉, $3ax+2=0$에서 $x=-\frac{2}{3a}$이고, 이 그래프가 점 $(1, 4)$를 지나므로

$-\frac{2}{3a}=1$, $a=-\frac{2}{3}$

$\therefore ab = \left(-\frac{2}{3}\right) \times (-6) = 4$

07 $3x-y=0$, 즉 $y=3x$에서 $x=p$일 때 $y=3p$이므로 $y=3x$의 그래프는 점 A$(p, 3p)$를 지난다.

$4x-2y=0$, 즉 $y=2x$에서 $x=p$일 때 $y=2p$이므로 $y=2x$의 그래프는 점 B$(p, 2p)$를 지난다.

이때 $y=ax$의 그래프가 세 직선 $3x-y=0$, $4x-2y=0$, $x=p$로 둘러싸인 도형의 넓이를 이등분하므로 $y=ax$의 그래프는 두 점 A, B의 중점

$\left(p, \frac{3p+2p}{2}\right)$, 즉 $\left(p, \frac{5p}{2}\right)$를 지나야 한다.

$y=ax$에 점 $\left(p, \frac{5p}{2}\right)$를 대입하면

$\frac{5}{2}p = ap$ $\therefore a = \frac{5}{2}$

08 구하는 직선 l은 점 $(0, -2)$와 평행사변형 ABDC의 두 대각선의 교점을 지나야 한다.

대각선의 교점은 두 점 B, C의 중점이므로 그 좌표는

$\left(\frac{-2+4}{2}, \frac{1+(-2)}{2}\right)$, 즉 $\left(1, -\frac{1}{2}\right)$이다.

따라서 두 점 $(0, -2)$, $\left(1, -\dfrac{1}{2}\right)$을 지나는 직선 l의 방정식

$y = ax + b$는

$$a = \dfrac{-\dfrac{1}{2} - (-2)}{1 - 0} = \dfrac{3}{2}$$

즉, $y = \dfrac{3}{2}x + b$에 점 $(0, -2)$를 대입하면 $b = -2$

$$\therefore a - b = \dfrac{3}{2} - (-2) = \dfrac{7}{2}$$

Level 4 본문 123~125쪽

01 $-\dfrac{1}{2}$ **02** $\left(-\dfrac{8}{5}, 0\right)$ **03** $-\dfrac{16}{9}$ **04** $-\dfrac{5}{8}$ **05** 9

06 2   **07** ㄱ, ㅁ, ㅂ   **08** $y = \dfrac{1}{18}x + 4$

01 **풀이전략** 주어진 네 일차방정식의 그래프를 그려서 그래프로 둘러싸인 도형을 파악한다.

주어진 네 일차방정식을 정리하면
$y = -4$, $x = -4$, $y = 3$, $x = 3$
이때 네 일차방정식의 그래프로 둘러싸인 도형은 오른쪽 그림과 같다.
직선 $y = p$가 이 도형의 넓이를 이등분하므로

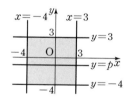

$$p = (-4 + 3) \times \dfrac{1}{2} = -\dfrac{1}{2}$$

02 **풀이전략** $\overline{AC} + \overline{BC}$가 최소가 되도록 하는 x축 위의 점 C는 점 A와 x축에 대하여 대칭인 점 A′과 점 B를 연결한 $\overline{A'B}$와 x축의 교점임을 이용한다.

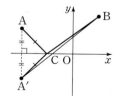

점 A와 x축에 대하여 대칭인 점 A′의 좌표는 $(-4, -2)$이다.
이때 $\overline{AC} + \overline{BC}$가 최소가 되도록 하는 x축 위의 점 C는 x축과 $\overline{A'B}$의 교점이다.
두 점 A′, B를 지나는 직선의 기울기는

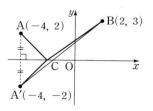

$$(기울기) = \dfrac{3 - (-2)}{2 - (-4)} = \dfrac{5}{6}$$

$y = \dfrac{5}{6}x + b$에 $x = 2$, $y = 3$을 대입하여 풀면 $b = \dfrac{4}{3}$

$y = \dfrac{5}{6}x + \dfrac{4}{3}$에 $y = 0$을 대입하여 풀면 $x = -\dfrac{8}{5}$

따라서 점 C의 좌표는 $\left(-\dfrac{8}{5}, 0\right)$이다.

03 **풀이전략** 세 직선이 삼각형을 이루지 않으려면
① 세 직선이 한 점에서 만나거나
② 한 직선이 다른 두 직선 중 어느 하나와 평행해야 한다.

두 일차방정식 $-2x - y + 3 = 0$, $\dfrac{1}{3}x - y - 4 = 0$의 그래프는
아래 그림과 같고 연립하여 교점의 좌표를 구하면 $(3, -3)$이다.

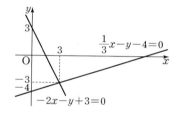

따라서 세 직선이 삼각형을 이루지 않으려면 직선 $ax + y - 5 = 0$이 점 $(3, -3)$을 지나거나 다른 두 직선 중 어느 하나와 평행해야 한다.

(i) 직선 $ax + y - 5 = 0$이 점 $(3, -3)$을 지나는 경우
$3a - 3 - 5 = 0$에서 $a = \dfrac{8}{3}$

(ii) $ax + y - 5 = 0$이 $-2x - y + 3 = 0$과 서로 평행한 경우
두 직선의 기울기가 서로 같으므로
$-a = -2$에서 $a = 2$

(iii) $ax + y - 5 = 0$이 $\dfrac{1}{3}x - y - 4 = 0$과 서로 평행한 경우
두 직선의 기울기가 서로 같으므로
$-a = \dfrac{1}{3}$에서 $a = -\dfrac{1}{3}$

따라서 모든 a의 값의 곱은 $\dfrac{8}{3} \times 2 \times \left(-\dfrac{1}{3}\right) = -\dfrac{16}{9}$

04 **풀이전략** 직선 $y = kx$는 원점을 지나는 직선임을 유의하여 조건에 맞는 교점의 좌표를 구한다.

$ax + 2y - 6 = 0 \ (a < 0)$의 그래프가 x축과 만나는 점은
$y = 0$일 때이므로 $ax = 6$ $\therefore x = \dfrac{6}{a}$

즉, $B\left(\dfrac{6}{a},\,0\right)$

y축과 만나는 점은 $x=0$일 때이므로 $2y-6=0$ $\therefore y=3$

즉, $A(0,\,3)$

$\triangle AOB=\dfrac{1}{2}\times\left(-\dfrac{6}{a}\right)\times3=12$이므로 $a=-\dfrac{3}{4}$

$\therefore A(0,\,3),\ B(-8,\,0)$

한편, $\triangle ACO:\triangle CBO=3:1$

이고 $\triangle ABO=12$이므로

$\triangle ACO=12\times\dfrac{3}{4}=9$,

$\triangle CBO=12\times\dfrac{1}{4}=3$

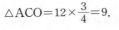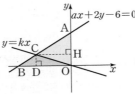

점 C에서 x축에 내린 수선의 발을 D, y축에 내린 수선의 발을 H라 하자.

$\triangle ACO=\dfrac{1}{2}\times3\times\overline{CH}=9$ $\therefore \overline{CH}=6$

$\triangle CBO=\dfrac{1}{2}\times8\times\overline{CD}=3$ $\therefore \overline{CD}=\dfrac{3}{4}$

따라서 점 $C\left(-6,\,\dfrac{3}{4}\right)$이 직선 $y=kx$ 위의 점이므로

$\dfrac{3}{4}=-6k$ $\therefore k=-\dfrac{1}{8}$

$\therefore a-k=-\dfrac{3}{4}-\left(-\dfrac{1}{8}\right)=-\dfrac{5}{8}$

05 풀이전략 두 그래프가 x축과 만나는 점 A, B의 좌표를 구하기 위하여 각각의 식에 $y=0$을 대입한다.

$-ax-6y+30=0$의 그래프에서 x절편은 $y=0$일 때이므로

$x=\dfrac{30}{a}$ $\therefore A\left(\dfrac{30}{a},\,0\right)$

$ax-by+4a=0$의 그래프에서 x절편은 $y=0$일 때이므로

$x=-\dfrac{4a}{a}=-4$ $\therefore B(-4,\,0)$

$\overline{OA}:\overline{OB}=3:2$이므로

$\dfrac{30}{a}:4=3:2$ $\therefore a=5$

$-5x-6y+30=0$의 그래프에서 y절편은 $x=0$일 때이므로

$y=5$

$ax-by+4a=0$, 즉 $5x-by+20=0$의 그래프에서 y절편은

$x=0$일 때이므로 $y=\dfrac{20}{b}$

이때 y절편이 같으므로 $\dfrac{20}{b}=5$ $\therefore b=4$

$\therefore a+b=5+4=9$

06 풀이전략 점 P가 직사각형의 어느 위치에 있을 때 주어진 일차방정식의 그래프의 기울기 a의 값이 가장 큰지 작은지 알아본다.

$\overline{CD}=2$이므로 $\overline{AD}=3\overline{CD}=6$

따라서 점 A, B, C, D의 좌표는

$A(-7,\,3),\ B(-7,\,1),\ C(-1,\,1),\ D(-1,\,3)$

$y=ax+b$, 즉 $y=ax-4$의 그래프에서 기울기 a는

점 P가 점 B와 일치할 때보다 작고 점 P가 점 D와 일치할 때보다 크다.

즉, $1=-7a-4$에서 $a=-\dfrac{5}{7}$

$3=-a-4$에서 $a=-7$

따라서 $-7<a<-\dfrac{5}{7}$이므로 $M=-\dfrac{5}{7},\ m=-7$

$\therefore 7M-m=7\times\left(-\dfrac{5}{7}\right)-(-7)=2$

07 풀이전략 두 일차방정식의 그래프의 x절편, y절편, 기울기, 교점 등을 이용하여 $a,\,b,\,c,\,d$의 부호를 알아본다.

ㄱ. $ax+y-b=0$에서 $y=-ax+b$

$cx-y+d=0$에서 $y=cx+d$

두 직선의 기울기 $-a,\,c$에 대하여

$-a<0$이므로 $a>0,\ c>0$

$\therefore ac>0$ (참)

ㄴ. $y=cx+d$에서 $x=1$일 때의 y의 값이 양수이므로

$c+d>0$ (거짓)

ㄷ. $y=-ax+b$에서 $x=-1$일 때의 y의 값이 양수이므로

$a+b>0$ (거짓)

ㄹ. 직선 $y=-ax+b$의 x절편이 $\dfrac{b}{a}$이므로 $\dfrac{b}{a}<0$

직선 $y=cx+d$의 x절편이 $-\dfrac{d}{c}$이므로

$-\dfrac{d}{c}<0$에서 $\dfrac{d}{c}>0$

$\therefore \dfrac{b}{a}<\dfrac{d}{c}$ (거짓)

ㅁ. 직선 $y=-ax+b$의 y절편이 b이므로 $b<0$

직선 $y=cx+d$의 y절편이 d이므로 $d>0$

$\therefore \dfrac{b}{d}<0$ (참)

ㅂ. 직선 $y=-ax+b$와 직선 $y=cx+d$의 교점의 x좌표를 구하면

$-ax+b=cx+d,\ cx+ax=b-d$

$(a+c)x=b-d$

이때 교점의 x좌표는 0보다 작으므로

$$x=\frac{b-d}{a+c}<0 \ (\text{참})$$

따라서 옳은 것은 ㄱ, ㅁ, ㅂ이다.

08 **풀이전략** 직선 BC와 y축이 만나는 점을 지나면서 삼각형 ABC의 넓이를 이등분하는 직선이 지나야 하는 점의 좌표를 찾는다.

직선 BC의 기울기는 $\dfrac{5-1}{2-(-6)}=\dfrac{1}{2}$

즉, $y=\dfrac{1}{2}x+b$에 점 $(2, 5)$를 대입하면

$5=\dfrac{1}{2}\times2+b$　　$\therefore b=4$

따라서 직선 BC의 방정식은

$y=\dfrac{1}{2}x+4$

직선 BC와 y축의 교점을 E라 하면 E$(0, 4)$

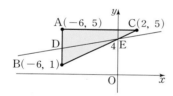

점 E$(0, 4)$를 지나고 삼각형 ABC의 넓이를 이등분하는 직선을 $y=ax+4$라 하면 이 직선과 선분 AB의 교점 D의 좌표는 D$(-6, -6a+4)$

이때 $\triangle$ABC$=\dfrac{1}{2}\times4\times8=16$

이고

$\triangle$DBE$=\dfrac{1}{2}\triangle$ABC$=\dfrac{1}{2}\times16=8$

이므로

$\dfrac{1}{2}\times6\times\overline{DB}=8$　　$\therefore \overline{DB}=\dfrac{8}{3}$

즉, $\overline{DB}=-6a+4-1=\dfrac{8}{3}$이므로 $6a=\dfrac{1}{3}$

$\therefore a=\dfrac{1}{18}$

따라서 구하는 직선의 방정식은 $y=\dfrac{1}{18}x+4$

01 ①, ④　**02** 9　**03** 제1사분면　**04** ⑤　**05** $-13\leq k\leq-5$

06 10분　**07** 30분　**08** $y=69-\dfrac{3}{2}x \ (0<x<30)$

01
① $y=x+3$ (일차함수이다)
② 함수이지만 일차함수는 아니다.
③ (거리)$=$(시간)$\times$(속력)이므로 $30=xy$
　$\therefore y=\dfrac{30}{x}$ (일차함수가 아니다)
④ $y=5x$ (일차함수이다)
⑤ $4=xy$에서 $y=\dfrac{4}{x}$ (일차함수가 아니다)

02 $f(x)=-\dfrac{1}{2}x+b$, $g(x)=ax+2$라 하면
$f(4)=-2+b=6$, $g(2)=2a+2=10$
$\therefore a=4$, $b=8$
따라서 $f(x)=-\dfrac{1}{2}x+8$, $g(x)=4x+2$이므로
$2f(1)+g(-2)=2\times\left(-\dfrac{1}{2}\times1+8\right)+4\times(-2)+2=9$

03 그래프의 기울기가 음수, y절편이 양수이므로
$-ac<0$, $-ab>0$
즉, $ac>0$, $ab<0$
따라서 a와 c의 부호는 같고, a와 b의 부호는 다르므로 b와 c의 부호도 다르다.
따라서 $y=\dfrac{c}{b}x+\dfrac{b}{a}$에서 기울기는
$\dfrac{c}{b}<0$, y절편은 $\dfrac{b}{a}<0$이므로
그래프는 제1사분면을 지나지 않는다.

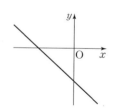

04 정사각형의 한 꼭짓점 A의 좌표를 $(a, 2a)$라 하면 정사각형의 한 변의 길이는 $2a$가 되므로 점 B의 좌표는 $(3a, -3a+6)$
즉, $2a=-3a+6$이므로
$a=\dfrac{6}{5}$

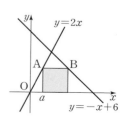

$\therefore$ (정사각형의 넓이)$=(2a)^2=\left(2\times\dfrac{6}{5}\right)^2=\dfrac{144}{25}$

05 두 점 $(-1, 9)$, $(3, -3)$을 지나는 직선의 기울기는

$\dfrac{-3-9}{3-(-1)}=-3$

즉, $y=-3x+b$의 그래프가 점 $(3, -3)$을 지나므로

$-3=-9+b$, $b=6$

$\therefore y=-3x+6$

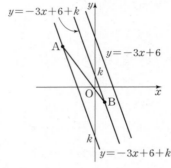

이 그래프를 y축의 방향으로 k만큼 평행이동하면

$y=-3x+6+k$이고, 이 그래프가 점 A$(-4, 5)$를 지날 때 k의 값이 가장 작고, 점 B$(1, -2)$를 지날 때 k의 값이 가장 크다.

(i) 점 A$(-4, 5)$를 지나는 경우

$5=-3\times(-4)+6+k$ $\quad\therefore k=-13$

(ii) 점 B$(1, -2)$를 지나는 경우

$-2=-3+6+k$ $\quad\therefore k=-5$

따라서 k의 값의 범위는

$-13\leq k\leq-5$

06 x분 후에 남아 있는 얼음의 길이를 y cm라고 하자.

(i) 얼음 A의 길이가 10분마다 15 cm씩 짧아지므로 1분에

$\dfrac{15}{10}=1.5$(cm) 짧아진다.

즉, x분 후에는 $1.5x$ cm만큼 짧아지므로

$y=50-1.5x$

(ii) 얼음 B의 길이가 4분마다 2 cm씩 짧아지므로 1분에

$\dfrac{2}{4}=0.5$(cm) 짧아진다.

즉, x분 후에는 $0.5x$ cm만큼 짧아지므로

$y=40-0.5x$

두 얼음의 길이가 같아지는 때는

$50-1.5x=40-0.5x$ $\quad\therefore x=10$

따라서 두 얼음의 길이가 같아지는 것은 10분 후이다.

07 (i) 컵 A

두 점 $(0, 38)$, $(10, 35)$를 지나는 직선의 기울기를 구하면

(기울기)$=\dfrac{35-38}{10-0}=-\dfrac{3}{10}$

즉, $y=-\dfrac{3}{10}x+b$에서 y절편이 38이므로 $b=38$

$\therefore y=-\dfrac{3}{10}x+38$

(ii) 컵 B

두 점 $(0, -1)$, $(10, 9)$를 지나는 직선의 기울기를 구하면

(기울기)$=\dfrac{9-(-1)}{10-0}=1$

즉, $y=x+c$에서 y절편이 -1이므로 $c=-1$

$\therefore y=x-1$

두 물컵의 물의 온도가 같아지는 때는

$-\dfrac{3}{10}x+38=x-1$ $\quad\therefore x=30$

따라서 30분 후에 두 물컵의 온도가 같아진다.

08 x초 후의 $\overline{\text{BP}}$, $\overline{\text{PC}}$의 길이를 각각 구하면

$\overline{\text{BP}}=0.5x$, $\overline{\text{PC}}=15-0.5x$

따라서 사다리꼴 APCD의 넓이는

$y=\dfrac{1}{2}\times\{8+(15-0.5x)\}\times6$

$\therefore y=69-\dfrac{3}{2}x$ (단, $0<x<30$)

심화·고난도 수학으로 **상위권 도약!**

뉴런 고난도

수학 2(상)

정답과 풀이

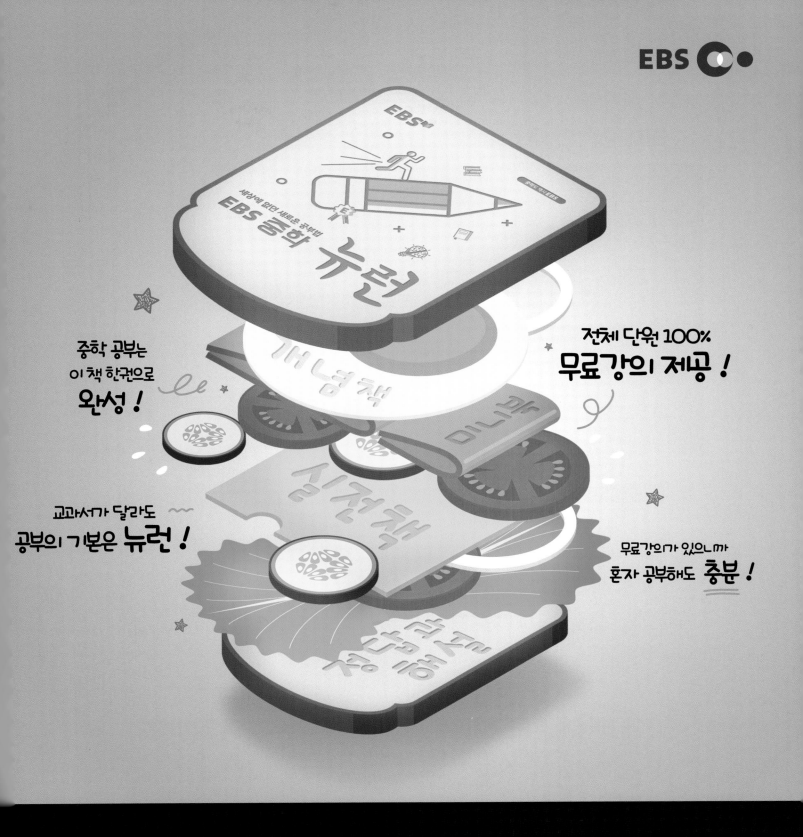

중학 공부는
이 책 한권으로
완성 !

전체 단원 100%
무료강의 제공 !

교과서가 달라도
공부의 기본은 뉴런 !

무료강의가 있으니까
혼자 공부해도 충분 !

세상에 없던 새로운 공부법
EBS 중학 뉴런

| 국어 3 | 영어 3 | 수학 3(상) | 과학 3 | 사회 ② | 역사 ② |

중학도 EBS!

EBS중학의 무료강좌와 프리미엄강좌로 완벽 내신대비!

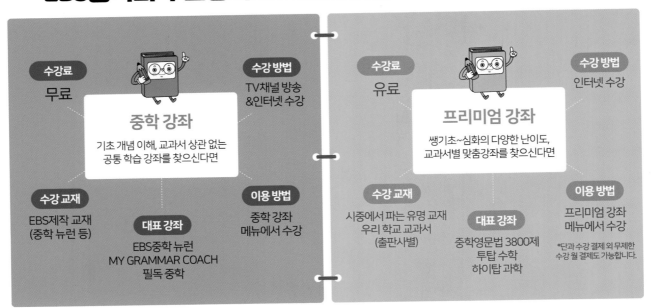

중학 강좌

기초 개념 이해, 교과서 상관 없는
공통 학습 강좌를 찾으신다면

- **수강료** 무료
- **수강 방법** TV채널 방송 &인터넷 수강
- **수강 교재** EBS제작 교재 (중학 뉴런 등)
- **대표 강좌** EBS중학 뉴런 MY GRAMMAR COACH 필독 중학
- **이용 방법** 중학 강좌 메뉴에서 수강

프리미엄 강좌

쌩기초~심화의 다양한 난이도,
교과서별 맞춤강좌를 찾으신다면

- **수강료** 유료
- **수강 방법** 인터넷 수강
- **수강 교재** 시중에서 파는 유명 교재 우리 학교 교과서 (출판사별)
- **대표 강좌** 중학영문법 3800제 투탑 수학 하이탑 과학
- **이용 방법** 프리미엄 강좌 메뉴에서 수강 *단과 수강 결제 외 무제한 수강 월 결제도 가능합니다.

프리패스 하나면 EBS중학프리미엄 전 강좌 무제한 수강

내신 대비 진도 강좌
- ☑ 국어/영어: 출판사별 국어7종/ 영어9종 우리학교 교과서 맞춤강좌
- ☑ 수학/과학: 시중 유명 교재 강좌 모든 출판사 내신 공통 강좌
- ☑ 사회/역사: 개념 및 핵심 강좌 자유학기제 대비 강좌

영어 수학 수준별 강좌
- ☑ 영어: 영역별 다양한 레벨의 강좌 문법 5종/독해 1종/듣기 1종 어휘 3종/회화 3종/쓰기 1종
- ☑ 수학: 실력에 딱 맞춘 수준별 강좌 기초개념 3종/ 문제적용 4종 유형훈련 3종/ 최고심화 3종

시험 대비 / 예비 강좌
- · 중간, 기말고사 대비 특강
- · 서술형 대비 특강
- · 수행평가 대비 특강
- · 반배치 고사 대비 강좌
- · 예비 중1 선행 강좌
- · 예비 고1 선행 강좌

왜 EBS중학프리미엄 프리패스를 선택해야 할까요?

현직 교사들이 직접 참여하는 강의

타사 대비 60% 수준의 합리적 수강료

프리패스 회원만을 위한 특별한 혜택

자세한 내용은 EBS중학 > 프리미엄 강좌 > 무한수강 프리패스(http://mid.ebs.co.kr/premium/middle/index) 에서 확인할 수 있습니다.
*사정상 개설강좌, 가격정책은 변경될 수 있습니다.